# 新しい特別支援教育の かたち

インクルーシブ教育の実現に向けて

吉利宗久・是永かな子・大沼直樹　共編著

培風館

## 執筆者一覧
（2019年2月現在）

| | | |
|---|---|---|
| 1章 | 吉利 宗久 | 岡山大学大学院教育学研究科 |
| 2章 | 是永 かな子 | 高知大学教育学部 |
| 3章 | 千賀 愛 | 北海道教育大学札幌校 |
| 4章 | 新井 英靖 | 茨城大学教育学部 |
| 5章 | 金森 裕治 | 大阪教育大学教育学部 |
| 6章 | 井坂 行男 | 大阪教育大学教育学部 |
| 7章 | 山口 真希 | 花園大学社会福祉学部 |
| 8章 | 檜皮 修 | 滋賀県立草津養護学校 |
| 9章 | 平賀 健太郎 | 大阪教育大学教育学部 |
| 10章 | 青野 幸代 | 岡山市発達障害者支援センター |
| 11章 | 高木 潤野 | 長野大学社会福祉学部 |
| 12章 | 高橋 彩 | 日本学術振興会特別研究員 |
| 13章 | 大沼 直樹 | 元 大阪教育大学，琉球大学 |
| 14章 | 片岡 美華 | 鹿児島大学教育学部 |
| 15章 | 小谷 裕実 | 京都教育大学教育学部 |
| 16章 | 石橋 由紀子 | 兵庫教育大学大学院学校教育研究科 |
| | 末吉 哲大 | 加東市立社小学校 |
| 17章 | 渡辺 実 | 花園大学社会福祉学部 |
| 18章 | 中川 宣子 | 京都教育大学附属特別支援学校 |
| 19章 | 尾之上 高哉 | 宮崎大学教育学部 |
| 20章 | 熊井 正之 | 東北大学大学院教育情報学研究部 |
| 21章 | 小島 道生 | 筑波大学人間系 |
| 22章 | 柳澤 亜希子 | 国立特別支援教育総合研究所 |
| 23章 | 丸山 啓史 | 京都教育大学教育学部 |
| 24章 | 水内 豊和 | 富山大学人間発達科学部 |
| 25章 | 高野 美由紀 | 兵庫教育大学大学院学校教育研究科 |
| 26章 | 石山 貴章 | 高知県立大学地域教育研究センター |
| 27章 | 大谷 博俊 | 鳴門教育大学大学院学校教育研究科 |

本書の無断複写は，著作権法上での例外を除き，禁じられています。
本書を複写される場合は，その都度当社の許諾を得てください。

# まえがき

　本書は，特別支援教育の本格実施を目前とした2005年に編まれた『特別支援教育の理論と方法』の後継書と位置づけることができる。当時は，特殊教育から特別支援教育への転換期にあり，新たな学校教育システムの構想が具現化される過程にあった。そうした，時代を画期する教育改革の内容と課題について，若い世代の研究者・実践者を中心に，自らの問いを追求しつつ，より初学者のニーズに近い立場からアプローチすることを意図した企画となった。その試みは，2007年に『特別支援教育の基礎と動向―新しい障害児教育のかたち』の刊行に引き継がれ，全体的な章立ての再構成・増補を行い，質的にも量的にも豊富な情報を盛り込むことができた。2011年には，同書改訂版の刊行が実現し，特別支援教育の基礎的な理解を深めるための概説書としていっそうの充実を図ってきたつもりである。

　その間，特別支援教育をめぐる動向には，大きな変化が生み出されてきた。何より，2006年に採択された国連「障害者権利条約」は，国際社会に大きなインパクトを与えた。条約は，障害のある人の権利保障，差別禁止を求め，インクルーシブ教育の実現を目指している。わが国も例外ではなく，インクルーシブ教育システムの構築が緊要の課題となり，その理念に基づく制度設計，教育実践，支援体制の検討がスピード感をもって進められているところである。こうした目まぐるしく変化する時代の流れを念頭に，次なる段階に進みだした特別支援教育の理論と実践について，タイムリーな情報を踏まえてわかりやすくまとめたものが本書である。

　本書では，特別支援教育の理解に不可欠な4つの柱を設定し，各領域における基礎的かつ今日的な状況を解説している。第Ⅰ部では，特別支援教育の制度的な枠組みに加え，新たな国際的動向とそれに伴う教育課題をまとめている。そうした基礎理論の知識は，日常の教育実践の基盤を形成する骨格ともなる。第Ⅱ部は，特別支援教育の実践的な課題を各論的にとりあげた。教育的ニーズの種別に基づく教育方法，実態把握，生理・病理といった教育実践に関連する基本的な情報を理解することにより，個々の実践をより深く根拠づけて発展させることができるのではないだろうか。第Ⅲ部は，特別支援教育の推進に派生する学校内外の様々な条件整備につ

いて整理された．特別支援教育の充実のための具体策を知ることにより，よりスムーズで質の高い教育的対応が可能になるであろう．第Ⅳ部は，特別支援教育を充実するための関連分野との連携を論点とした．多分野からの幅広く手厚い連携が模索されており，その進捗状況や新たな動きを理解することは特別支援教育の理解のために必須である．

　本書は，教員養成や福祉関係の学部で特別支援教育を学ぶ学生，より高い専門性を求める学校教員，障害のある子どもをもつご家族など幅広い対象を想定している．その意味で，多様な立場の読者にとって，共通して理解しておくべき重要なトピックを意識し，ともに学び合う視点で整理したつもりである．しかしながら，編集にかかわって何かと至らぬ点もみられるかもしれない．多くのご意見とご教示をいただくことができれば幸いである．

　そして，本書の出版の機会を与えてくださった培風館の皆様に心から感謝を申し上げたい．とりわけ，企画段階からの丁寧な対応をはじめ，細かな編集作業にあたり本当に多くの労をとってくださった近藤妙子氏に心からの感謝の意を表したい．近藤氏のご支援なくしては，本書の刊行はなかったともいえる．当初の企画より十余年が経過するなかで，これまでかかわってきた各執筆者も多くが若手から中堅という年代に差し掛かっている．本書企画にかかわる一連の展開とともに成長してきたともいえる．本書刊行を支えてくださったベテランの先生方，新たに加わってくださった若手の先生方，長くお付き合いくださっている先生方への御礼とともに，我々と同じく特別支援教育への問題意識をもって，本書を手にとってくださった皆様に心からの感謝を申し上げたい．

2016 年 9 月

執筆者代表　吉利　宗久

# 目　　次

## 第Ⅰ部　特別支援教育の基礎理論
　　　　——制度と新しい動向——

### 1章　特別支援教育の制度と現状 ———————————— 2
　1-1　特別支援教育の理念　2
　1-2　特別支援学校に関する法規定と現状　3
　1-3　通常の学校に関する規定と現状　7
　1-4　その他の関連規定　10

### 2章　障害者権利条約と特別支援教育 ———————————— 13
　2-1　障害者権利条約の系譜　13
　2-2　障害者権利条約の具体的内容　15
　2-3　障害者権利条約と特別支援教育をめぐる今後の課題　20

### 3章　インクルーシブ教育の国際動向 ———————————— 23
　3-1　世界におけるインクルーシブ教育の拡大　23
　3-2　ユネスコのインクルーシブ教育　24
　3-3　インクルーシブ教育と通常の学級の規模　25
　3-4　欧州のインクルーシブ教育における特別学校の位置づけ　26
　3-5　障害を含む特別な教育的ニーズとアクセス率　28
　3-6　日米独の三ヵ国におけるインクルーシブ教育　29

### 4章　インクルーシブ教育の合理的配慮と実践課題 ———————————— 33
　4-1　障害者権利条約の採択と合理的配慮　33
　4-2　合理的配慮とバリアフリー・ユニバーサルデザインの提供　34
　4-3　インクルーシブ教育の推進とカリキュラム調整の課題　36
　4-4　「効果的な学習」を展開する質の高い教師の育成　37
　4-5　日本におけるインクルーシブ教育を推進するための実践課題　39

## 第II部 特別支援教育の実践的枠組み
### ——教育方法・実態把握の課題と展望——

### 5章 視覚障害者に対する教育的支援 ——— 42
- 5-1 視覚障害とは　42
- 5-2 指　導　法　44
- 5-3 視覚障害教育の現状と課題　47
- 5-4 これからの視覚障害教育について　49

### 6章 聴覚障害者に対する教育的支援 ——— 53
- 6-1 聴覚障害とは　53
- 6-2 聴覚障害教育について　55
- 6-3 聴覚障害教育の今日的課題　60

### 7章 知的障害者に対する教育的支援 ——— 64
- 7-1 知的障害とは　64
- 7-2 生　理　病　理　66
- 7-3 知的障害教育発展の経緯　66
- 7-4 知的障害がある子どもへの教育　67
- 7-5 知的障害をめぐる課題　72

### 8章 肢体不自由者に対する教育的支援 ——— 75
- 8-1 肢体不自由とは　75
- 8-2 肢体不自由教育について　77
- 8-3 肢体不自由の教育課程　78
- 8-4 肢体不自由者の指導方法　80
- 8-5 肢体不自由児の生理病理　84
- 8-6 肢体不自由教育の今日的課題について　85

### 9章 病弱者に対する教育的支援 ——— 87
- 9-1 病弱とは　87
- 9-2 発展の経緯　88

9-3　病気の子どもへの教育的支援　89
9-4　病弱教育をめぐる最近のトピックス　92

## 10章　言語障害者に対する教育的支援 ―― 97
10-1　言語障害教育の歴史　97
10-2　言語障害者の心理病理・特性　98
10-3　言語障害教育の教育課程　102
10-4　言語障害教育の指導原則　104

## 11章　情緒障害者に対する教育的支援 ―― 108
11-1　情緒障害とは　108
11-2　発展の経緯　109
11-3　場面緘黙の理解　111
11-4　場面緘黙のある子への教育的支援　114
11-5　場面緘黙をめぐる課題　117

## 12章　自閉症スペクトラム障害者に対する教育的支援 ―― 120
12-1　自閉症スペクトラム障害とは　120
12-2　発展の経緯　123
12-3　生理・病理　124
12-4　自閉症スペクトラム障害のある子への教育　126
12-5　自閉症スペクトラム障害をめぐる課題　129

## 13章　重度・重複障害者に対する教育的支援 ―― 131
13-1　今，なぜ重度・重複障害児教育なのか　131
13-2　重複障害と重度・重複障害の概念　132
13-3　興味・ニーズに応じた指導・支援＝教育的支援　133
13-4　実態把握の基本的姿勢と方法　134
13-5　自立活動のポイント　135
13-6　個別の指導計画作成の手順　136
13-7　教育的支援の実際　137
13-8　今後の課題と展望　140

## 14章　学習障害者に対する教育的支援 ────── *142*

14-1　学習障害とは　142
14-2　発展の経緯　144
14-3　生理病理　145
14-4　LDのある子への教育的支援　146
14-5　LDをめぐる課題　150
14-6　ま と め　151

## 15章　注意欠如・多動性障害者に対する教育的支援 ────── *153*

15-1　注意欠如・多動性障害とは　153
15-2　発展の経緯　155
15-3　生理病理　156
15-4　ADHDのある子への教育的支援　160
15-5　ADHDをめぐる課題　162
15-6　ま と め　163

# 第Ⅲ部　特別支援教育を推進する条件の整備
## ──学校・学級経営の課題と展望──

## 16章　特別支援教育コーディネーターの役割と課題 ────── *166*

16-1　特別支援教育コーディネーターとは　166
16-2　小学校における特別支援教育コーディネーターの活動　167
16-3　特別支援学校における特別支援教育コーディネーターの活動　170
16-4　現状の課題　172

## 17章　特別支援学校のセンター的機能の活用と課題 ────── *174*

17-1　特別支援学校の総合化の中でのセンター的機能　174
17-2　特別支援学校におけるセンター的機能付与への経過とその内容　175
17-3　特別支援学校のセンター的機能の内容　178
17-4　特別支援学校のセンター的機能の課題と展望　181

## 18章　個別の指導計画と個別の教育支援計画の実際 ────── *184*

18-1　「個別の指導計画」，「個別の教育支援計画」とは　184

18-2 「個別の指導計画」と「個別の教育支援計画」の関係　185
18-3 「個別の指導計画」と「個別の教育支援計画」の実際　186
18-4 おわりに　192

# 19章　障害のある子どもの授業づくりの視点 ———— 194

19-1 はじめに　194
19-2 授業の(学びの)ユニバーサルデザイン　195
19-3 授業中の問題行動への対処法　199

# 20章　障害のある子どものためのICTの活用 ———— 205

20-1 教育におけるICT活用の背景　205
20-2 教育におけるICT活用の推進　206
20-3 障害のある子どものためのICTの活用　207
20-4 ICT活用に関連する留意点　209
20-5 ICT活用関連の参考になる情報が得られるWebサイト　212

# 21章　障害のある子どものための自己肯定感の育成
　　　——発達障害・知的障害を中心に ———— 215

21-1 自己肯定感とは　215
21-2 発達障害・知的障害のある子どもの自尊感情——日本の研究から　216
21-3 発達障害・知的障害のある子どもの自己肯定感を育てる支援　219

# 22章　障害のある子どものための家族支援の展開 ———— 224

22-1 障害のある子どもの保護者(家族)の役割　225
22-2 保護者の障害受容　227
22-3 障害のある子どもの保護者との関わりで教師に求められること　228
22-4 保護者支援の考え方とその方法　230
22-5 きょうだい支援　231

# 23章　障害のある子どもの放課後保障 ———— 234

23-1 放課後・休日の活動の役割　234
23-2 放課後等デイサービス　236
23-3 学童保育　240
23-4 放課後保障の体系の創造　242

## 第Ⅳ部 特別支援教育における関連領域の協働
―― 多機能連携の課題と展望 ――

### 24章 学校と保育所・幼稚園等との連携 ―― 246
- 24-1 保育所・幼稚園・認定子ども園における障害のある子どもの保育の現状 246
- 24-2 保育所・幼稚園等における障害児の支援―A児の事例から 247
- 24-3 園内での支援体制の確立と他機関との連携 252
- 24-4 学校段階へのなめらかな接続のために 254
- 24-5 おわりに 254

### 25章 学校と保健・医療機関との連携 ―― 256
- 25-1 保健・医療機関の役割 256
- 25-2 学校と保健・医療機関の連携の動向 261
- 25-3 DSM-5 の改訂のポイント 263
- 25-4 学校教育と保健・医療機関の連携についての今後の展望 265

### 26章 福祉機関の役割とその活用 ―― 266
- 26-1 特別支援教育と福祉 266
- 26-2 各年齢段階における福祉機関の役割と連携 268
- 26-3 今後の福祉機関の役割と連携 272
- 26-4 おわりに 274

### 27章 学校と就労機関との連携 ―― 276
- 27-1 特別支援教育と就労支援 276
- 27-2 就労のための教育的支援における連携 277
- 27-3 障害者雇用施策の動向と教育的支援 277
- 27-4 就労支援の制度 282
- 27-5 就労支援機関・施設および活動の概要 283

### 索引 ―― 287

# 第Ⅰ部

## 特別支援教育の基礎理論
―― 制度と新しい動向 ――

1章　特別支援教育の制度と現状
2章　障害者権利条約と特別支援教育
3章　インクルーシブ教育の国際動向
4章　インクルーシブ教育の合理的配慮と実践課題

# 1章 特別支援教育の制度と現状

吉利 宗久

[キーワード]
学校教育法
特別支援学校
特別支援学級
通級による指導

本章では，特別支援教育の制度と現状について学ぶ。まず，憲法および教育基本法に定められた教育上の基本原則をふまえ，特別支援教育の理念を知る。そして，学校教育法とその政省令（施行令，施行規則）の規定に基づき，特別支援学校（目的と役割，就学指導，学校組織）と通常の学校（通常の学級，特別支援学級，通級による指導）における特別支援教育の制度的枠組みを捉える。また，就学猶予・免除，教科用図書，学級編成，教員免許の制度について，関連する法規定とその運用の状況を把握し，インクルーシブ教育システムの構築に向けた改革の方向を理解する。

## 1-1 特別支援教育の理念

日本国憲法は，すべての国民に対する「法の下での平等」（第14条第1項）や「教育を受ける権利」（第26条第1項）を認めている。これらを受け，教育基本法は「すべて国民は，ひとしく，その能力に応じた教育を受ける機会を与えられなければならず，人種，信条，性別，社会的身分，経済的地位又は門地によって，教育上差別されない」（第4条第1項）ことを規定し，教育の機会均等を保障している。また2006年の同法改正では，「国及び地方公共団体は，障害のある者が，その障害の状態に応じ，十分な教育が受けられるよう，教育上必要な支援を講じなければならない」（第4条第2項）との規定が加えられ，障害のある子どもの教育的ニーズへの対応がいっそう強調された。さらに，2007年には改正学校教育法の施行を迎え，「盲・聾・養護学校」が「特別支援学校」，「特殊学級」が「特別支援学級」へと改められる等の用語や表現の変更を含め，戦後から継承されてきた「特殊教育」から新たな「特別支援教育」への制度的転換が図られることになった。

特別支援教育は，すべての学校において「障害のある幼児児童生徒の自立や社会参加に向けた主体的な取組を支援するという視点に立ち，幼児児童生徒一人ひとりの教育的ニーズを把握し，その持てる力を高め，生活や学習上の困難を改善又は克服するため，適切な指導及び必要な支援を行うものである」（2007年4月1日付19文科初第125号通知）。この理念のもと，わが国では，特別支援学校，特別支援学級，通級による指導といった連続性のある「多様な学びの場」が用意されている。近年における特別支援教育の状況を整理すると，図1-1のようになる。少子化の

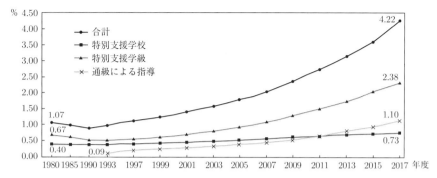

図1-1 義務教育段階における特別支援教育対象者の推移
出典）文部科学省（2018a）他より作成

進行に反して，義務教育段階における特別支援教育対象者の割合は，1990年から継続的な増加傾向を示している。次に，学校教育法の第8章（第72条〜82条）を中心とする特別支援教育の制度とその運用の実態を確認しながら，近年における新たな動向について把握していく。

## 1-2 特別支援学校に関する法規定と現状

### (1) 特別支援学校の目的と役割（学校教育法第72条，第73条，第74条）

特別支援学校は，「視覚障害者，聴覚障害者，知的障害者，肢体不自由者又は病弱者（身体虚弱者を含む。以下同じ）に対して，幼稚園，小学校，中学校又は高等学校に準ずる教育を施すとともに，障害による学習上又は生活上の困難を克服し自立を図るために必要な知識技能を授けることを目的とする」（第72条）。つまり，特別支援学校の対象となる5つの障害種が規定され，通常の学校に準ずる教育に基づく社会的な自立がめざされている。

表1-1に特別支援学校の設置状況および在籍者数，表1-2に対応障害種別の実態を示した。特別支援学校の制度化に伴い，多様な組み合わせによる異障害種の受け入れが進んでいる。複数の障害種に対応可能な学校が増加し，従来よりも学校選択の幅が拡大している。他方，ピーク時からはやや減少しているものの，肢体不自由特別支援学校をはじめ障害の重度・重複化の傾向が依然として顕著である（表1-3）。あわせて，訪問教育や医療的ケアへの対応（8章，25章参照）も課題となっている。なお，特別支援学校における本務教員数（83,802人）の一人当たりの幼児児童生徒数は1.69人となる（文部科学省，2018a；2017年5月1日現在）。

また，特別支援学校については「文部科学大臣の定めるところにより，前条に規

表1-1 特別支援学校数,学校設置基準学級数および在籍者数—国・公・私立計

| 領域区分 | 学校数 | 学級数 | 在学者数(人) | | | | |
|---|---|---|---|---|---|---|---|
| | | | 幼稚部 | 小学部 | 中学部 | 高等部 | 計 |
| 総計 | 1,135 | 35,719 | 1,440 | 41,107 | 30,695 | 68,702 | 141,944 |
| 単一障害対応校 | 880 | 24,612 | 1,309 | 28,486 | 21,531 | 49,838 | 101,164 |
| 視 | 62 | 1,132 | 174 | 518 | 469 | 1,427 | 2,633 |
| 聴 | 86 | 1,767 | 1,036 | 1,819 | 1,148 | 1,543 | 5,546 |
| 知 | 553 | 16,898 | 74 | 20,853 | 16,559 | 43,042 | 80,528 |
| 肢 | 122 | 3,886 | 25 | 4,514 | 2,609 | 3,073 | 10,221 |
| 病 | 57 | 929 | 0 | 782 | 746 | 708 | 2,236 |
| 複数障害種対応校 | 255 | 11,107 | 131 | 12,621 | 9,164 | 18,864 | 40,780 |
| 視・知 | 2 | 81 | 17 | 180 | 94 | 14 | 305 |
| 視・病 | 1 | 17 | 3 | 5 | 6 | 19 | 33 |
| 聴・知 | 10 | 241 | 59 | 234 | 173 | 418 | 884 |
| 知・肢 | 147 | 6,760 | 10 | 7,945 | 5,701 | 12,645 | 26,301 |
| 知・病 | 14 | 588 | 0 | 726 | 575 | 988 | 2,289 |
| 肢・病 | 30 | 1,185 | 10 | 1,322 | 807 | 927 | 3,066 |
| 視・肢・病 | 1 | 34 | 1 | 25 | 21 | 24 | 71 |
| 聴・知・肢 | 3 | 202 | 9 | 195 | 143 | 396 | 743 |
| 知・肢・病 | 29 | 1,263 | 0 | 1,287 | 1,060 | 2,264 | 4,611 |
| 聴・知・肢・病 | 2 | 100 | 4 | 90 | 68 | 118 | 280 |
| 視・聴・知・肢 | 1 | 86 | 7 | 87 | 54 | 125 | 273 |
| 視・聴・知・肢・病 | 14 | 520 | 11 | 488 | 431 | 853 | 1,783 |

注)2017年5月1日現在。なお,学校数は,特別支援学校が学則等で受け入れを明示している障害種別での分類である。高等部の人数は本科と専攻科を含む。また,特別支援学校在籍者のうち,私立学校在籍者は,視覚障害39名(1校),聴覚障害127名(2校),知的障害576名(10校),肢体不自由33名(1校)で計775名(14校)となっている。
出典)文部科学省(2018a)

表1-2 特別支援学校対応障害種別学校数,設置基準学級数及び在籍者数(国・公・私立計)

| 領域区分 | 学校数 | 学級数 | 在学者数(人) | | | | |
|---|---|---|---|---|---|---|---|
| | | | 幼稚部 | 小学部 | 中学部 | 高等部 | 計 |
| 視覚障害 | 82 | 2,167 | 199 | 1,550 | 1,228 | 2,340 | 5,317 |
| 聴覚障害 | 116 | 2,818 | 1,141 | 2,935 | 1,853 | 2,340 | 8,269 |
| 知的障害 | 776 | 30,823 | 247 | 37,207 | 27,662 | 63,796 | 128,912 |
| 肢体不自由 | 350 | 12,474 | 102 | 13,578 | 8,381 | 9,752 | 31,813 |
| 病弱 | 149 | 7,521 | 38 | 7,306 | 5,158 | 6,933 | 19,435 |

注)2017年5月1日現在。この表の学級数及び在学者数は,特別支援学校で設置されている学級を基準に分類したものである。複数の障害種を対象としている学校・学級,また,複数の障害を併せ有する幼児児童生徒については,それぞれの障害種ごとに重複してカウントしている。
出典)文部科学省(2018a)

表1-3 特別支援学校(学校設置基準)障害種別重複障害学級在籍率の推移(小・中学部)

| 区分＼年度 | 1980 | 1985 | 1990 | 1995 | 2000 | 2005 | 2010 | 2012 | 2013 | 2014 | 2015 | 2016 | 2017 |
|---|---|---|---|---|---|---|---|---|---|---|---|---|---|
| 総計(%) | 31.0 | 36.6 | 38.3 | 43.8 | 45.1 | 43.5 | 41.2 | 41.2 | 38.2 | 37.7 | 37.2 | 36.5 | 35.9 |
| 視覚障害 | — | 26.6 | 30.9 | 35.4 | 41.9 | 42.3 | 48.8 | 46.5 | 42.2 | 41.9 | 41.0 | 41.4 | 40.6 |
| 聴覚障害 | — | 12.7 | 12.7 | 15.7 | 17.9 | 17.9 | 26.1 | 24.9 | 25.7 | 26.1 | 26.5 | 27.1 | 27.8 |
| 知的障害 | — | 34.1 | 34.0 | 37.2 | 37.6 | 34.9 | 34.5 | 31.1 | 30.0 | 30.1 | 29.5 | 28.9 | |
| 肢体不自由 | — | 53.9 | 59.9 | 71.4 | 75.0 | 74.8 | 64.5 | 63.8 | 58.0 | 57.2 | 56.0 | 55.4 | 54.0 |
| 病弱 | — | 33.3 | 33.0 | 31.4 | 32.5 | 37.9 | 44.8 | 45.5 | 43.8 | 43.6 | 43.0 | 43.2 | 43.4 |

注)各年度5月1日現在。2009年以前の数値は盲,聾,養護学校の学校種に基づく集計であり,それ以降,複数の障害種を対象とする学校は各障害種ごとに重複してカウントしている。
出典)文部科学省(2018a)

定する者に対する教育のうち当該学校が行うものを明らかにするものとする」(第73条)および「第72条に規定する目的を実現するための教育を行うほか，幼稚園，小学校，中学校，高等学校又は中等教育学校の要請に応じて，第81条第1項に規定する幼児，児童又は生徒の教育に関し必要な助言又は援助を行うよう努めるものとする」(第74条)との規定がある。第73条は，法令上の「特別支援学校」という名称がどの障害種に対応する学校であるのかを明確に示さないため，円滑な就学や対外的な説明責任の観点から，各校の扱う障害種を明らかにすることとしている。第74条は，特別支援学校が自校の幼児児童生徒に限らず，地域にある通常の学校に対する支援を行うセンター的機能を努力義務としている(17章参照)。

### (2) 特別支援学校への就学(学校教育法第75条)

第75条は，「第72条に規定する視覚障害者，聴覚障害者，知的障害者，肢体不自由者又は病弱者の障害の程度は，政令で定める」と規定している。つまり，特別支援学校に就学できる障害の程度(以下「就学基準」)を政令(学校教育法施行令第22条の3)に委ねている(表1-4)。1962年に制定された就学基準は，障害の種類や程度に基づいて就学先を判定するためのもので，これに該当する児童生徒は，特別支援学校に就学することとされていた。ただし，2002年にはノーマライゼーションの進展をはじめ，医学，科学技術等の進歩や教育の地方分権を踏まえ，就学基準の緩和が実施された。同時に，就学基準に該当しても，市町村の教育委員会が適切な教育を受けることができる特別の事情があると認める者を「認定就学者」として，例外的に小・中学校に就学することが可能とされ，特別支援学校と小・中学校間の転学手続きも整備された(2002年4月24日付14文科初第148号通知)。

さらに，「障害者権利条約」の批准に向けた制度改革(2章参照)を背景として，2013年9月以降，就学基準に該当する児童生徒が原則的に特別支援学校に就学するという従来の就学先決定システムではなく，市町村教育委員会が障害の状態等を踏まえた総合的な判断により，個に応じた就学先を決定する新たな仕組みに改められている(2013年9月1日付25文科初第655号通知)。つまり，従来の認定就学者に関する規定を廃止し，就学基準に該当する者のうち，特別支援学校に就学することが適当である者を「認定特別支援学校就学者」とすることにより，適切と認められる場合にはすべての学校種への就学が制度上可能とされた(学校教育法施行令第5条第1項)。特別支援学校に就学させるための就学基準が，特別支援学校に入学可能な障害の程度を示すものとして機能することになった。

その前提として，障害の状態のみならず，教育上必要な支援の内容等についても保護者や専門家からの正確な情報の収集・分析が必要となる。そこで，障害のある

表 1-4　学校教育法施行令第 22 条に規定される視覚障害者等の障害の程度

| 区　分 | 障害の程度 |
| --- | --- |
| 視覚障害者 | 両眼の視力がおおむね 0.3 未満のもの又は視力以外の視機能障害が高度のもののうち，拡大鏡等の使用によっても通常の文字，図形等の視覚による認識が不可能又は著しく困難な程度のもの |
| 聴覚障害者 | 両耳の聴力レベルがおおむね 60 デシベル以上のもののうち，補聴器等の使用によっても通常の話声を解することが不可能又は著しく困難な程度のもの |
| 知的障害者 | 1. 知的発達の遅滞があり，他人との意思疎通が困難で日常生活を営むのに頻繁に援助を必要とする程度のもの<br>2. 知的発達の遅滞の程度が前号に掲げる程度に達しないもののうち，社会生活への適応が著しく困難なもの |
| 肢体不自由者 | 1. 肢体不自由の状態が補装具の使用によっても歩行，筆記等日常生活における基本的な動作が不可能又は困難な程度のもの<br>2. 肢体不自由の状態が前号に掲げる程度に達しないもののうち，常時の医学的観察指導を必要とする程度のもの |
| 病　弱　者 | 1. 慢性の呼吸器疾患，腎臓疾患及び神経疾患，悪性新生物その他の疾患の状態が継続して医療又は生活規制を必要とする程度のもの<br>2. 身体虚弱の状態が継続して生活規制を必要とする程度のもの |

備考）1. 視力の測定は，万国式試視力表によるものとし，屈折異常があるものについては，矯正視力によって測定する。
　　　2. 聴力の測定は，日本工業規格によるオージオメータによる。

児童の就学先決定にあたっての保護者や専門家からの意見聴取の機会が小学校や特別支援学校小学部への入学時に限らず，中学校や特別支援学校中学部への就学や学年途中の転学等についても拡大されている（学校教育法施行令第 18 条の 2）。とりわけ，2007 年度より新たに規定された保護者からの意見聴取義務に関しては，その意向が可能な限り尊重されなければならない（25 文科初第 655 号通知）。

### (3)　特別支援学校の組織（学校教育法第 76〜80 条）

第 76〜80 条は，表 1-5 のとおりである。第 76 条は，特別支援学校の部別について規定している。原則として小学部および中学部を設置し，さらに単独を含め幼稚部および高等部を置くことも認められている。加えて，高等部に専攻科・別科の設置が可能である（第 58 条，第 82 条）。第 77 条には，通常の学校に準じた教育課程に関する規定がある。この規定を受け，学校教育法施行規則（第 129 条）が特別支援学校の教育課程の基準としての教育要領や学習指導要領を位置づけている。さらに，第 78 条は寄宿舎の設置を定めている。特別支援学校の通学状況別在学者数（幼稚部から高等部）に占める寄宿舎生の割合は，2007 年（10,229 人，9.5％）から 2018 年（8,036 人，5.6％）にかけても減少傾向にある（文部科学省，2018 b；2017 年 5 月 1 日現在）。寄宿舎指導員（第 79 条）については，2002 年度以前に「寮母」とされていた名称が男女共同参画社会の促進に向けて変更されたものであり，その職務内容

表 1-5　学校教育法　第 76 条〜第 80 条

| | |
|---|---|
| 第 76 条： | 特別支援学校には，小学部及び中学部を置かなければならない。ただし，特別の必要のある場合においては，そのいずれかのみを置くことができる。<br>②特別支援学校には，小学部及び中学部のほか，幼稚部又は高等部を置くことができ，また，特別の必要のある場合においては，前項の規定にかかわらず，小学部及び中学部を置かないで幼稚部又は高等部のみを置くことができる。 |
| 第 77 条： | 特別支援学校の幼稚部の教育課程その他の保育内容，小学部及び中学部の教育課程又は高等部の学科及び教育課程に関する事項は，幼稚園，小学校，中学校又は高等学校に準じて，文部科学大臣が定める。 |
| 第 78 条： | 特別支援学校には，寄宿舎を設けなければならない。ただし特別の事情のあるときは，これを設けないことができる。 |
| 第 79 条： | 寄宿舎を設ける特別支援学校には，寄宿舎指導員を置かなければならない。<br>②寄宿舎指導員は，寄宿舎における幼児，児童又は生徒の日常生活上の世話及び生活指導に従事する。 |
| 第 80 条： | 都道府県は，その区域内にある学齢児童及び学齢生徒のうち，視覚障害者，聴覚障害者，知的障害者，肢体不自由者又は病弱者で，その障害が第 75 条の政令で定める程度のものを就学させるに必要な特別支援学校を設置しなければならない。 |

も「養育に従事する」から「日常生活上の世話及び生活指導に従事する」と改められた。そして，学校の設置義務については小・中学校は市区町村（第 38 条，第 49 条）である一方，特別支援学校は都道府県（第 80 条）が担っている。

## 1-3　通常の学校に関する規定と現状

### (1)　特別支援学級等（学校教育法第 81 条）

　第 81 条第 1 項は，「幼稚園，小学校，中学校，義務教育学校，高等学校及び中等教育学校においては，次項各号のいずれかに該当する幼児，児童及び生徒その他教育上特別の支援を必要とする幼児，児童及び生徒に対し，文部科学大臣の定めるところにより，障害による学習上又は生活上の困難を克服するための教育を行うものとする」と規定している。続けて，第 81 条第 2 項は「小学校，中学校，義務教育学校，高等学校及び中等教育学校には，次の各号のいずれかに該当する児童及び生徒のために，特別支援学級を置くことができる」と定め，その対象として①知的障害者，②肢体不自由者，③身体虚弱者，④弱視者，⑤難聴者，⑥その他障害のある者で，特別支援学級において教育を行うことが適当なもの，を列挙している。⑥「その他」には，言語障害者，自閉症・情緒障害者が該当する（2013 年 10 月 4 日付 25 文科初第 756 号通知）。さらに，第 81 条第 3 項は「前項に規定する学校においては，疾病により療養中の児童及び生徒に対して，特別支援学級を設け，又は教員を派遣して，教育を行うことができる」と規定する。この規定に基づいて病院内に病弱・身体虚弱の特別支援学級（院内学級）の設置も可能とされている。

改めて整理すると，通常の学校においては，特別支援学級の対象者（第2項）に加え，通常の学級に在籍する「教育上特別の支援を必要とする幼児，児童及び生徒」（第1項）に対する支援が求められる。すなわち，学習障害（14章参照）や注意欠陥多動性障害（15章参照）等の発達障害の可能性のある児童生徒への支援が想定される。それらの充実のため，特別支援教育コーディネーターの指名（16章参照），個別の指導計画や個別の教育支援計画の作成（18章参照）といった仕組みが導入され，各学校における支援体制の整備が推進されている（図1-2）。また，特別支援学級の学級数および在籍児童生徒数の状況が表1-6である。知的障害および自閉症・情緒障害特別支援学級を主として約6万学級に23万人を超える在籍者がある。とりわけ，自閉症・情緒障害特別支援学級の設置数と在籍者数の増加が著しい。特別支援教育が本格実施された2007年度（12,727学級，38,001人）と比較して，学級数2.0倍，在籍者数2.9倍となっている。一方で，特別支援学級全体での少人数化（学級あたりの在籍者数は3.91人）がみられ，学校生活・学習における課題（集団参加能力や人間関係・社会性の育成等）も残されている。

### (2) 通級による指導（学校教育法施行規則第140条，第141条）

「通級による指導」とは，各教科などの授業は主として通常の学級で受けながら，障害の状態等に応じた特別の指導を特別支援学級または特別の指導の場で受ける教

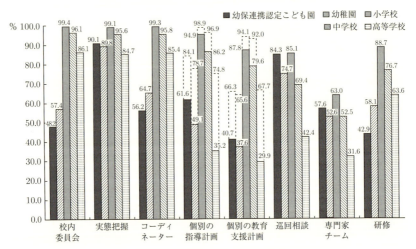

図1-2 特別支援教育体制整備状況（全国国公私立計・学校種別・項目別実施率（2017年度）
注）9月1日現在。点線箇所は，作成する必要のある該当者がいない学校数を調査対象校数から引いた場合の作成率を示す。
出典）文部科学省（2018 a）

表 1-6　特別支援学級およびその在籍児童生徒の数（国・公・私立計）

| 障害種＼学校種 | 小学校 | | 中学校 | | 合計 | |
|---|---|---|---|---|---|---|
| | 学級数 | 児童数 | 学級数 | 生徒数 | 学級数 | 児童生徒数 |
| 知的障害 | 18,371 | 77,743 | 8,683 | 35,289 | 27,054 | 113,032（48.0％） |
| 肢体不自由 | 2,244 | 3,418 | 790 | 1,090 | 3,034 | 4,508（1.9％） |
| 病弱・身体虚弱 | 1,468 | 2,480 | 643 | 1,021 | 2,111 | 3,501（1.5％） |
| 弱視 | 358 | 413 | 119 | 134 | 477 | 547（0.2％） |
| 難聴 | 793 | 1,242 | 329 | 470 | 1,122 | 1,712（0.7％） |
| 言語障害 | 539 | 1,570 | 126 | 165 | 665 | 1,735（0.7％） |
| 自閉症・情緒障害 | 18,091 | 80,403 | 7,636 | 30,049 | 25,727 | 110,452（46.9％） |
| 総　計 | 41,864 | 167,296 | 18,326 | 68,2187 | 60,190 | 235,487（100％） |
| 設　置　率 | | 81.2％ | | 76.6％ | | 79.6％ |

注）2017年5月1日現在。中等教育学校の学級設置はない。なお，特別支援学級在籍者のうち，私立学校在籍者は，自閉症・情緒障害175名（18学級）となっている。
出典）文部科学省（2018a）

育形態である。小・中学校，高等学校において特別の指導を行う必要がある者（特別支援学級対象者を除く）に対しては，「通級による指導」による特別の教育課程の編成が認められている（第140条）。また，他の学校において受けた指導を特別の教育課程に係る授業とみなすことができる（第141条）。その対象は，①言語障害者，②自閉症者，③情緒障害者，④弱視者，⑤難聴者，⑥学習障害者，⑦注意欠陥多動性障害者，⑧その他障害のある者で，特別の教育課程による教育を行うことが適当なものである。⑧「その他」としては，肢体不自由者，病弱者および身体虚弱者が含まれる（25文科初第756号通知）。

　2006年4月より，学習障害者および注意欠陥多動性障害者が対象に加えられており，「情緒障害者」についても障害の原因および指導法が異なる自閉症と，心理的な要因による選択性かん黙等に分離された（2006年3月31日付17文科初第1177号通知）。また，①障害の状態の改善又は克服を目的とする指導，②障害の状態に応じて各教科の内容を補充するための特別の指導，の各々に定められていた授業時数標準について，障害の状態に応じて適切な指導や必要な支援を行う観点から，合計の年間授業時数の標準についてのみを定め，年間35単位時間から280単位時間までとなった。学習障害者および注意欠陥多動性障害者については，月1単位時間程度の指導によっても十分な教育的効果が認められる場合があるため，年間10単位時間から280単位時間までが授業時数の標準として定められている。

　通級による指導の対象者数は，1993年（12,259人）の制度化以来着実な増加を示しており，10万人（約9倍の増加）を超えた（表1-7）。ただし指導の実施形態は障害種別によってやや異なるものの，未だ他校通級が少なくない。そのため，通学に

表1-7 通級による指導の実施状況

| 区分 | 小学校 | | | | 中学校 | | | | 合計 | | | |
|---|---|---|---|---|---|---|---|---|---|---|---|---|
| | 人数 | 自校通級 | 他校通級 | 巡回指導 | 人数 | 自校通級 | 他校通級 | 巡回指導 | 人数 | 自校通級 | 他校通級 | 巡回指導 |
| 言語障害 | 37,134 | 15,795 | 19,973 | 1,366 | 427 | 161 | 211 | 55 | 37,561 | 15,956 | 20,184 | 1,421 |
| 自閉症 | 16,737 | 9,289 | 6,756 | 692 | 2,830 | 1,329 | 1,237 | 264 | 19,567 | 10,618 | 7,993 | 956 |
| 情緒障害 | 12,308 | 7,965 | 3,827 | 516 | 2,284 | 933 | 1,234 | 117 | 14,592 | 8,898 | 5,001 | 633 |
| 弱視 | 176 | 27 | 134 | 15 | 21 | 1 | 17 | 3 | 197 | 28 | 151 | 18 |
| 難聴 | 1,750 | 309 | 1,228 | 213 | 446 | 69 | 284 | 93 | 2,196 | 378 | 1,512 | 306 |
| 学習障害 | 13,351 | 9,402 | 2,710 | 1,239 | 3,194 | 2,007 | 746 | 441 | 16,545 | 11,409 | 3,456 | 1,680 |
| 注意欠陥多動性障害 | 15,420 | 9,962 | 4,318 | 1,140 | 2,715 | 1,475 | 926 | 314 | 18,135 | 11,437 | 5,244 | 1,454 |
| 肢体不自由 | 100 | 9 | 9 | 82 | 24 | 4 | 0 | 20 | 124 | 13 | 9 | 102 |
| 病弱・身体虚弱 | 20 | 11 | 2 | 7 | 9 | 4 | 1 | 4 | 29 | 15 | 3 | 11 |
| 総計 | 96,996 (89.0%) | 52,769 | 38,957 | 5,270 | 11,950 (11.0%) | 5,983 | 4,656 | 1,311 | 108,946 (100.0%) | 58,752 (53.9%) | 43,613 (40.0%) | 6,581 (6.0%) |

注）2017年5月1日現在。複数の方法で指導を受けている児童生徒は，該当するものをすべてカウントしている。
出典）文部科学省（2018a）

伴う保護者や児童生徒の負担を引き続き考慮する必要がある。また，通級による指導では，知的障害が対象外であるという制度的な制約がある。その理由として，「通級による指導に関する充実方策について（審議のまとめ）」（1992年3月30日）は「精神発達の遅れやその特性から，小集団における発達段階に応じた特別な教育課程・指導法が効果的であり，そのため原則として，主として特殊学級において，いわゆる固定式により指導することが適切である」としている（Ⅲ 1(1)）。

近年，「全授業時間固定式の学級を維持するのではなく，通常の学級に在籍した上で障害に応じた教科指導や障害に起因する困難の改善・克服のための指導を必要な時間のみ特別の場で行う形態」である「特別支援教室」の構想（特別支援教育の推進に関する調査研究協力者会議 審議経過報告，2010年3月）の検討や，2018年度からの高等学校への制度導入が進められている。

## 1-4 その他の関連規定

### (1) 就学猶予・免除規定

学校教育法第17条は，保護者は子を「小学校，義務教育学校の前期課程又は特別支援学校の小学部に就学させる義務を負う」（第1項）および「中学校，義務教育学校の後期課程，中等教育学校の前期課程又は特別支援学校の中学部に就学させる義務を負う」（第2項）と規定している。ただし同法第18条は「病弱，発育不完全その他やむを得ない事由のため，就学困難と認められる者の保護者に対しては，市町

村の教育委員会は，(中略)義務を猶予又は免除することができる」とし，1979年の養護学校義務制実施後も「就学猶予・免除」規定が維持されている。障害(病弱・発育不完全)を理由とする就学猶予・免除者は39人(文部科学省，2018；2017年5月1日現在)と少数ではあるが，今後の重要な検討課題でもある。

### (2) 教科用図書

　学校教育法(第34条第1項)は，「小学校においては，文部科学大臣の検定を経た教科用図書又は文部科学省が著作の名義を有する教科用図書を使用しなければならない」としている(中学校，高等学校，中等教育学校，特別支援学校についても準用)。ただし，附則第9条は「高等学校，中等教育学校の後期課程及び特別支援学校並びに特別支援学級においては，当分の間，(中略)教科用図書以外の教科用図書を使用することができる」と規定し，その例外を認めている。これを受けて，学校教育法施行規則は，特別支援学校(第131条第2項)および小・中学校の特別支援学級(第139条)において特別の教育課程による場合，他の適切な図書を使用することができると定めている。また，2008年には「障害のある児童及び生徒のための教科用特定図書等の普及の促進等に関する法律」(教科書バリアフリー法)が制定された。視覚障害者のために文字・図形等を拡大したり，点字を用いたりすることにより検定教科書を複製した図書等の発行・普及が促進されている。

### (3) 学級編成

　学校教育法施行規則は，特別支援学校(第120条)および小・中学校特別支援学級(第136条)の学級編成について規定している。国公私立を通じて適用される標準は，特別支援学校の幼稚部8人以下，小・中学部の視覚障害者，聴覚障害者の学級が10人以下，知的障害者，肢体不自由者または病弱者の学級は15人以下，高等部は15人以下，特別支援学級は15人以下とされている。ただし，公立校については，「公立義務教育諸学校の学級編制及び教職員定数の標準に関する法律」によって，特別支援学校の小・中学部6人(重複障害学級3人)，小・中学校特別支援学級8人が標準とされている(第3条)。同様に，「公立高等学校の適正配置及び教職員定数の標準等に関する法律」は，高等部8人(重複障害学級3人)を学級編制の標準として定めている(第14条)。ただし，都道府県教育委員会は，児童生徒の実態を考慮して特に必要があると認める場合，規定を下回る数を基準として定めることができる。なお，高等学校の特別支援学級に関する規定はみられない。

表1-8 特別支援学校(在籍校種)の免許状保有状況(国・公・私立学校)

| 障害種＼年 | 2005 | 2007 | 2009 | 2011 | 2013 | 2014 | 2015 | 2016 | 2017 |
|---|---|---|---|---|---|---|---|---|---|
| 視覚障害教育 | 26.0% | 33.1% | 33.2% | 31.9% | 34.9% | 35.4% | 35.2% | 36.8% | 38.0% |
| 聴覚障害教育 | 38.7 | 46.1 | 46.1 | 45.6 | 45.2 | 48.1 | 49.2 | 50.5 | 51.1 |
| 知的障害教育 | 62.3 | 70.9 | 72.0 | 73.1 | 74.2 | 75.1 | 77.1 | 78.5 | 80.5 |
| 肢体不自由教育 | 61.6 | 69.7 | 71.5 | 71.4 | 72.6 | 74.0 | 74.5 | 76.4 | 78.2 |
| 病弱教育 | 62.2 | 71.8 | 71.1 | 72.3 | 72.5 | 72.7 | 74.1 | 74.7 | 76.6 |
| 合計 | 58.3 | 67.0 | 68.2 | 69.0 | 70.3 | 71.5 | 73.1 | 74.7 | 73.1 |
| 特別支援学級・小 | 32.0 | 34.2 | 33.3 | 32.8 | 32.4 | 32.4 | 32.8 | 32.6 | 32.2 |
| 特別支援学級・中 | 26.0 | 28.6 | 27.9 | 27.0 | 26.5 | 26.4 | 26.3 | 27.0 | 27.3 |
| 特別支援学級計 | 30.2 | 32.4 | 31.6 | 31.0 | 30.5 | 30.5 | 30.7 | 30.9 | 30.7 |

注) 各年5月1日現在。自立教科等の免許状保有者(当該障害種)は除く。
出典) 文部科学省(2018a)より作成

### (4) 免許制度

　教育職員免許法は、「特別支援学校の教員(養護又は栄養の指導及び管理をつかさどる主幹教諭、養護教諭、養護助教諭、栄養教諭並びに特別支援学校において自立教科等の教授を担任する教員を除く。)については、(中略)特別支援学校の教員の免許状のほか、特別支援学校の各部に相当する学校の教員の免許状を有する者でなければならない」(第3条第3項)と規定している。ただし「幼稚園、小学校、中学校又は高等学校の教諭の免許状を有する者は、当分の間、(中略)特別支援学校の相当する各部の主幹教諭(養護又は栄養の指導及び管理をつかさどる主幹教諭を除く。)、指導教諭、教諭又は講師となることができる」(附則16)と定め、「当分の間」が現在も継続している。免許状保有率は着実に向上しているが、未だ充足してはいない(表1-8)。インクルーシブ教育の国際的な動向(3章参照)や、合理的配慮の提供など新たな実践的課題(4章参照)への対応も求められるなか、専門性の一つの指標ともなる免許状保有状況の早急な改善が図られつつある。

引用・参考文献

文部科学省 (2018a). 「特別支援教育資料(平成29年度)」初等中等教育局特別支援教育課
文部科学省 (2018b). 平成30年度学校基本調査報告書(初等中等教育機関　専修学校・各種学校編)　日経印刷

# 2章 障害者権利条約と特別支援教育

是永 かな子

[キーワード]
障害者権利条約
合理的配慮
基礎的基盤整備
インクルーシブ教育
障害者差別解消法

　本章では，まず「障害者の権利に関する条約(Convention on the Rights of Persons with Disabilities, 以下，略称：障害者権利条約と示す)」成立に至る系譜を確認し，次に障害者権利条約の内容のうち特別支援教育にかかわる領域を中心に示す。それらは新たな概念としての「合理的配慮」や「基礎的環境整備」，障害者権利条約「第24条教育」の内容とインクルーシブ教育，障害者権利条約批准に至る過程で成立した「障害を理由とする差別の解消の推進に関する法律(以下，障害者差別解消法)」および合理的配慮の提供の流れ，である。最後に障害者権利条約と特別支援教育をめぐる課題について説明する。

## 2-1 障害者権利条約の系譜

### (1) 障害者権利条約とは何か

　障害者権利条約は，障害者の人権及び基本的自由の享有を確保し，障害者の固有の尊厳の尊重を促進することを目的として，障害者の権利の実現のための措置等について定める条約である。条約は表2-1に示されるように前文及び50の条文から構成される。

　主な内容は，①一般原則(障害者の尊厳，自律及び自立の尊重，無差別，社会への完全かつ効果的な参加及び包容等)，②一般的義務(合理的配慮の実施を怠ることを含め，障害に基づくいかなる差別もなしに，すべての障害者のあらゆる人権及び基本的自由を完全に実現することを確保し，及び促進すること等)，③障害者の権利実現のための措置(身体の自由，拷問の禁止，表現の自由等の自由権的権利及び教育，労働等の社会権的権利について締約国がとるべき措置等を規定。社会権的権利の実現については漸進的に達成することを許容)，④条約の実施のための仕組み(条約の実施及び監視のための国内の枠組みの設置。障害者の権利に関する委員会における各締約国からの報告の検討)，である。本条約は2006年12月13日の国連総会において採択され，2008年5月3日に発効した。日本は2007年9月28日に同条約に署名し，2014年1月20日に批准した(外務省, 2016)。

### (2) 21世紀最初の権利条約の成立過程

　障害者権利条約は，前文にも記されているように，20世紀の以下の7つの人権

表 2-1　障害者権利条約の構成

| |
|---|
| 前文／第1条　目的／第2条　定義／第3条　一般原則／第4条　一般的義務／第5条　平等及び無差別／第6条　障害のある女子／第7条　障害のある児童／第8条　意識の向上／第9条　施設及びサービス等の利用の容易さ／第10条　生命に対する権利／第11条　危険な状況及び人道上の緊急事態／第12条　法律の前にひとしく認められる権利／第13条　司法手続の利用の機会／第14条　身体の自由及び安全／第15条　拷問又は残虐な，非人道的な若しくは品位を傷つける取扱い若しくは刑罰からの自由／第16条　搾取，暴力及び虐待からの自由／第17条　個人をそのままの状態で保護すること／第18条　移動の自由及び国籍についての権利／第19条　自立した生活及び地域社会への包容／第20条　個人の移動を容易にすること／第21条　表現及び意見の自由並びに情報の利用の機会／第22条　プライバシーの尊重／第23条　家庭及び家族の尊重／第24条　教育／第25条　健康／第26条　ハビリテーション(適応のための技能の習得)及びリハビリテーション／第27条　労働及び雇用／第28条　相当な生活水準及び社会的な保障／第29条　政治的及び公的活動への参加／第30条　文化的な生活，レクリエーション，余暇及びスポーツへの参加／第31条　統計及び資料の収集／第32条　国際協力／第33条　国内における実施及び監視／第34条　障害者の権利に関する委員会／第35条　締約国による報告／第36条　報告の検討／第37条　締約国と委員会との間の協力／第38条　委員会と他の機関との関係／第39条　委員会の報告／第40条　締約国会議／第41条　寄託者／第42条　署名／第43条　拘束されることについての同意／第44条　地域的な統合のための機関／第45条　効力発生／第46条　留保／第47条　改正／第48条　廃棄／第49条　利用しやすい様式／第50条　正文 |

出典）外務省（2016）

条約をふまえた21世紀最初の主要人権条約と言われる。それらは①あらゆる形態の人種差別の撤廃に関する国際条約(1965年，日本批准)，②経済的，社会的及び文化的権利に関する国際規約(1966年，日本批准)，③市民的及び政治的権利に関する国際規約(1966年，日本批准)，④女子に対するあらゆる形態の差別の撤廃に関する取扱いまたは刑罰に関する条約(1979年，日本批准)，⑤拷問及び他の残虐な，非人道的なまたは品位を傷つける取扱いまたは刑罰に関する条約(1984年，日本批准)，⑥児童の権利に関する条約(1989年，日本批准)，⑦全ての移住労働者及びその家族構成員の権利保障に関する国際条約(1990年，日本未批准)である(井上，2006)。

　障害のある人の権利が最初に宣言されたのは1971年の国連総会においてである。1960年代のアメリカにおける公民権運動やフェミニズム運動に触発されて，まず「知的障害者の権利宣言」が採択された。知的障害のある人は同世代の障害のない人と平等の権利を享受すると宣言したのである。1975年にはすべての「障害者の権利宣言」が示された。ここでは障害の種類，程度にかかわらず，すべての障害のある人は同世代の他の人たちと平等の権利を享受すると宣言した。2つの宣言の実現をめざして，国連は1981年に完全参加と平等をテーマとした「国際障害者年」を指定し，1982年には「障害者に関する世界行動計画」を公表して，1983～92年の10年間に計画の推進が図られた。この行動は1993年「障害者の機会均等化に関する標準規則」採択として結実した。標準規則は国連加盟国が障害者政策の実施に

当たって準拠すべき指針となった(外務省,2015a；竹前,2008)。

以上のような動向を受けて,2001年12月19日第56回国際連合総会において障害者の権利及び尊厳を保護し,及び促進するための包括的かつ総合的な国際条約を検討するためのアドホック委員会が設置され,計8回の会合を経て,2006年12月13日第61回国際連合総会において障害者権利条約が採択されたのである。本条約は2007年3月30日から署名のために開放され,2015年11月30日現在は署名国・地域数160,締結国・地域数160である(外務省,2015b)[注1]。

日本は署名から批准までの間,障害当事者の意見も聴きながら国内法令の整備を推進してきた。それらは例えば,2011年8月5日の障害者基本法の改正,2012年6月27日の障害者総合支援法の成立,2013年6月19日障害者雇用促進法の改正,2013年6月26日の障害者差別解消法の成立である。

## 2-2 障害者権利条約の具体的内容

### (1) 障害者権利条約と「合理的配慮」

条約には新たな概念としての「合理的配慮」が7回(第2条,第5条,第14条2項,第24条2項・5項,第27条1項)登場する。合理的配慮は,「身体の自由及び安全」「教育」「雇用」など特定の分野に限定して使用される概念である。各国の障害者法制では,雇用を筆頭に住宅,教育を含む公的なサービスの分野に使用されている(玉村,2006)。合理的配慮に関して,「第2条 定義」を示す。

条約の目的は,障害のある人たちへの差別を撤廃し,障害のある人の平等と人権を明確に実現することである。この文脈において合理的配慮は,差別の禁止を規定しただけでは平等の実現が保障されないため,障害のある人が通常の環境において活動が可能なように施設や設備の改善をしたり,配慮や便宜を与えたりすることを

表2-2 障害者権利条約 第2条 定義

「障害に基づく差別」とは,障害に基づくあらゆる区別,排除又は制限であって,政治的,経済的,社会的,文化的,市民的その他のあらゆる分野において,他の者との平等を基礎として全ての人権及び基本的自由を認識し,享有し,又は行使することを害し,又は妨げる目的又は効果を有するものをいう。障害に基づく差別には,あらゆる形態の差別(合理的配慮の否定を含む。)を含む。
「合理的配慮」とは,障害者が他の者との平等を基礎として全ての人権及び基本的自由を享有し,又は行使することを確保するための必要かつ適当な変更及び調整であって,特定の場合において必要とされるものであり,かつ,均衡を失した又は過度の負担を課さないものをいう。
「ユニバーサルデザイン」とは,調整又は特別な設計を必要とすることなく,最大限可能な範囲で全ての人が使用することのできる製品,環境,計画及びサービスの設計をいう。ユニバーサルデザインは,特定の障害者の集団のための補装具が必要な場合には,これを排除するものではない。

出典)外務省(2016)

意味すると考えられる(玉村, 2006)。**表 2-2** に示すように「合理的配慮の否定」が，禁止されるべき「差別」の一形態であることも明示されている。

## (2) 障害者権利条約の内容とインクルーシブ教育

次に「第 24 条　教育」の内容について示す(表 **2-3**)。

**表 2-3　障害者権利条約　第 24 条　教育**

1　締約国は，教育についての障害者の権利を認める。締約国は，この権利を差別なしに，かつ，機会の均等を基礎として実現するため，障害者を包容するあらゆる段階の教育制度(inclusive education system at all levels)及び生涯学習を確保する。当該教育制度及び生涯学習は，次のことを目的とする。
(a)人間の潜在能力並びに尊厳及び自己の価値についての意識を十分に発達させ，並びに人権，基本的自由及び人間の多様性の尊重を強化すること。
(b)障害者が，その人格，才能及び創造力並びに精神的及び身体的な能力をその可能な最大限度まで発達させること。
(c)障害者が自由な社会に効果的に参加することを可能とすること。
2　締約国は，1の権利の実現に当たり，次のことを確保する。
(a)障害者が障害に基づいて一般的な教育制度から排除されない(not excluded from general education system)こと及び障害のある児童が障害に基づいて無償のかつ義務的な初等教育から又は中等教育から排除されない(not excluded)こと。
(b)障害者が，他の者との平等を基礎として，自己の生活する地域社会において，障害者を包容し(inclusive)，質が高く，かつ，無償の初等教育を享受することができること及び中等教育を享受することができること。
(c)個人に必要とされる<u>合理的配慮(reasonable accommodation)</u>が提供されること。
(d)障害者が，その効果的な教育を容易にするために必要な支援を<u>一般的な教育制度(general education system)</u>の下で受けること。
(e)学問的及び社会的な発達を最大にする環境において，<u>完全な包容(full inclusion)</u>という目標に合致する効果的で個別化された支援措置がとられること。
3　締約国は，障害者が教育に完全かつ平等に参加し，及び地域社会の構成員として完全かつ平等に参加することを容易にするため，障害者が生活する上での技能及び社会的な発達のための技能を習得することを可能とする。このため，締約国は，次のことを含む適当な措置をとる。
(a)点字，代替的な文字，意思疎通の補助的及び代替的な形態，手段及び様式並びに定位及び移動のための技能の習得並びに障害者相互による支援及び助言を容易にすること。
(b)手話の習得及び聾社会の言語的な同一性の促進を容易にすること。
(c)盲人，聾者又は盲聾者(特に盲人，聾者又は盲聾者である児童)の教育が，その個人にとって最も適切な言語並びに意思疎通の形態及び手段で，かつ，学問的及び社会的な発達を最大にする環境において行われることを確保すること。
4　締約国は，1の権利の実現の確保を助長することを目的として，手話又は点字について能力を有する教員(障害のある教員を含む。)を雇用し，並びに教育に従事する専門家及び職員(教育のいずれの段階において従事するかを問わない。)に対する研修を行うための適当な措置をとる。この研修には，障害についての意識の向上を組み入れ，また，適当な意思疎通の補助的及び代替的な形態，手段及び様式の使用並びに障害者を支援するための教育技法及び教材の使用を組み入れるものとする。
5　締約国は，障害者が，差別なしに，かつ，他の者との平等を基礎として，一般的な高等教育，職業訓練，成人教育及び生涯学習を享受することができることを確保する。このため，締約国は，<u>合理的配慮(reasonable accommodation)</u>が障害者に提供されることを確保する。

注）表中の英語は条文英文を参考に筆者が挿入し，下線は筆者が付した。
出典）外務省(2016)

第24条では教育についての障害者の権利を認め，この権利を差別なしに，かつ，機会の均等を基礎として実現するため，障害のある者が一般的な教育制度から排除されないこと，障害者を包容する教育制度等を確保することとしている。ここで言う「一般的な教育制度」とは，「各国の教育行政により提供される公教育であり，特別支援学校も含まれるとされる(文部科学省，2010a)」ため，障害者権利条約の障害者を包容する教育制度としてのインクルーシブ教育は，通級，特別支援学級，特別支援学校を含めた特別支援教育を否定するものではない。

　また1994年「サラマンカ声明」[注2]以降のインクルーシブ教育の方向性が，障害者権利条約によって明確に「権利」として認められたことは重要である(ユネスコ，1994)。ユネスコはインクルージョンを「学習や文化，コミュニティにおける参加を増進させ，教育からの排除や教育内の排除を低減させることによって，学習者のニーズの多様性に取り組み，対応するプロセス(UNESCO, 2003)」とイギリスのブース(Booth, T.)の定義を用いて示している。ゆえにインクルーシブ教育の完成形はなく，多様性を内包しつつ，インクルージョン(包容)の反対語としてのエクスクルージョン(排除)をなくす方略を求め続けることこそがインクルーシブ教育の実践であろう。そしてインクルーシブ教育の状況は「国によって驚くほど多様(ユネスコ，1994)」であることを考慮すると，日本におけるインクルーシブ教育の具体化は，今後の議論がいっそう重要になる。

### (3) インクルーシブ教育システム構築における合理的配慮と基礎的環境整備

　日本は2007年の障害者権利条約の署名以降，批准に向けて内閣府の「障がい者制度改革推進会議」や文部科学省の中央教育審議会において国内法の見直し等を進めてきた。本項では中央教育審議会の議論に注目する。文部科学省初等中等教育分科会に「特別支援教育の在り方に関する特別委員会」を設置し，2010年12月24日に「論点整理」，2012年2月13日に「合理的配慮等環境整備検討ワーキンググループ報告」，2012年6月1日に「報告案」をまとめ，2012年7月23日に「共生社会の形成に向けたインクルーシブ教育システム構築のための特別支援教育の推進(報告)」(以下，報告書)を公表した。図2-1は合理的配慮等環境整備検討ワーキンググループ報告における合理的配慮と基礎的環境整備の関係である。

　報告書の中では，障害のある子どもに対する支援について法令に基づき又は財政措置により，国は全国規模で，都道府県は各都道府県内で，市町村は各市町村内で，教育環境の整備をそれぞれ行う。これらは合理的配慮の基礎となる環境整備つまり「基礎的環境整備」とよぶこととする，と説明している(文部科学省，2012)。つまりインクルーシブ教育システム構築のためには，障害のある者に対する支援のため

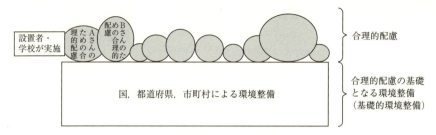

図 2-1　合理的配慮と基礎的環境整備の関係
出典）文部科学省（2012 b）

にまず共通の基礎的環境が整備され，その上で，障害のある子どもが個々に必要となる適当な変更・調整が「合理的配慮」として提供される（文部科学省，2015）。ゆえに文部科学省が示している合理的配慮の具体例（文部科学省，2010 b）としてのデジタル教材，ICT 機器等の利用も全員に共通の支援であれば「基礎的環境整備」となり，特定の子どものみへの支援であれば「合理的配慮」となる。「基礎的環境整備」の質が向上することによって，より個のニーズに応じた「合理的配慮」が保障されることが望ましい。

**(4)　障害者差別解消法**

　閣議決定により 2009 年 12 月 8 日に障がい者制度改革推進本部が設置された。同本部の下で障害者施策の推進に関する事項について意見を求めるため，当事者も参加する「障がい者制度改革推進会議（以下，推進会議）」が開催された。2010 年 11 月 22 日からは推進会議の下で差別禁止部会が開催された。差別禁止部会では「障害を理由とする差別の禁止に関する法制」制定に向けて検討が行われた。2012 年 3 月 16 日には論点の中間整理がされ，2012 年 7 月 27 日に障害者基本法の改正に基づき，推進会議の機能を発展的に引き継ぐものとして「障害者政策委員会（以下，政策委員会）」が発足した。障害を理由とする差別の禁止に関する法制のあり方の検討も推進会議から政策委員会へと移った（内閣府，2014）。政策委員会の下に新たに設置された差別禁止部会は推進会議の議論も踏まえて，2012 年 9 月 14 日に差別禁止部会としての意見を取りまとめた（内閣府，2016 a）。

　以上の協議をふまえて「障害を理由とする差別の解消の推進に関する法律（障害者差別解消法）」が 2013 年 6 月 26 日に公布，2016 年 4 月 1 日から施行された（内閣府，2016 b）。障害者差別解消法を受けて「関係府省庁における障害を理由とする差別の解消の推進に関する対応要領」が出され，文部科学省は 2015 年 11 月 26 日に対応指針を示した（文部科学省，2015 b）。2016 年度から国公立学校には障害

のある子どもに対する支援・配慮が義務付けられ，私立学校や民間施設などにも努力義務として課せられるようになった。対応指針は学校などにおける「不当な差別的取扱いに当たり得る具体例」として，「学校，社会教育施設，スポーツ施設，文化施設等において，窓口対応を拒否し，又は対応の順序を後回しにすること」等複数例示している。また「合理的配慮に当たり得る配慮の具体例」としては，物理的環境や人的支援，意思疎通，ルール・慣行の柔軟な変更などの配慮を示している。例えばルール・慣行の柔軟な変更では「読み・書き等に困難のある児童生徒等のために，授業や試験でのタブレット端末等のICT機器使用を許可したり，筆記に代えて口頭試問による学習評価を行ったりすること」等が例示されている。

### (5) 合理的配慮の提供の流れ

ここで，合理的配慮の提供に向けた流れを確認する。特別支援教育の在り方に関する特別委員会の「合理的配慮等環境整備ワーキンググループ報告」の合理的配慮の提供の決定までの流れが示されている。その中では，決定方法として「合理的配慮」は，一人ひとりの障害の状態や教育的ニーズ等に応じて決定されるものであり，その検討の前提として，各学校の設置者及び学校は，興味・関心，学習上又は生活上の困難，健康状態等の当該幼児児童生徒の状態把握を行う必要がある。これを踏まえて，設置者及び学校と本人及び保護者により，個別の教育支援計画を作成する中で，発達の段階を考慮しつつ，「合理的配慮」の観点を踏まえ，「合理的配慮」について可能な限り合意形成を図った上で決定し，提供されることが望ましく，その内容を個別の教育支援計画に明記することが望ましい。また，個別の指導計画にも活用されることが望ましい，ことが指摘されている（文部科学省，2012b）。そして，「合理的配慮」の見直しについてでは，「合理的配慮」の決定後も，幼児児童生徒一人ひとりの発達の程度，適応の状況等を勘案しながら柔軟に見直しができることを共通理解とすることが重要である。定期的に教育相談や個別の教育支援計画に基づく関係者による会議等を行う中で，必要に応じて「合理的配慮」を見直していくことが適当である，とある（文部科学省，2012b）。また分科会報告では，合理的配慮について検討される際に必要とされることを教育内容・方法，支援体制，施設・設備の三観点，11項目に整理している（文部科学省，2012a）。以上から，実態把握に基づいた個々の多様性を反映させた合理的配慮が，設置者・学校と本人・保護者の合意の上で決定，提供されること，そのためには保護者・本人が参加する支援会議等の協議の場の開催が今後いっそう求められること，また決定事項は個別の計画にも明記されて，引き継がれていくとともに定期的な教育相談や見直しが行われること，バリアフリー等の施設・設備のみならず，学習内容の変更・調整やICT教材

等の教育内容・方法，専門性向上をめざす支援体制等が検討されること，が想定されているのである。

## 2-3 障害者権利条約と特別支援教育をめぐる今後の課題

　本章では，障害者権利条約にかかわって，定義，成立過程，合理的配慮，インクルーシブ教育，基礎的基盤整備，障害者差別解消法，合理的配慮提供の流れについて示してきた。最後に今後の課題を示す。各団体からの意見として「都市教育委員・教育長協議会」は，合理的配慮に関するシステム構築の検討課題として，現行の就学指導委員会等に代わり，①各学校からの合理的配慮に関する申請システム，②各学校からの申請に基づく合理的配慮の決定システム，③決定された合理的配慮についての当事者及び保護者との合意形成システム，④当事者及び保護者との合意形成が図れなかった際の調停システム，⑤合理的配慮の効果についての評価システム，の5点を挙げている（文部科学省，2010 c）。渡部は合理的配慮に関する問題点として，教育条件整備や合理的配慮を根拠づける法的裏付けが示されておらず立法政策・行政運用・現場裁量に委ねられていること，過密・過大状況を解消すべく特別支援学校設置基準を法定し，特別支援学級と通級指導を高校段階にも整備して，通常学校への専門的スタッフの配置を進める等の法令改正も必要になること，合理的配慮に係る情報提供・合意形成・意見調整や「教育支援委員会」（仮称）を法令にどう規定するかも検討課題であると指摘する（渡部，2012 b）。具体的な個の支援の「合理性」や「過度の負担」の判断や調整は誰が行うのか等の制度的整備は緒に就いたばかりである。

　玉村は障害者権利条約と教育の課題として，第一に障害のある人の権利を基礎とした学校教育・生涯学習の構築，インクルーシブ教育の推進やそのための条件整備，第二に，合理的配慮や効果的で個別化された支援の在り方などの第24条の教育条項に即した教育改革，第三に，知的障害のある人や子どもも条約の内容を理解できるような障害者権利条約の教材化を挙げる（玉村，2008）。障害者権利条約によって教育のみならず，医療，保健，労働，福祉の障害者にかかわる「共通言語」ができたことは大いに評価できる。本条約は，「障害」者の「権利」を守るための条約であるため「障害」が「スティグマ」ではなく，権利主張のための「根拠」となることが望まれる。また，障害者から社会的障壁の除去を必要としている旨の「意識表明」があった場合に合理的配慮が提供されるため，教育の役割としては，「適切と思われる配慮を提案する」のみならず，自分の権利を理解し，言葉や文字や絵カード，タブレット端末等で意思表明できる「当事者」を育てることであろう。

## 引用・参考文献

外務省（2015 a）．障害者を巡る国際的な動き
外務省（2015 b）．障害者の権利に関する条約締約国一覧
外務省（2016）．障害者の権利に関する条約（略称：障害者権利条約）
井上英夫（2006）．人権保障の発展と「障害のある人」の権利条約．障害者問題研究，34(1)，2-10.
文部科学省（2010 a）．特別支援教育の在り方に関する特別委員会，第5回配布資料2：General Education System（教育制度一般）の解釈について
文部科学省（2010 b）．特別支援教育の在り方に関する特別委員会，第3回配布資料3 合理的配慮について
文部科学省（2010 c）．特別支援教育の在り方に関する特別委員会，第16回配布資料，指定都市教育委員・教育長協議会，インクルーシブ教育システム構築のための今後の特別支援教育の推進方策に関するヒアリング意見提出様
文部科学省（2012 a）．中央教育審議会初等中等教育分科会「共生社会の形成に向けたインクルーシブ教育システム構築のための特別支援教育の推進（報告）」
文部科学省（2012 b）．特別支援教育の在り方に関する特別委員会，合理的配慮等環境整備ワーキンググループ報告―学校における「合理的配慮」の観点―
文部科学省（2015 a）．初等中等教育局特別支援教育課，インクルーシブ教育システム構築モデル事業
文部科学省（2015 b）．文部科学省所管事業分野における障害を理由とする差別の解消の推進に関する対応指針の策定について
内閣府（2014）．共生社会政策統括官障がい者制度改革推進本部
内閣府（2015）．障害を理由とする差別の解消の推進に関する基本方針
内閣府（2016 a）．障害者政策委員会
内閣府（2016 b）．障害を理由とする差別の解消の推進
竹前栄治（2008）．障害者権利条約『現代法学』(15)81-106.
玉村公二彦（2006）．国連・障害者権利条約における「合理的配慮」規定の推移とその性格障害者問題研究，34(1)，11-21.
玉村公二彦（2007）．障害者権利条約と特別ニーズ教育―「インクルーシブ教育」を中心に―．SNEジャーナル，13(1)，45-63.
玉村公二彦（2008）．第一部 国連・障害者権利条約の成立と教育の課題。玉村公二彦・中村尚子『障害者権利条約と教育』全国障害者問題研究所出版部，pp.14-51.
ユネスコ（1994）．「特別なニーズ教育に関するサラマンカ声明と行動大綱」国立特別支援教育総合研究所特別支援教育法令等データベース 総則／基本法令等―サラマンカ声明
UNESCO（2003）. Overcoming exclusion through inclusive approaches in education : A challenge and a vision, UNESCO.
渡部昭男(編著)（2012 a）．『日本型インクルーシブ教育システムへの道 中教審報告のインパクト』三学出版
渡部昭男(編著)（2012 b）．障害者権利条約の批准に向けた国内教育法制の整備課題：インクルーシブ教育と合理的配慮(テーマB-7 差別問題と教育，テーマ型研究発表，発表要旨 日本教育学会大會研究発表要項，71，392-393.

注1　障害者権利条約に関する国際動向は国連のHPで随時更新・発信されている。Convention on the Rights of Persons with Disabilities, http://www.un.org/disabilities/convention/convention-full.shtml(2016年5月7日参照)。

注2　1994年6月7日から10日にユネスコとスペイン政府共催の「特別なニーズ教育に関する世界会議―アクセスと質」において採択された「特別なニーズ教育に関するサラマンカ声明と行動大綱」の略称。

# 3章 インクルーシブ教育の国際動向

千賀 愛

[キーワード]
インクルーシブ教育
ユネスコ
特別ニーズ教育

本章では，日本の特別支援教育がインクルーシブ教育の国際動向と比較してどのような課題があるのかを検討する。インクルーシブ教育が推進される欧州でも特別学校が公私立を問わず存続しており，病院併設型の医療的ケアを提供する学校やリハビリテーション・センターとの連携，特別ニーズ教育の人的・物的資源としての重要な役割を担っている。また SEN 児の就学期間の延長（ポーランド，スペイン，イギリス），外国人生徒への言語支援に取り組むフランスなど，様々な選択肢を用意して対応している。アメリカ合衆国とドイツは指導時間の積算で教員の人数が決まるため，在籍学級にかかわらず必要に応じた適切な支援が受けられる仕組みがある。ある国のインクルーシブ教育が停滞したり行き詰まった時，他国や国際的な観点から議論することで，既存の発想にとらわれない解決の糸口が見つかるかもしれない。

## 3-1 世界におけるインクルーシブ教育の拡大

インクルーシブ教育に関する国際的な関心は，1994年のユネスコによる「特別ニーズ教育に関するサラマンカ声明と行動大綱」におけるインクルーシブ教育の提起，2006年に国連で採択された「障害者権利条約」の差別禁止と合理的配慮の原則を契機に，各国の教育政策へ影響を及ぼしてきた。日本政府は2007年に条約へ署名したものの，国内法整備や批准の準備に時間がかかり2014年1月にようやく141番目(EUを含む)の締約国として批准に至った。日本の学術雑誌では，世界のインクルーシブ教育に関する特集が相次いで組まれた。2010年5月の「発達障害研究」では，日本・オーストラリア・フランス・ドイツ・イギリス・スウェーデン・アメリカ合衆国・スリランカ・モンゴル・エジプトの10ヵ国の障害児教育の動向，2011年5月の「障害者問題研究」では，日本・スウェーデン・ドイツ・イギリス・オーストラリア・中国の6ヵ国のインクルーシブ教育の動向，2011年11月の「SNEジャーナル」ではロシア・スウェーデン・アメリカ合衆国の3ヵ国に関する国際比較研究が論じられた。これらの他にも多くの研究者が，各国政府の教育統計情報や報告書，新しい法律の解説・分析に加え，現地の学校訪問や教師インタビュー，アンケート調査など，様々な形で海外動向の研究を発表している。本章では，2009年～2016年における UNESCO(United Nations Educational, Scientific and Cultural Organization：以下ユネスコ)および経済協力開発機構(Organization for Economic Cooperation and Development：以下 OECD)等による報告書，各国の教育統計，国内外の先行研究等の文献を検討し，インクルーシブ教育の国際動向をみていく。

## 3-2 ユネスコのインクルーシブ教育

ユネスコ(2009)の「教育におけるインクルージョンに関する政策指針」によれば，2005年の時点で世界の7,500万人の学齢児が学校に就学しておらず，その半数以上が女子であり，貧困や周辺化が世界の大部分で排除の要因となっている。未就学児のうち障害のある子どもが約三分の一に該当し，その他に貧困層に属する児童労働の子ども，へき地や言語的マイノリティ(少数派)，遊牧民の子ども，HIV/AIDS(エイズ感染等)の子どもなどの不利益を被りやすい集団が存在している。世界の障害のある子どもの数は9,300万～1億5,000万人とされ，障害は「開発途上国では貧困と連鎖する傾向」がみられる(UNESCO, 2015 b)。世界保健機構(World Health Organization：以下 WHO)によれば，世界の15%の人々が何らかの障害をもち，そのうち2-4%には深刻な機能障害があるという(WHO, 2011)。インクルーシブ教育の中心は，障害のある子どもであることに変わりはないが，未就学の子どもの背景を通して，ジェンダー問題，貧困，言語的・地理的・文化的マイノリティ，児童虐待，HIV/AIDS(エイズ感染等)を含む健康問題などの問題が複合的に絡み合っている。また近年では，移民の増加や難民の流入，外国人労働者の増加が，欧州における学校教育の在り方も問い直す事態を引き起こしている。2012年の国際学力調査 PISA の結果は，15歳時点の社会的・経済的不利が低い学力達成につながっていることを示し，公正さ(fairness)とインクルージョンが重複した問題領域であることを示唆している(Schneider, 2014)。"インクルーシブ教育"の概念は，歴史的にも特殊教育の分野における議論と改革に密接に関連しており，実際にそのアプローチは特殊教育を超えて社会的インテグレーションへと向かっている(Armstrong et al., 2010, p.4)。世界的にみれば，社会の不平等とインクルージョンは同時に取り組むべき課題になっている。

ユネスコは，2000年の世界教育フォーラムにおいて2015年に向けて障害を含む様々なマイノリティや格差問題に取り組む「万人のための教育」(Education for All)を実現させるために，①乳幼児のケアおよび教育，②初等教育の完全普及，③青年および成人のスキル，④成人の識字，⑤ジェンダー平等，⑥教育の質という6つの目標を設定した(OECD, 2014 a)。これらの目標達成に関する報告書(2014 a)では，初等教育の就学率の向上や乳幼児死亡率の低下などに一定の成果を認めつつ，公教育を「最も疎外されたグループの人々が受益できるよう」にし，「教員には，

学習を向上させ，学力の低い子どもが遅れを取り戻せるよう，適切でインクルーシブな教育内容によるサポートが必要である」と指摘している。さらに同組織は，2015年5月に韓国の仁川（インチョン）で開催されたユネスコ・世界教育フォーラムにおいて，「教育2030：万人のためのインクルーシブおよび平等で質の高い教育と生涯学習に向けて」(Education 2030: Towards inclusive and equitable quality education and lifelong learning for all)と題する宣言を発表した(Word Education Forum 2015)。将来を見据えたユネスコの新たな「教育2030」は，貧困・遠隔地棟による不就学，ジェンダー格差への対応，障害のある子どもの教育保障など，不利益を被りやすい子どもを視野に入れた通常教育の変革を求めている。文部科学大臣と外務大臣等の諮問機関である日本ユネスコ国内委員会も仁川宣言に参加しており，今後発表されるユネスコのモニタリング・レポートの内容に注目したい。

## 3-3 インクルーシブ教育と通常の学級の規模

インクルーシブ教育は，一人ひとりの児童生徒の特性に配慮し，障害や言語的・文化的マイノリティに対応するきめ細かな対応が求められるため，通常の学級の学級規模は大きな環境要素となる。表3-1は，2013年のOECD加盟国のうちデータが揃っている11ヵ国を示した。

OECD(2015a)によれば，2013年のOECD加盟国の平均学級規模は，初等教育（私立・国公立平均）は21名，中等教育（私立・国公立平均）は24人であり，初等教育の学級規模が25人を超えているのは，日本(27.4人)，イギリス(25.4人)，イスラエル(27人)，チリ(30人)，に限られる。日本の中学校にあたる前期中等教育の学級規模では，OECD諸国の平均が24人であるのに対して，30人を超えているのは，韓国(32.8人)，日本(32.6人)とチリ(31.1人)のみである。表3-1には含まれていないスウェーデンは，就学前段階で子ども6人に対して教師1人，初等教育段階では子ども13人に教師1人，中等教育段階では12人に教師1人が割り当てられ，小規模な学習集団を維持している(OECD, 2015b)。日本は先進諸国に比べて学級

表3-1 11ヵ国とOECD諸国における平均学級規模(単位：人)

| 教育段階 | オーストラリア | スペイン | ギリシャ | フィンランド | フランス | ドイツ | イタリア | イギリス | アメリカ | 日本 | 韓国 | OECD平均 |
|---|---|---|---|---|---|---|---|---|---|---|---|---|
| 初等 | 23.7 | 21.6 | 17.2 | 19.0 | 22.9 | 20.8 | 19.3 | 25.4 | 21.1 | 27.4 | 24.0 | 21 |
| 前期中等 | 23.7 | 25.4 | 22.0 | 19.7 | 25.3 | 24.3 | 21.6 | 19.5 | 26.7 | 32.6 | 32.8 | 24 |

出典）OECD (2013) より作成。

規模が大きい傾向が続いているが，残念ながらこの傾向は今後も続く見通しである。2014年10月に財務省主計局が発表した報告書によれば，2011年に義務標準法が改正され，小学校1年生の学級編成の標準が40人から35人に引き下げられたが，小学校の問題発生件数における小学1年生の割合に変化が見られず，いじめや暴力行為が微増していた。これにより同局は人数減の「明確な効果」を認めず，40人学級に戻すべきであると提起し，合わせて約86億円の予算削減に言及した。これに対して文部科学省は，2015年7月発表の白書で公立の小中高等・中等学校の1学級40人（小学校第1学年は35人）の教育水準は維持する方向性を示した。しかし国際的にみれば，依然として人数が大幅に多いことに変わりはなく，OECD諸国の平均に近づけることがインクルーシブ教育とっては重要な意味を持つだろう。一律に減らすことが困難であれば，例えばイタリアのように「1名の重度の障害のある児童生徒または，2名の障害のある児童生徒が在籍している学級の定員は20人」とし，通常学級の25人から5人減とした上で，「支援教育が加配」される（大内・藤原，2015）という弾力的な運用方法もある。またドイツの首都ベルリン市州では各学校の権限が強化されており，インクルーシブ教育に積極的な学校では，障害のある子どもが在籍する学級の定数を15人にまで減らし，障害児教育の専門家や介助員をつけることが認められている（Fläming-Grundschule, 2016）。

### 3-4 欧州のインクルーシブ教育における特別学校の位置づけ

WHO（2011）によれば「障害のあるすべての子どものフル・インクルージョン（通常の学級）を最終的な目標にすることはあっても，実際に実現することは困難」であり，誰でも通常の学級で学ぶという「完全なインクルーシブ制度の国は存在しない」(p.210)。障害による個人差は大きく，ろう者に対する手話の言語環境の保障や，自閉症スペクトラム障害のある子どもに落ち着いた学習環境を確保するなど，障害や特性・希望を考慮すべき点が多く，インクルーシブ教育を「分離か，統合か」の二分法で語ることは非現実的である。では，インクルーシブ教育の先進国が多い欧州では，特別学校（特別支援学校）はどのような位置づけにあるのだろうか。**表3-2**は，特別な教育的ニーズ（Special Educational Needs：以下 SEN）に関する欧州機関が発表した各国の特別ニーズ教育の状況（SEN Country Data 2012）から一部抜粋して示したものである。公立・私立の義務教育段階の就学児全体における SEN 児，全 SEN 児における特別学校・特別学級の対象児，何らかの追加的支援を受けている「フル・インクルージョン」の人数のデータをもとに，比較しやすいよう各々を割合（％）で示した。国別データの注記は，次の通りである。デンマークにおける通

表 3-2 特別な教育的ニーズをもつ子どもの教育措置(義務教育段階)の割合(％)

|  | デンマーク | フィンランド | フランス | ドイツ | イタリア | ポーランド | スペイン | イギリス |
|---|---|---|---|---|---|---|---|---|
| SEN 児／全就学児 | 5.0 | 8.3 | 4.4 | 5.5 | 2.6 | 3.0 | 2.4 | 2.8 |
| 特別学校／全 SEN 児 | 37.0 | 13.7 | 15.7 | 78.7 | 1.0 | 56.6 | 13.9 | 43.9 |
| 特別学級／全 SEN 児 | 59.1 | 31.8 | 59.0 | − | − | 1.6 | 2.6 | 6.8 |
| 通常学級／全 SEN 児 | 3.9 | 54.5 | 25.3 | 21.3 | 99.0 | 63.0 | 83.5 | 49.2 |
| 義務教育の年齢(歳) | 6-16 | 7-16 | 6-16 | 6-15 | 5-16 | 7-16 | 6-15 | 5-16 |

注) イギリスは北アイルランド・スコットランドを除く。
出典) European Agency for Development in Special Needs Education(2012)を改編。

常の学級の SEN 児は，何らかの形で特別な支援を受けているが，全体の人数は不明とされている(SEN Country Data 2012)ため，実際にはさらに多い見込みである。フィンランドの全就学児における SEN 児の割合は 8.3％ と他国より高いが，これは公的に決定された人数(45,439 人)に限定した数値であり，公的な判定を得ないで軽度の学習困難のためにパートタイムの特別ニーズ教育を受けている 125,631 人を含めると，何らかの特別な支援を受けている割合はさらに増加する。

表 3-2 のフランスの通常の学級に在籍する SEN 児には，フランス語の言語習得のための支援を受けている場合が含まれており，主に外国人生徒を想定した支援を行っている。ドイツは，制度上は固定型の特別学級が設けられておらず，州によって障害の定義も異なっている。イタリアは，法律上は分離型の特別学級の設置を認めておらず，地域の通常学校で教育を受ける権利へのアクセスが十分に実現しない時に限って特別学校への就学が認められ，2010-2011 年度の特別学校／ケアセンター数は 71 である。ポーランドでは，障害や社会的不適応などを理由に特別教育を必要とする生徒に対して後期中等教育の学校で 24 歳まで学ぶことができ，重い精神遅滞(mental retardation)のある生徒は最大 25 歳までリハビリテーション・教育センターに通うことができる。スペインでは，SNE 児の就学先や教育の手続きに影響を与える判断に際しては，親や保護者の参加を教育行政の責任で保障することになっている。また SEN 児の就学はノーマリゼーションとインクルージョンの原則に沿って行われるが，通常の学校で特別なニーズへの教育措置が十分に満たされない場合には，特別教育センターや活動単位(units)の生徒は 21 歳まで就学期間を延長することができる。イギリスの特別学校は税金によって運営される公立の特別学校と独立系の私立特別学校等に通う生徒を合わせた割合であり，通常学校における特別学級の人数は SEN 活動グループ(SEN units)等も含むものである。またスウェーデンでは「知的障害学校のほぼ 100％ 近くが基礎学校・総合制高等学校に併設され，知的障害がなく，ほかの障害がある場合には基礎学校・総合制高等学校で必要な個別指導を含めた教育を受けるという仕組みが基本となっている(聾児は国

立聾学校を選択できる)」(加瀬，2010)。このようにインクルーシブ教育が推進される欧州でも特別学校が存続し，特別ニーズ教育の人的・物的資源としての重要な役割を担っている。

## 3-5 障害を含む特別な教育的ニーズとアクセス率

　教師を対象とした9ヵ国(オーストラリア，デンマーク，フィンランド，アイスランド，イタリア，メキシコ，ノルウェー，ポーランド，シンガポール)のOECD調査によれば，通常学級に特別な教育的ニーズをもつ子どもが「いない」と答えた教師の割合の平均は，初等教育は17.8％，前期中等教育は20.2％，後期中等教育は35.7％であった(OECD, 2014 b)。特別なニーズをもつ生徒が受け持ちの学級に何割含まれるかについては，1〜10％いると答えた割合は，初等教育は54.6％，前期中等教育は52.6％，後期中等教育は48.1％であった。受け持ちの学級に11〜30％もの特別なニーズをもつ生徒がいると答えた教師は平均19.2％，前期中等教育は18.9％，後期中等教育は11.5％であった(OECD, 2014 b)。これらの国では通常の学級に何らかの特別な教育的ニーズのある子どもが含まれるという教師の認識が一般化しているといえる。

　次に，実際に特別な支援・指導を受けている子どもの割合をみてみよう。OECDの調査(2014 a)によれば，2007-10年の期間の障害を含む特別なニーズへのアクセス率(特別な対応への利用率)は，アメリカ合衆国10.7％，フィンランド8.3％，スウェーデン6.4％，ドイツ5.8％，イギリス3.1％，日本は27ヵ国中23番目の2.3％であり，韓国は1.0％である。日本の特別支援教育の割合は増加傾向にあり，義務教育段階に限定すると2013年5月時点で初めて3％を超えて3.2％に達した。イギリスの3.1％という割合は，正式な判定書(Statement)を保有して特別な対応を受ける場合に限定した数値であり，学校内の調整で対応されるスクール・アクションやスクール・プラスを得てサポートを受ける割合は，全体の12.6％とさらに高い比率になる(National Statistics, 2015)。イギリスは2014年に特別ニーズ教育に関する大幅な法改正を行い，医療・児童福祉との連携を強化して2015年から特別ニーズ教育の対象年齢が0歳から25歳に拡大した(Department for Education and Department of Health, 2015)。

　全米教育統計センター(National Center for Education Statistics：以下NCES)によれば，アメリカ合衆国は全就学児における特別な教育を受けている割合が10％を超えている。障害種別では，特異的学習障害(specific learning disability)が最も多く4.6％，次いでスピーチ・言語障害が2.7％，その他の健康障害が1.6％，自閉

症 1.0％，知的障害 0.9％，発達遅滞 0.8％，情緒障害 0.7％ となっており，半数近くを学習障害が占めている（NCES, 2014 a）。ドイツでは特別な支援を受けている子どもを 100 とした場合，65.9％ が特別支援学校で学び，通常の学校の割合は 34.1％であり，障害種別の内訳は学習困難が最も多く 37.7％，情緒・社会性障害が 16.1％，精神発達障害 16.1％，言語障害 10.8％，身体・運動発達障害 7.0％，聴覚障害 3.6％，学習・言語・情緒社会性発達障害 2.2％，病弱 2.2％，視覚障害 1.6％ となっている（KMK, 2014 c）。

## 3-6　日米独の三ヵ国におけるインクルーシブ教育

　アメリカ合衆国の教育制度は，個別教育計画（IEP）の導入をはじめとして日本にも影響を与えてきたが，「インクルーシブ教育という文言自体は，アメリカ合衆国の特殊教育制度に登場しない」（吉利，2010）とされる。同国の学校教育制度は各州で異なるが，障害のある子どもには連邦法によって無償で適切な教育を行う際に「最少制約環境（least restrictive environment：LRE）」条項の概念を適用して，「可能な限り通常の教育環境における指導が模索される」。つまり実質的にはインクルーシブ教育を志向しているといえる。また同国では，個別教育計画を必要としない軽度の障害の場合に，障害児者への差別禁止法であるリハビリテーション法 504 条を適用して，学校内や学級内の調整や合理的な配慮などを行い，通常の学級における合理的配慮を先駆的に進めてきた。しかし障害のある子どもの教育の財政負担をめぐって州政府の負担が重く，連邦政府が財政負担率を引き下げるなど，厳しい状況が続いている（吉利，2010；岡，2013）。

　2012-13 年度のアメリカ合衆国では，3-21 歳の約 640 万人が特殊教育を定めた連邦法の IDEA 対象になっており，公立学校の就学人数比では 13％ に相当し，2004-05 年の 14％ よりも若干低下した（NCES, 2015）。NCES（2014 b）によれば，IDEA 対象の障害のある子ども 6 歳から 21 歳のうち 95％ が通常の学校に就学し，3％ は公私立の特別学校，1.2％ は保護者の希望で私立の通常の学校へ通い，0.3％ は分離型の居住施設に入所，矯正施設への入所は 0.3％ である。通常の学校内の内訳は，IDEA 法対象の障害児 6-21 歳のうち，特別な指導をリソースルーム等で受けて，その他の 80％ 以上を通常の学級で過ごす者が最も多く 61.2％，次いで通常の学級で 40-79％ を過ごす者は 19.7％，40％ 以下しか通常の学級で過ごさない者は 13.9％ である（NCES, 2014 b）。アメリカ合衆国は，個別教育計画を策定する時点で，子どもが週に何時間（どのような割合で）を通常の学級で過ごし，障害等に応じた特別な指導を何時間受けるのかが明記される。**表 3-3** では，IDEA 法対象の障害児 3

表 3-3 日米独の三ヵ国における特別ニーズ教育対象児の割合 (%)

|  | 日本(2014) | アメリカ(2012-13) | ドイツ(2014) |
|---|---|---|---|
| SEN 児／就学児童生徒 | 2.7 | 13.0 | 6.1 |
| 通常学校への就学 | 66.6 | 95.5 | 34.1 |
| リソースモデル(通級・巡回指導) | 20.6 | 61.2 | 34.1 |
| 特別学級／特別支援学級 | 46.0 | 33.7 | データなし |
| 特別学校／特別支援学校 | 33.4 | 3.0 | 65.9 |
| エスニシティ／SEN 児 | データなし | 71.4 | 9.0 |

出典）日本の数値は文部科学省初等中等教育局特別支援教育課(2015)，アメリカは NCES(2014 a, 2014 b, 2014 c, 2015)，ドイツは KMK(2014 a, 2014 b, 2014 c)より作成。

-21 歳のうち，SEN 児におけるエスニシティは 71.4% であるが，これは英語を母語とする白人・黒人以外の他民族出身児の割合である。具体的には，白人 13.4%，黒人 15.2%，ヒスパニック系 11.7%，アジア系 6.4%，太平洋諸島 11.3%，アメリカンインディアン・アラスカ先住民族 16.3%，2 つ以上の重複が 13.3% である（NCES, 2014 c）。

　ドイツは 2009 年 5 月に障害者権利条約を批准して以降，急速にインクルーシブ教育への改革を進めている（KMK, 2010）。2009 年の時点では，SEN 児の在籍先のうち特別支援学校が 80.2% に対して通常の学校は 19.8% であったが，2012 年には特別支援学校が 75.0% に低下し，通常の学校は 25.0% へ増加，2013 年には特別支援学校 68.6%，通常の学校 31.4% と一貫して通常の学校（通常の学級）への就学人数が増えている（KMK, 2014 c）。また 2012 年に就学児童生徒に占める SEN 児の割合が 5% だったが，2014 年には 1.2 倍の 6.1% に増加した。しかし通常の学校には特別支援学級が設置されていないため，特別支援学校から教師が巡回指導を行い，その担当時間に応じて特別支援学校の教員加配が行われる。また北部ニーダーザクセン州では一部の特別支援学校が基礎学校等に分校型の特別支援学級を設置している（安井・千賀・山本，2012）。ドイツの SEN 児のうち外国人生徒の割合は 9.2% と比較的高いが，特別支援学校の外国人生徒の人数は，2005 年の 65,700 人から 2014 年の 34,334 人に 52.3% 減少した（KMK, 2014 c）。移民が多いベルリン市州では，通常の学校の特別支援を受ける子どものうち 13.5%，学習困難の 20.5% が外国人生徒となっている（KMK, 2014 a）。学力不振問題に危機感をもつドイツは，各州でドイツ語と算数・数学の教科に限定した個別の支援や少人数の支援授業を実施している（KMK, 2013）。アメリカ合衆国では通常の学級でどの程度の時間を過ごすのか，特別な指導を何時間受けるのかを個別教育計画に盛り込む。アメリカ合衆国とドイツは指導時間の積算で教員の人数が決まるボトムアップ式であるため，どこの在籍学級でも必要に応じた支援が受けられる柔軟性があるが，日本の場合は子ど

もの在籍学級に左右されるトップダウン式の制度運用で通級指導の割合が低い傾向がある。

　本章でみてきたように，国際的には通常の学級の規模は縮小傾向にあり，障害のみならず学習支援の一環として国の言語に関する支援授業を実施する例，障害のある子どもに修学期間を拡大するなど，通級指導や特別学級・学校の柔軟な活用以外にも様々な取組みが行われている。そこに共通するのは，子どもの障害や困難への適切な支援の在り方を出発点にした制度運用である。日本の特別支援教育が本格的に始まって10年目を迎え，我々が各国の政策・改革から学ぶべき点があるだろう。ユネスコ(2009)は，インクルーシブ教育の視点から，異なるニーズや学習スタイルに合わせた柔軟な指導・学習方法の重要性を提起している。その具体的な成果の一部は，教師向けの手引書等にも発展した(UNESCO, 2015 a)。また近年の研究動向として，学校長や教師のインクルーシブ教育に対する態度研究やインクルーシブ教育を志向する教員養成プログラムの検討，教師の慣習・文化の特徴を欧州とアフリカ，北欧と北米などの地域比較研究などが行われている。

### 引用・参考文献

Armstrong, A. C., Armstrong, D., & Spandagou, I. (2010). *Inclusive education : international policy & practice*. London : SAGE.

Department for Education and Department of Health (2015). Special educational needs and disability code of practice 0 to 25 years. England.

European Agency for Development in Special Needs Education (2012). Special Needs Education Country Data 2012(Last modified Feb. 2014).

Fläming-Grundschule (2016). Eine Schule für Alle. http : //www.fleaming-grundschule/de/

加瀬　進 (2010). スウェーデン― "En Skola för Alla" をめぐる情景は今. 発達障害研究, 32(2), 159-165.

KMK (Kultus Minister Konferenz : ドイツ文部大臣会議)公式ページ http : www.kmk.org

KMK (2010). Pädagogische und rechtliche Aspekte der Umsetzung des Uübereinkommens der Vereinten Nationen vom 13. Dezember 2006 über die Rechte von Menschen mit Behinderungen (Behindertenrechtskonvention-VN-BRK)in der schulischen Bildung.

KMK (2013). Bericht zum Stand der Umsetzungder Förderstrategie für leistungsschwächere Schülerinnen und Schüler.

KMK (2014 a). Sonderpädagogische Förderung in allgemeinen schulen(ohne Fördeschulen)2013/2014.

KMK (2014 b). Dokumentation 209 : Schüler, Klassen, Lehrer und Absolventen der Schulen 2005-2014.

KMK (2014 c). Dokumentation 210 : Sonderpädagogische Förderung in Schulen 2005 bis 2014.

文部科学省 (2015). 平成26年度文部科学白書「世界トップレベルの学力と規範意識等の育成を目指す初等中等教育の充実」

文部科学省初等中等教育局特別支援教育課(2015)特別支援教育資料(平成26年度)

National Statistics (2015). Special educational needs in England : January 2015, Table.
NCES (2014 a). Table 204.30. Children 3 to 21 years old served Individuals with Disabilities Act (IDEA), Part B, by type of disability.
NCES (2014 b). Table 204.60. Percentage distribution of students 6 to 21 old served under the Individual with Disabilities Education At(IDEA), Part B, by educational environment and type of disability.
NCES (2014 c). Table 204.50. Children 3 to 21 years old served under Individuals with Disabilities Education Act(IDEA), Part B, by race/ethnicity and type of disability : 2011-12 and 2012-13.
NCES (2015). Children and Youth with Disabilities(Last Updated : May 2015).
日本ユネスコ国内委員会(2015). 仁川(インチョン)宣言(仮訳)文部科学省平成 27 年 8 月
OECD (2013). Education at glance, Student-teacher ratio snd average class size. (DOI : 10.1787/334 a3b64-en)
OECD (2014 a). Economic Surveys : Germany 2014. ISSN : 1999-0251(online).
OECD (2014 b). New Insights from TALIS 2013 : Teaching and Learning in Primary and Upper Secondary Education. ISSN : 2312-9638(online)
OECD (2014 c). Education at a Glance 2014 : Highlights. ISSN : 2076-264 X(online).
OECD (2015 a)図表でみる教育　OECD インディケータ(2015 年版)　明石書店
OECD (2015 b). Education at Glance, Indicators Sweden(DOI : 10.1787/eag-2015-82-en).
岡　典子 (2013). インクルーシブ教育の国際比較研究—アメリカ合衆国および韓国の動向. リハビリテーション研究. **157**, 30-33.
大内　進・藤原紀子 (2015). イタリアにおけるインクルーシブ教育に対応した教員養成及び通常の学校の教員の役割. 国立特別支援教育総合研究所紀要, **42**, 85-95.
Schleicher, A. (2014). Equity, Excellence and Inclusiveness in Education : Policy Lessons From Around the World, OECD Publishing(DOI : 10.1787/9789264214033-en).
SNE 学会「SNE ジャーナル」編集委員会編(2011). 『SNE ジャーナル：インクルーシブ教育についての国際比較研究』Vol.17, 日本特別ニーズ教育学会
UNESCO (2009). Policy Guidelines on Inclusion in Education. UNESCO : France.
UNESCO (2015 a). Embracing Diversity : Toolkit for Creating Inclusive Learning-Friendly Environments. UNESCO/O. Sandkull 4th Printing.
UNESCO (2015 b). EFA Global. Monitoring Report, 2013-2014. Teaching and Learning : Achieving quality for all. Gender Summary.
UNESCO (2015 c). RFA Global Monitoring Report 2015 : Education for all すべての人に教育を 2000-2015. UNESCO : France(ED-2015/WS/2).
Word Education Forum 2015, Incheon Declaration(ED/WEF/MD/3).
WHO (2011). World report on disability 2011. (Full report in English)http : //www.who.int/disabilities/world_report/2011/report.pdf
安井友康・千賀　愛・山本理人(2012).『障害児者の教育と余暇・スポーツ』明石書店
吉利宗久 (2010). アメリカ合衆国—インクルーシブ教育政策の動向と改革. 発達障害研究, **32**(2), 173-180.
財務省主計局　2014 年 10 月 27 日文教・科学技術関係資料

# 4章 インクルーシブ教育の合理的配慮と実践課題

新井 英靖

[キーワード]
障害者権利条約
合理的配慮
バリアフリー・ユニバーサルデザイン
効果的な教授・学習

　2006年12月に国連において障害者権利条約が採択されたことを受けて，日本ではインクルーシブ教育システム構築について検討してきた。特に，障害者差別解消法が成立したことを受けて，通常の学級における障害のある児童生徒への合理的配慮の提供方法が検討されてきた。そこでは，個別学習や情緒安定のための小部屋の確保などの基礎的環境整備に加え，ユニバーサルデザインの授業づくりを推進することが重要であると指摘されてきた。

　こうした動向は海外でも同様に進められている。例えば，英国では，インクルーシブ教育実践を推進するためにカリキュラム調整やティーチング・アシスタントの養成，通常の学級の教師の指導技術（専門性の向上）などが重要であると考えていた。こうした取り組みを「効果的な学習」と称して通常の学級の授業改善が求められているが，今後，日本のインクルーシブ教育においても，こうした点から検討を進めていく必要があると考える。

## 4-1 障害者権利条約の採択と合理的配慮

　21世紀に入り急速に進められた日本の特別支援教育は，近年新たな展開を迎えようとしている。それは，障害者差別解消法などの制定により，インクルーシブ教育を実践的に進めなければならない段階にきたことと大きく関係している。

　こうした転換期を迎えたのは，2006年12月に国連において障害者権利条約が採択されたことに端を発する。障害者権利条約では，「障害にもとづき通常の教育システム（general education system）から排除されない」（第24条第2項）と明記され，世界的にインクルーシブ教育の推進が検討されはじめた。それを受けて，日本は2007年にこの条約に署名し，2011年に障害者基本法が改正され，2013年に障害者差別解消法が成立するなど関連する法令等の整備が進められた。

　こうした法整備が進められる一方で，日本ではインクルーシブ教育を実践的に進めるべく「合理的配慮」の内容についても検討されてきた。例えば，2012年に出された中央教育審議会初等中等教育分科会特別支援教育の在り方に関する特別委員会から出された報告「共生社会の形成に向けたインクルーシブ教育システム構築のための特別支援教育の推進」では，「合理的配慮」について次のように記述されている。

**表 4-1　合理的配慮の観点**

- バリアフリー・ユニバーサルデザインの観点を踏まえた障害の状態に応じた適切な施設整備
- 障害の状態に応じた身体活動スペースや遊具・運動器具等の確保
- 障害の状態に応じた専門性を有する教員等の配置
- 移動や日常生活の介助及び学習面を支援する人材の配置
- 障害の状態を踏まえた指導の方法等について指導・助言する理学療法士，作業療法士，言語聴覚士及び心理学の専門家等の確保
- 点字，手話，デジタル教材等のコミュニケーション手段を確保
- 一人一人の状態に応じた教材等の確保（デジタル教材，ICT機器等の利用）
- 障害の状態に応じた教科における配慮（例えば，視覚障害の図工・美術，聴覚障害の音楽，肢体不自由の体育等）

出典）中央教育審議会初等中等教育分科会特別支援教育の在り方に関する特別委員会（第3回）配付資料：2010（平成22）年9月6日[注1]

　条約の定義に照らし，本特別委員会における「合理的配慮」とは，障害のある子どもが，他の子どもと平等に「教育を受ける権利」を享有・行使することを確保するために，学校の設置者及び学校が必要かつ適当な変更・調整を行うことであり，障害のある子どもに対し，その状況に応じて，学校教育を受ける場合に個別に必要とされるもの

出典）中央教育審議会初等中等教育分科会特別支援教育の在り方に関する特別委員会（第3回）配付資料：2010（平成22）年9月6日

　この報告書には「合理的配慮の否定は，障害を理由とする差別に含まれる」と記述されていて，今後，通常の学級においても合理的配慮が提供されなければ障害者差別となる可能性がある。ただし，合理的配慮は「均衡を失した又は過度の負担を課さないもの」という条件をつけて，「（ア）教員，支援員等の確保，（イ）施設・設備の整備，（ウ）個別の教育支援計画や個別の指導計画に対応した柔軟な教育課程の編成や教材等の配慮」を柱として整備することが検討されてきた（具体的には**表4-1**参照）。

## 4-2　合理的配慮とバリアフリー・ユニバーサルデザインの提供

　上記のような検討を受けて，文部科学省はインクルーシブ教育システム構築モデルスクールやモデル地域（スクールクラスター）を形成する実践研究を進めてきた。この事業は，「インクルーシブ教育システム構築のための特別支援教育を着実に推進していくため，各学校の設置者及び学校が，障害のある子どもに対して，その状況に応じて提供する「合理的配慮」の実践事例を収集するとともに，交流及び共同学習の実施や，域内の教育資源の組合せ（スクールクラスター）を活用した取組の実

践研究を行い，その成果を普及する」ことを目的に行われた。

　例えば，LD，ADHD，自閉症等の発達障害児に対しては，「個別指導のためのコンピュータ，デジタル教材，小部屋等の確保」「クールダウンするための小部屋等の確保」「口頭による指導だけでなく，板書，メモ等による情報掲示」というように，障害特性をふまえた指導や支援を通常の学級の中で行うことが合理的配慮の例として挙げられている[注2]。

　こうした実践事例については，発達障害や情緒障害のある子どもへの対応ばかりでなく，様々な障害・病気のある子どもへの対応が検討されている。例えば，病弱・身体虚弱児に対しては，「個別学習や情緒安定のための小部屋等の確保」「車いす・ストレッチャー等を使用できる施設設備の確保」「入院，定期受診等により授業に参加できなかった期間の学習内容の補完」「学校で医療的ケアを必要とする子どものための看護師の配置」「障害の状態に応じた給食の提供」が必要であると考えられている。このように，合理的配慮の内容は，単に「教師が子どもに対応する方法」のみならず，学習を可能にする施設設備やスタッフの確保といった「基礎的環境整備」を含めて，幅広く対応すべき項目が記載されている。

　また，通常の学級で学ぶ聴覚障害児に対して「FM補聴システム」を使って情報保障をしたり，弱視児が通常の学級で学習する場合には，拡大読書器を用いるなど，支援機器を最大限に活用し，学習参加を促進していくことができるように工夫することも，合理的配慮であると考えられている(独立行政法人国立特別支援教育総合研究所,2014を参照した)。

　もちろん，発達障害児の支援や配慮を考えると，「授業をわかりやすくする」工夫も合理的配慮の一つである。国立特別支援教育総合研究所では，「インクルーシブ教育システム構築支援データベース」を作成しており，そこでは，通常の学級に在籍している広汎性発達障害の診断を受けている中学生に対して，次のような取り組みを紹介している。

> 　合理的配慮を提供するための取組の一つとして，校内に学習会を立ち上げ，ユニバーサルデザインを意識した授業について研究を始めた。学習の流れや学習内容の理解に重点を置き，1時間の授業の流れに見通しをもたせることや，学習の仕方を個別に働きかけること，小グループによる活動の設定を多くすることなどを行った。これらの具体的な支援により学習内容の理解につながり，A生徒が安定して登校できるようなった[注3]。

　こうした実践的な取り組みは，近年，ユニバーサルデザインの授業づくりとして各地で広まっている。ユニバーサルデザインの授業とは，「教科教育と特別支援教

育の融合」であり，「優れた教科の授業から特別支援教育の視点を導き出すこと」や「全体指導が困難な子への個別指導の方法や教科の補充指導のシステムを特別支援教育の研究成果に学ぶこと」によって，両者を「別物」ではなく，「連続的」なものにしていくことであると考えられている（桂，2012）。

　具体的に国語の授業を例にすると，物語を読む指導をする際に，「本文を読む」「動作化」「話し合い」「まとめ」という流れをパターン化して授業をわかりやすくする工夫をしている。また，文章の「どこに着目させるか（焦点化）」や，わかりにくい文章のときにはイラストなどを用いて「見てわかるように工夫すること（視覚化）」，「全員で共通した解き方を用いること（共有化）」で，すべての子どもが「できる・わかる」授業を展開できると考えられている（桂，2010）。

　以上のように，インクルーシブ教育で求められる合理的配慮とは，障害があるがゆえに学習に困難が生じる部分を可能な限り取り除くことに主眼がおかれている。こうした取り組みが障害児のみならず，他の子どもの教育にも効果的であると考えられる取り組みが「ユニバーサルデザイン」であり，これらを総合すると，合理的配慮とは基本的に「教育におけるバリアフリー・ユニバーサルデザイン」を推進するものであると考えられる。

## 4-3　インクルーシブ教育の推進とカリキュラム調整の課題

　合理的配慮を教育におけるバリアフリー・ユニバーサルデザインの推進と考えることは海外においても同様である。英国では，差別禁止法の制定を受け，2000年以降，学校と地方自治体に対して「アクセシビリティの確保」を求めたが，そこでは，「物理的アクセス」「情報へのアクセス」「カリキュラム・アクセス」といった3つの柱で計画することが必要であると考えた[注4]。

　このうち，物理的アクセスは肢体不自由に対する段差の解消や，光をうまく調整できない生徒（弱視児等）のいるクラスにブラインドを設置するなど，いわゆる物理的なバリアを取り除くことに関するものである。また，「情報へのアクセス」については，パソコンやタブレットを有効に活用しテキストを読みやすくするなどが例示されており，こうした取り組みはICTの活用と関連して論じられることが多い。

　一方，「カリキュラム・アクセス」についてはどうだろうか。英国の先進的なインクルーシブ学校では，子どものニーズに応じて特別に用意された教材や指導方法が効果的に提供されており，また，他者と一緒に活動が行えるようなグループが編成されていたと報告されている。そして，こうした学習内容・方法の調整を，英国では「効果的な教授・学習（effective teaching and learning）」と呼び，インクルー

4章　インクルーシブ教育の合理的配慮と実践課題　　　　　　　　　　　　　　　　　　37

**表4-2　効果的な教授・学習を提供するポイント**

- もっとも最適な集団編成を考えること
- ICTの活用を支援すること
- 授業のさまざまな側面で複数の感覚を利用すること
- 個人の目標を学習の目標と統合すること
- 計画の中に自律的な学習の機会を設けること
- 学習の次のステップを明確に書き記しておくこと

シブ教育実践の柱として位置づけた(表4-2)。

　加えて、「教師とティーチング・アシスタントの間の効果的なチームワーク」が形成されているところでは、特別な教育的ニーズのある子どもへの指導を含めて、低学力の子どもに対して質の高い指導が展開されていたという調査報告も英国では出されている。これは、英国ではインクルーシブ教育を推進するために、教師以外の人的資源の配置やその活用方法を含めて検討することが重要であるということを意味している。そして、そうした人的資源がどのように協働すれば効果的な学習を提供できるのかについて検討することがインクルーシブ教育では必要であるということが認識されている[注4]。

　このように、英国では、インクルーシブ教育実践を推進するために、通常の学級に在籍する障害児の学習困難に注目し、それを解消するために物理的バリアを取り除くことのみならず、ICTなどを活用した情報提供や、カリキュラム調整を含めた指導方法の検討が行われている。そして、英国では、こうしたインクルーシブ教育実践のなかに、「カリキュラム」へのアクセスを含め、「効果的な教授・学習」の展開が重要であると考えていた。

## 4-4　「効果的な学習」を展開する質の高い教師の育成

　もちろん、すべての子どもに対する「効果的な教授・学習」を展開すれば、ユニバーサルデザインの授業づくりにたどり着くということもあるので、特別支援の必要な児童生徒に対する特別な配慮や指導を厳密に「ユニバーサルデザイン」なのか、「効果的な教授・学習」なのかを区別して議論する必要はないかもしれない。

　ただし、「効果的な教授・学習」としてインクルーシブ教育実践を推進しようとしている英国では、特別な配慮を提供するための方法が「障害特性」の理解を前面に出すのではなく、学校スタッフの熟練したスキルの獲得に向けられているという点は言及しておくべきだろう。例えば、英国では、インクルーシブ教育実践では、「①教師が質問を投げかける」→「②子どもが手を挙げる」→「③教師が答えを聞

く」→「④教師がその答えを受け入れたり,拒絶したり,あるいは発展させる」→「⑤教師がさらに質問をする」といった従来型の一斉指導を展開するのではなく,「教師が反応する前に考える時間を与える」ことや「ペアで考える時間を取る」といった教師と子どもの応答を大切にすることが必要であると考えられた。

そして,「なぜそう考えたのか言ってみて」とか「～についてもう少し話をして」など,教師は子どもが応答できるような働きかけをすることや,クラス全体に向かって,教師が説明するだけの「消極的な学習」から抜け出し,「すべての子どもたちが(学習活動に—筆者注)積極的に関与する」ことができる指導が重要であると指摘された。さらに,こうした授業を展開するためには,「直接的な指導(教師の説明)」だけではなく,「ディスカッション」や「双方向のやりとりがあるクラス全体の指導(interactive whole-class teaching)」,「子どもによって異なる関わり」など,多様な指導方法を駆使することが重要であると考えられている(**表 4-3**)[注5]。

以上のように,英国のインクルーシブ教育実践では,単に「学習上のバリア」を除去する方法論が検討されるばかりでなく,通常の学級の指導において「適切な学習課題」を設定することや,子どもに合わせた「指導のスタイル」を選択すること

**表 4-3 多様な教授方法のレパートリー**

| 直接的な指導(教師の説明) | ●教師の説明は速度と長さが重要。上手な説明は明確な構造がある。<br>●質の高い説明をするためには,教科の知識が重要である。<br>●情報を提供する際に多様な方法を用いることが理解を促進する(イラスト,例示,類推,隠喩を使うなど)。 |
|---|---|
| ディスカッション | ●友だちどうしで質問しあい,人に説明する機会を子どもに与えることで,自分の考えを明確にしたり,内容を理解できるようになる。<br>●教師等の指導と子どもの貢献についてバランスを取ることができる。 |
| 双方向のやりとりがあるクラス全体の指導 | ●能動的に傾聴する(active listening)<br>・会話の合間に今,聞いたことを要約するように子どもに尋ねたり,パートナーとその要約を共有する。<br>・「今,話したことを目で見えるようにして」と尋ねる。<br>・子どもから身体的な反応を引き出す。<br>・上手に聴いていることに注目させ,称賛する。<br>●子どもたちを授業に巻き込む(involving children)<br>・質問をさせたり,ディスカッションさせたりする。<br>・ペアになって話をさせる。<br>・クラス全体に対して子どもが模範を示す。<br>・自分のホワイトボードに記入するなど,短時間の実際的な学習活動を子どもにさせる。 |
| 多様な対応と足場かけ | ●事前指導…何人かの子どもには事前に質問して準備させる。<br>●異なる質問の準備…個々の子どもに合わせ質問を2つか3つ用意する。<br>●異なる学習支援…能力の異なる子どもが混ざる話し合いをさせたり,ICT支援などで理解させる。<br>●異なる学習課題…個別に課題を与えて活動させる。 |

など，総合的な視点から実践を展開することが必要であると考えられた。これは，インクルーシブ教育実践というものが通常の学級の改善を迫るものであり，そのため通常の学級を担任している一般の教師が取り組めるように教授方法を開発していくことが重要であるということを示唆している。

## 4-5　日本におけるインクルーシブ教育を推進するための実践課題

本章では日本と英国の取り組みを例示しながら，インクルーシブ教育の推進のために求められる合理的配慮の内容と授業づくりについて検討してきた。本稿から見えてきた実践課題として次の点が挙げられる。

すなわち，インクルーシブ教育実践の推進には，「バリアフリー・ユニバーサルデザイン」の考え方をベースにした合理的配慮を提供するとともに，学習困難児のカリキュラムをどのように調整していくかという点や，学習困難児が参加する授業において通常学級の担任教師がどのように教授技術を駆使するかという点についても同時に検討することが重要であると考える。本章では，日本の通常の学級の授業に障害児等が参加することができようにするための，カリキュラム調整の方法や効果的に学習を進めていくための授業づくりの方法(教師の教授技術等)については詳述することができなかったが，今後，こうした点をていねいに解明していくことがインクルーシブ教育を推進していくための実践課題であると考える[注6]。

**引用・参考文献**

桂　聖（2012）．教科教育と特別支援教育の融合が目指すもの―授業ユニバーサルデザイン研究の視点から考える―．LD研究，21(4)，445-447．

桂　聖（2010）．国語授業における楽しさとは何か．授業のユニバーサルデザイン研究会編『授業のユニバーサルデザインVol.1』東洋館出版，p.98．

独立行政法人国立特別支援教育総合研究所（2014）．『共に学び合うインクルーシブ教育システム構築に向けた児童生徒への配慮・指導事例―小・中学校で学習している障害のある児童生徒の12事例』ジアース教育新社

注1　2010(平成22)年9月6日に開催された特別支援教育の在り方に関する特別委員会(第3回)配付資料については以下を参照した。
　　http：//www.mext.go.jp/b_menu/shingi/chukyo/chukyo3/044/houkoku/1321667.htm(アクセス日：2015年10月23日)．
　　http：//www.mext.go.jp/b_menu/chukyo/3/044/attach/1297380.htm
注2　成果報告の詳細については，以下を参照した。
　　http：//www.mext.go.jp/a_menu/shotou/tokubetu/main/006/h25/1339782.htm
注3　合理的配慮の実践事例データベースについては以下を参照した。

http://inclusive.nise.go.jp/?page_id=15
注4 英国の合理的配慮に関しては，新井英靖(2013)英国の障害者差別禁止法とインクルーシブ教育の発展過程に関する検討．茨城大学教育学部紀要(教育科学)，第62号，301-302．を参照．
注5 この点については，新井英靖(2015)2000年代の英国インクルーシブ教育に関する実践原理と教育方法．茨城大学教育学部紀要(教育科学)，第64号，185-193．を参照．
注6 日本におけるインクルーシブ授業の方法やカリキュラムづくりについては，新井英靖(2016)『アクション・リサーチでつくるインクルーシブ授業』ミネルヴァ書房　のなかで論じている．

# 第 II 部

## 特別支援教育の実践的枠組み
──教育方法・実態把握の課題と展望──

- 5 章　視覚障害者に対する教育的支援
- 6 章　聴覚障害者に対する教育的支援
- 7 章　知的障害者に対する教育的支援
- 8 章　肢体不自由者に対する教育的支援
- 9 章　病弱者に対する教育的支援
- 10 章　言語障害者に対する教育的支援
- 11 章　情緒障害者に対する教育的支援
- 12 章　自閉症スペクトラム障害者に対する教育的支援
- 13 章　重度・重複障害者に対する教育的支援
- 14 章　学習障害者に対する教育的支援
- 15 章　注意欠如・多動性障害者に対する教育的支援

# 5章　視覚障害者に対する教育的支援

金森　裕治

[キーワード]
視覚障害
視機能
専門性
重度重複化
自立活動
点字指導
歩行指導
情報機器
DAISY

　本章は，視覚障害の定義や生理・病理など基礎的な事項を概観し，盲児，弱視児，重複障害児の学習指導のポイント及び「自立活動」の指導内容と配慮事項に言及し，重度重複化，少人数化，就学前教育，あはき国家試験の合格率などの現状と課題について考察した後，①視覚障害教育センターとしての役割，②通級による指導の実施状況，③新しい就学基準の具体的な改正内容，④視覚障害教育における専門性とその維持・継承策について検討し，情報機器等の活用の必要性を述べたものである。

## 5-1　視覚障害とは

### (1)　視覚障害の定義と分類

　学校教育法施行令第22条の3によると両眼の視力がおおむね0.3未満のもの又は視力以外の視機能障害が高度のもののうち，拡大鏡等の使用によっても通常の文字，図形等の視覚による認識が不可能又は著しく困難な程度のものと定義されている。

　香川(2005)は，「盲とは，点字を常用し，主として聴覚や触覚を活用した学習を行う必要のある者をいい，弱視とは，視力が0.3未満の者のうち普通の文字を活用するなど，主として視覚による学習が可能な者をいう。このうち，視力が0.1未満の者を強度弱視という。0.1以上0.3未満の者を軽度弱視という」と述べている。なお，文部省(現文部科学省)の「特殊児童判別基準」は廃止されており，準盲という用語は用いられなくなっている。

### (2)　視覚障害者の特性

　米国のトーマス・キャロル神父は著書『ブラインドネス』で視覚の欠損によって引き起こされる20の喪失について述べている。また，視覚障害者の三大不自由として，①歩行(安全に能率よく歩くこと)の不自由，②日常生活動作(日常生活上の諸々の動作をスムーズに行うこと)の不自由，③文字処理(普通の文字や絵などを認知して対処すること)の不自由があげられる。

原田(1989)は著書『眼のはたらきと学習—障害児教育と学校保健の基礎知識』で「家庭その他の学習の機会を総合した場合には，学習の80%以上が眼のはたらきによって行われる」と述べているように，一般の情報のほとんどは視覚情報であるため，視覚障害者は情報障害者に陥りやすいと考えられている。

### (3) 視覚障害の生理・病理

#### a. 視 覚

視覚器は眼球，視路，視覚中枢，附属器からなる。眼のはたらきである視機能には，視力，視野，光覚(明暗順応)，色覚，調節，眼球運動，両眼視などがある。

#### b. 主な眼疾患と視覚管理

視覚障害者本人だけでなく，視覚障害者にかかわる医療・教育・福祉の各機関別に，視覚管理の項目を整理することが必要である。例えば，教育分野では，眼科医療から提供される診断と予後及び視機能検査に医学的管理と眼疾患や年齢に応じた指導上の配慮についてチェックリストを作成し，全職員が共通理解することが大切である。

次に主な眼疾患と視覚管理をまとめる(佐藤，1997，表1-4から抜粋)

① 緑内障：眼圧が上昇し，周辺の視野が徐々に失われ失明することもある。眼圧のコントロールが必要。定期的な眼科検診が必要。網膜剥離が起こりやすい。運動面と学習時間に配慮が必要。刺激のある食物を避ける。

② 白内障：水晶体タンパク質の変化によって水晶体が混濁する疾患である。くもりガラスを通しているようにかすんで見えたり，光が拡散してまぶしく感じる場合もある。打撲などの外力により，網膜剥離や眼圧上昇が生じやすい。運動面の配慮が必要。

③ 網膜色素変性症：遺伝性素因で起こり，夜盲がある。徐々に求心性視野狭窄になり，細い管を通して見ているようになる。適切な照明環境を提供する。白杖歩行の訓練を早期から行うことが望ましい。カウンセリングを行うなど心理面での安定を図る。

④ 糖尿病網膜症：現在，失明原因の第1位である。網膜症，腎機能障害，神経症は糖尿病の三大合併症である。網膜上に白斑が現れ見えにくくなる。血糖コントロールによる治療が基本。カウンセリングなどを行い，心理面の安定を図る。

⑤ 黄斑部変性症：網膜の中心部が変性し，見えにくくなる。中心暗点が顕在化したら，網膜周辺部で見るように指導・支援する。学齢の頃から進行するので，眼科検診を行うとともに心理面での安定を図る。

## 5-2 指 導 法

### (1) 盲児

#### a. 歩行指導

　文部省(1985)の歩行指導の手引きによると，歩行指導は，環境の認知と歩行運動の調和のとれた育成を図る必要上，非常に広範囲の内容を含んでおり，系統的・継続的な指導が特に要求される。視覚障害者の歩行は，オリエンテーション(定位＝環境認知)と，モビリティー(身体移動＝歩行運動)の二つの側面が一体となった行動のシステムであって，歩く動作のみに着目してはならない。歩行指導を行う場合には，環境認知と歩行運動の調和のとれた能力の育成に努めることが最も大切である。一人で，安全に，能率よく歩いて行って，目的を達成できる歩行の能力を養うことが，歩行指導の究極の目標である。瀬尾ら(1990)による全国盲学校の白杖導入時期と白杖技能の習得状況の調査によると，小学部高学年の時期に90％以上の盲学校が歩行指導を導入しているが，その習得状況は55％程度であったと報告している。

　盲児の歩行指導にあたっては，①保有する感覚から得られる手がかりを有効に活用できる能力，②空間の中で自己の位置付けや目的の方向などを正しく理解できる能力，③歩行コースをイメージ化したり，コースを選択できる能力，④思いがけない場面や状況などに，とっさに対応できる能力，⑤他の人から情報を提供してもらったり，必要に応じて援助を要請できる能力，⑥歩行補助具を有効に活用できる能力の育成を図らなければならない(文部省，1985)。歩行訓練士(視覚障害生活訓練等指導者)が中心になり，歩行に関する知識や技術を伝達講習で伝え，一貫性と継続性のある歩行指導ができるよう全校的な取り組みが望まれる。

#### b. 点字指導

　文部科学省(2003)の点字学習指導の手引きによると，盲児童生徒に学ぶ者としての充実感や自信が顕著に表れるのは，点字による読み書きができるようになる頃だといわれる。点字学習に取り組むことは，障害を克服し自ら学ぶ意欲や主体的な思考力，判断力，表現力を培うことに結びつくと言える。一般に点字の学習は，読みから始め，適切な時期に書きも加えていくことが基本である。読み書きの初期に当たっては，第一に正確な読みができるようにすることが目標であるが文章の中で先を予測しながら読むことで正しい読みができ，読速度が速くなることが，実践によって解明されている。

　点字は，表音文字でかなに相当する。しかし，表意文字である漢字が一般に使われているわが国では，同音異義語などが多く，漢字かな混じりの文章をかなのみで

書き表した場合，意味の理解が困難なことに遭遇することがしばしばであるため，盲児への漢字教育を継続して行うことが重要である。

## (2) 弱視児

「弱視」と一口にいっても，その見え方には大きな個人差がある。同じ程度の視力の者でも屈折異常の有無やまぶしさの程度，視野の広さや中心暗点の有無等が個人差を相乗的に大きくしている。

弱視教育を効果的に進めていくためには，指導の場の物理的環境条件や教材教具等の整備が不可欠である。視覚認知能力の最後の段階である「見えないものまで見ることができる」ようにするための指導と少ない情報で正しく判断することのできる認知の枠組みとしての概念をどのように形成させていくかが最も重要な課題となる。弱視児の状況に合わせて見やすい状態にして，何度も繰り返し見せる。ゆっくり時間かけて見せるなど，視知覚を働かすとともに記憶保持をさせて視覚的認知の能力を高めるようにすることが，弱視児の学習指導のポイントである。

弱視児に対する読み・書きの指導は，①最も読みやすい最適読書活字を一人ひとりの弱視児について決め，小さな文字を無理して読ませるようなことがないように，読書材料を拡大したり，弱視レンズやCCTV(テレビ型拡大読書器)等の補助具を活用する，②読み書きの「速度」よりも，まず「正確さ」に重点をおいた指導をする，③漢字の書きの学習では筋運動感覚を活用する(空書き：視覚で覚えるのではなく，手に覚えさせる)，④それぞれの眼疾患の症状を理解し，子どもにあった条件を整える，⑤文章読解の一般的な方法は，通読，精読，味読の3段階に分けて指導するが，1回の読みで，内容を理解していく習慣をつけ，段落毎にいきなり読み取っていく指導が必要である。

氏間(2015)は，iPad導入の意義を，アクセシビリティ機能が充実していること，カメラとディスプレイを用いた視覚補助具としての利用も可能であること，カメラを用いた視覚代替機器として利用できること，カメラとディスプレイを用いた情報補償機器として利用できることをあげ，iOSが現段階では優れており，教育現場での活用を推奨している。

## (3) 重複障害児

児童生徒に適切な教育を行うためには，まず一人ひとりの実態を的確に把握することが前提となる。つまり，目の前の子どもの身体的常態像と，心の常態像を正確に把握しておくことが重要である。

学校教育法施行規則に定められている特例は，①教科(各教科・科目)を合わせた

授業，②領域を合わせた授業，③特別な教育課程である。また，学習指導要領に定められている特例として，①下学年（下学部）適用の教育課程，②知的障害特別支援学校の各教科との代替，③自立活動との代替，④事業時数に関する特例（実態・実情に応じて）がある。指導の手順と方法として，短期あるいは長期の見通しのもとで，個別の指導計画をたて，教師との好ましい人間関係を成立させることに努める。そして，愛情のあるまなざしを子どもに向け，じっくり待つことと子どもの行動のきっかけを教師が発見することと感動する心が大切である。

(4) 教科・領域など

視覚障害児童生徒の教科教育は，通常の小・中・高等学校の教科教育と基本的に同じ目標，同じ内容で行うことになっている。

学校教育法第72条には，「特別支援学校は，視覚障害者，聴覚障害者，知的障害者，肢体不自由者又は病弱者（身体虚弱者を含む）」に対して，幼稚園，小学校，中学校，又は高等学校に準ずる教育を施すとともに，障害による学習上又は生活上の困難を克服し，自立を図るために必要な知識技能を授けることを目的とする」と書かれている。

a. 自立活動

学習指導要領では「自立活動を指導するに当たっては，個別の指導計画を作成するものとする」と規定されている。その内容は，①健康の保持，②心理的な安定，③人間関係の形成，④環境の把握，⑤身体の動き，⑥コミュニケーションの6区分26項目にわたるが，医学的な立場，心理的な立場，教育的な立場から個々の児童生徒の実態をできるだけ正確に把握し，児童生徒が興味を持って主体的に取り組み，成就感を味わうことができるような指導内容を取り上げること，児童生徒が障害に基づく種々の困難を改善・克服しようとする意欲を高めることができるような指導内容を重点的に取り上げること，個々の児童生徒の発達の進んでいる側面をさらに伸ばすことによって遅れている側面を補うことができるような長所活用型指導内容を取り上げること，が重要である。

触図教材を日々の教育活動に取り入れていくことは大変重要で，概念形成やイメージ化及び触察技能を高めることは学習上必要不可欠なものである。近年，立体コピー機やコンピュータによる点図ソフト（エーデル等）の開発により触図作成が容易になり，学習者個々の用途に合わせた触図を作成し活用していくことが望まれている。

触図読み取り指導として，具体物を触察したら，それを図に表すとこのようになるという経験を積む中で，具体物からイメージ化ができるようになる。また，歩行

などで自分が歩いた経路を図で確認することによって空間を把握し，頭の中に地図をイメージ化すること（メンタルマップ）へとつなげていく．小さい頃からの丁寧な解説と読み取り指導により，徐々に慣れ，次第に触察技術も向上する（点字学習を支援する会，2008）．

## 5-3 視覚障害教育の現状と課題

　盲学校教育は1948（昭和23）年度より学年進行で義務制に移行した．これ以降においては，重複障害児童生徒の占める割合が年々増加するとともに，障害の状態も非常に重度・多様化してきている．最近の医学，公衆衛生の進歩に伴なって，末梢の感覚器官の障害による盲児が著しく減少した．したがって，盲学校の児童生徒のうち，脳のより中枢に近いところ，あるいは大脳皮質の視覚中枢そのものの障害によるものが相対的に多くなり，単純な視覚障害よりは，重複障害，特に知的障害との重複障害が増えるという結果をもたらしている（山口ら，2000）．

　近年においては，ほとんど全面介護を要するような重度な発達遅滞や肢体不自由を伴う児童生徒が増加傾向にあるため，マンツーマンの指導体制が不可欠な場合も少なくない．また，学校によっては，小・中学部の児童生徒中7〜8割が重複障害児で占められているところもある．盲学校における重度・重複障害児の教育は，その方法論については熱心に取り組まれているが，卒業後の進路については不十分のままである（香川，2005）．

　盲学校の子どもの数は1959年までは急激に増え10,264名まで達しているが，その年を境に漸次減少し，1998年には4,000名をわずかに超える程度まで半減した．小・中学部の学齢児童生徒についても同様の傾向がみられる．2011年5月1日現在3,336名（幼稚部218名，小学部622名，中学部497名，高等部1,999名）が在籍している．また，学年によっては1人も在籍していないという空洞化の現象も特徴としてあげることができる．総務省統計局の統計データ（2016年5月4日）[注1]によれば，15歳未満の子どもの割合は戦前は36％で推移していたのが，戦後はほぼ一貫して減少して1988年に20％台を割り，2016年には12.6％まで下がった．視覚障害児の出現率（0.08％，1967年文部省調査）が変わらないとしても，子ども人口が減少すれば当然視覚障害児の実数は減少する．

　次に，就学前教育についてみると，2011年5月1日現在の幼稚部設置校数は66校中46校（69.7％）で幼児数は218名であり，3歳児の学級を置いている盲学校もある．盲学校幼稚部の問題は，通学時間が長く，また，自宅から通えないため寄宿舎に入っている幼児が多いという点にある．一方，障害幼児の就学前教育の場として

急速に発展しつつあるのが，幼稚園・保育所である。幼稚園は全国に約15,000園あるが，その中の50％以上は障害幼児を受け入れており，その数は20,000名を超えるものと推定される。また，全国に約20,000ある保育所においても，60〜70％は障害幼児を受け入れており，その数は30,000名を超えると推定される。しかし，一人ひとりの障害児のニーズに合った施設・設備，カリキュラム，教師が用意されていないなどの問題がある(山口ら，2000)。

　1947(昭和22)年に施行された「あん摩・マッサージ・指圧師，はり師，きゅう師等に関する法律」が，1988年5月，あん摩・マッサージ・指圧師，はり師，きゅう師の資質の向上を目的として，大幅に改正された。その内容は，入学資格が中学校卒業から高等学校卒業になったこと，修業年限が2年から3年になったこと，都道府県知事による試験が国家試験になったこと，それに伴い免許授与者が都道府県知事から厚生大臣(現厚生労働大臣)になったことなどである。しかし，晴眼者は高等学校卒業が厳密に求められているが，視覚障害者は当分の間，中学校卒業でよいことになっている。このことが晴眼者と視覚障害者との格差を生み出し，視覚障害者の理療師の資質低下を招くという心配も起きている。これまで都道府県ごとに行っていた試験も国家試験に移行することとなり，1993年2月に第1回国家試験が実施された。国家試験の移行とともに，盲学校卒業者の合格率が下がり，職業自立の道にも大きな問題を投げかけている(表5-1参照)。

表5-1　2014年度　第23回あはき国家試験結果一覧

| | | 受験者数(名) | 合格者数(名) | 合格率(％) |
|---|---|---|---|---|
| あん摩マッサージ指圧師 | 全体 | 1,792 | 1,549 | 86.4 |
| | 晴眼者 | 1,237 | 1,158 | 93.6 |
| | 視力障害者センター等 | 104 | 68 | 65.4 |
| | 盲学校 | 451 | 323 | 71.6 |
| はり師 | 全体 | 4,976 | 3,808 | 76.5 |
| | 晴眼者 | 4,599 | 3,571 | 77.6 |
| | 視力障害者センター等 | 97 | 53 | 54.6 |
| | 盲学校 | 280 | 184 | 65.7 |
| きゅう師 | 全体 | 4,893 | 3,773 | 77.1 |
| | 晴眼者 | 4,526 | 3,537 | 78.1 |
| | 視力障害者センター等 | 96 | 52 | 54.2 |
| | 盲学校 | 271 | 184 | 67.9 |

(2015年3月30日)

## 5-4 これからの視覚障害教育について

### (1) 視覚障害教育センターとしての役割

小林(2001)は，盲学校の一つの未来像として，現行の盲学校の組織のほかに，次のような六つの部門(筆者が加筆)を有する視覚障害教育センターの併設も考えられるという。いずれの部門も指導機能，研修機能，相談機能の三つの機能を備えることが望ましいと述べている(表5-2参照)。

### (2) 通級による指導

2013年10月4日付け25文科初第756号の障害の種類及び程度では，弱視者を「拡大鏡等の使用によっても通常の文字，図形等の視覚による認識が困難な程度の者で，通常の学級での学習におおむね参加でき，一部特別な指導を必要とするもの」としている。

1993年度に制度化された「通級による指導」の対象者は年々増加の一途をたどり，2015年5月1日現在の通級による指導の実施状況は90,270人の児童生徒が自

表 5-2 視覚障害教育センター

| 部門 | 内容 |
|---|---|
| 現職教育研修センター | 通常の学校で視覚障害児の指導を担当する教員や盲学校の初任者などを対象に，普通教科における各教科などでの教材・教具の活用や指導に当たっての具体的な配慮事項，自立活動の指導などについての研修を専門的に担当する部門である。<br>通常の学校や学級への巡回指導に当たったり，視覚障害児を持つ親や家族の教育相談なども担当する。<br>また，中途視覚障害者の点字の習得，単独歩行など移動技能の習得，日常生活技能の習得などについての相談をはじめ，盲学校の卒業生に対する歩行技能の再教育，点字情報機器や日常生活技能についての新しい情報の提供なども担当する研修部門である。 |
| 理療教育研修センター | 理療科・保健理療科の卒業生を対象とした臨床実技研修をはじめ，三療を開業している業者の資質向上のための研修，あるいは盲学校や養成施設の教職員の現職研修などを専門に担当する研修部門である。 |
| 就学前教育センター | 視覚障害乳幼児の育児相談，視覚障害乳幼児が入所・入園している保育所・保育園・幼稚園などへの巡回指導，視覚障害幼児の指導に当たる保母や教員に対する現職研修などを専門に担当する研修部門である。 |
| 重複障害教育研修センター | 視覚障害を伴う重複障害児教育についての教職員に対する研修と重複障害児(者)を抱えている家族に対する相談・支援助を専門に担当する研修部門である。 |
| 視覚障害情報センター | 視覚障害に対する教育・福祉・医療・労働・リハビリテーション，などについての情報収集を専門に担当する部門である。 |
| 視覚障害補償機器センター | 視覚障害補償機器のハードウェア・ソフトウェアについての情報の提供及び技能の習得を専門に担当する研修部門である。 |

校通級・他校通級・巡回指導を受け，その内訳は，言語障害は35,337人(39.1%)で最も多く，弱視は161人で0.2%を占めている(詳細は1章の表1-7参照)。

**(3) 新しい就学基準**

2002年の学校教育法施行令の改正により，就学基準に該当する児童生徒についても，その障害の状態に照らし，就学に関わる諸事情をふまえて，小学校又は中学校において適切な教育を受けることができる特別の事情があると市町村の教育委員会が認める場合には，小・中学校に就学させることができるよう就学手続きを弾力化した(認定就学者制度)。その後，2013年9月1日の学校教育法施行令の一部改正によって，認定特別支援学校就学者制度に変更された。

盲学校の対象者に関する具体的な改正内容は，①学習するために必要となる視覚による認識能力を基準として判断する内容に改めたこと，②「視力0.1未満」を基準として用いないこととしたこと，③拡大鏡などの視覚補助具の使用を加味した規定に改めたこと，④「両眼の視力がおおむね0.3未満のもの」などを規定したこと，④「将来点字による教育を必要とすること」を基準として用いないこととしたこと，である(**表5-3**参照)。

「将来点字による教育を必要とすること」を基準としないため，網膜色素変性症児への支援の在り方が今後重要な課題になると考えられる。

**(4) 視覚障害教育における専門性**

小林(2001)は，盲学校の内から支えるのが教員の資質・専門性であるのに対し，盲学校教育を外から支えるのが社会の理解であると述べている。盲学校の教員としての専門性は，教育の専門家としての見識の上に視覚障害教育の専門性を加えることである。視覚障害教育の専門性(筆者が加筆)を総括的に言えば，視覚障害についての知識・理解を十分にもっていることと，視覚障害に基づくディスアビリティーズを補う手段や指導法に精通していることである。そして，担当する児童・生徒の一人ひとりについて，障害の程度や能力・適性にあった個別の指導計画を立てて効

**表5-3 学校教育法施行令の具体的な改正内容(盲者)**

| 改正前 | 一 両眼の視力が0.1未満のもの<br>二 両眼の視力が0.1以上0.3未満のもの又は視力以外の視機能障害が高度のもののうち，点字による教育を必要とするもの又は将来点字による教育を必要とすることとなると認められるもの |
|---|---|
| 改正後 | 両眼の視力がおおむね0.3未満のもの又は視力以外の視機能障害が高度のもののうち，拡大鏡等の使用によっても通常の文字，図形等の視覚による認識が不可能又は著しく困難な程度のもの |

果的な指導が実現できることと豊かな人間性を有することである。盲学校の教員としての専門性の内容は，教科指導用として開発された教材教具の効果的活用，点字常用者に対する漢字・漢語の指導，自立活動関係の指導，視覚障害を補うための配慮事項への精通，障害補償機器についての知識・技能，視覚障害関係情報の収集・整備等多岐にわたっている。しかし，盲学校の教員の専門性を阻害しつつあるのが，教員の定期的な人事異動である。最近では管理職の異動もめまぐるしい。毎年，全国の盲学校長の3分の1前後が異動している。しかも盲学校教育の経験者は少ない。以上のように極めて厳しい現実であり，盲学校教育の専門性の維持・継承は，現在のところ盲学校現場での現職研修に頼らざるを得ない実状にある。また，盲学校は主体的な地域理解推進活動として，地域の小学校・中学校・高等学校との交流活動を実施したり，学校行事に地域の人たちを招待したり，公開授業を実施して行政や福祉関係者への参加を呼びかけたり，点訳ボランティアの養成活動を行ったりとさまざまな努力がなされているが今後も継続し，社会の正しい理解を得ていく必要がある。

(5) 情報機器等の活用

　コンピュータに関する技術の進歩は，まさに秒進分歩であり，現在のハード・ソフト環境だけで視覚障害教育を論じることは，危険である。また，視覚障害者のためのハードやソフトは年々開発され，機能アップしており，絶えず新しい情報を入手する必要があろう。

　ハードの面から，視覚補助機器の現状を述べると，点字ディスプレイのブレイルメモBM 46，墨字・点字プリンタのDOG-Multiなど高価なものが多い。構造と生産台数の関係から高価になるのは仕方がないが，視覚障害者の必要機器として，公的援助が必要である。将来，これらの機器の小型・軽量化と低価格化及び性能・機能の向上をめざしたハードならびにソフトの研究開発が重要な課題であると言える。種々の機器の開発に際しては，視覚障害者自身がモニターとして協力し，自分たちに適したハードやソフトについて提案することも必要である(金森，1996)。

　次に録音図書に関しては，"Audio-based"から"Accessible"への大きな動きがあり，DAISY(Digital Accessible Information SYstem)を取り巻く動きとして，①大手点字図書館の相次ぐテープ製作終了宣言，②SDカードを利用した小型デイジープレーヤーの商品化，③携帯電話を活用したDAISY図書の利用，④インターネット専用端末の開発，などが挙げられる。

　今後は「マルチメディアDAISY図書」の有効活用が望まれる。その特徴は，①音声にテキスト，画像をシンクロ(同期)させることができる，②文字の大きさや

フォント及び背景色を変えることができる，③目次から読みたい章や節，任意のページに飛ぶこともできる，④最新の圧縮技術で一枚の CD に 50 時間以上も収録も可能である，⑤読むスピードを変えることができる，⑥世界で共通して使えるユニバーサルデザインである，⑦視覚障害者はもとより，LD・ADHD・自閉症などの発達障害者，知的障害者や精神障害者，肢体不自由者，また高齢者など，読みに困難を伴う人々を広く支援できる，など「マルチメディア DAISY 図書」の有効活用が期待されている．

**引用・参考文献**

青柳まゆみ・鳥山由子（2014）．『視覚障害教育入門』ジアース教育新社
原田政美（1989）．『眼のはたらきと学習―障害児教育と学校保健の基礎知識』慶応通信
香川邦生（2005）．『視覚障害教育に携わる方のために（三訂版）』慶應義塾大学出版会
香川邦生・藤田和弘（2001）．『自立活動の指導』教育出版
金森裕治（1996）．盲学校における情報処理教育について―情報障害の克服と新職域の開拓をめざして．第 7 回「松下視聴覚教育研究賞」入選論文集
文部省（1985）．『歩行指導の手引』慶應義塾大学出版会
文部省（1987）．『視覚障害児のための言語の理解と表現の指導』慶応通信
文部科学省（2003）．『点字学習指導の手引（平成 15 年　改訂版）』大阪書籍
文部科学省（2009）．特別支援学校学習指導要領等
守屋國光（2015）．『特別支援教育総論―歴史，心理・生理・病理，教育課程・指導法，検査法―』風間書房
日本弱視教育研究会（2009）．『小・中学校における視力の弱い子どもの学習支援』教育出版
大川原潔・香川邦生・瀬尾政雄・鈴木　篤・千田耕基（1999）．『視力の弱い子どもの理解と支援』教育出版
大南英明（2009）．『特別支援学校　新学習指導要領の展開』明治図書
佐藤泰正（1997）．『視覚障害学入門』学芸図書
芝田裕一（2009）．『視覚障害児・者の理解と支援』北大路書房
鳥山由子（2007）．『視覚障害指導法の理論と実際』ジアース教育新社
点字学習を支援する会（2008）．『点訳便利帳（2008 年版）』
氏間和仁（2013）．『見えにくい子どもへのサポート』読書工房
氏間和仁（2015）．教科書デジタルデータ活用研修会資料
山口　薫・金子　健（2000）．『改訂　特殊教育の展望―障害児教育から特別支援教育へ』日本文化科学社
全国盲学校 PTA 連合会（2015）．手をつなごう．第 48 号全国心身障害児福祉財団

注 1　総務省統計局の統計データは，以下を参照した．
　　　http://www.stat.go.jp/data/jinsui/topics/topi940.htm

# 6章 聴覚障害者に対する教育的支援

井坂 行男

[キーワード]
聴覚障害
コミュニケーション関係
言語学習支援
聴覚活用
手話を併用する教育

　日本の聴覚障害教育は，1878年に京都盲唖院において始められた。黎明期の手話・筆談の時代，先進諸外国の教育方法が紹介され，聴覚障害者の社会自立が目指された純粋口話法の時代，医学や科学技術の進歩によって聴覚活用の教育が始まり，さらに社会自立が促進された聴覚口話法の時代，そして，現在は人工内耳の装用や手話の活用など，多様なコミュニケーション手段の活用と選択の時代を迎えている。2014年には国連「障害者の権利に関する条約」が批准され，インクルーシブ教育システムが構築されると共に，手話が言語であると認識され，手話を併用する教育の充実が求められている。しかし，「9歳レベルの壁」の解決を図る取り組みは，今後も続けていかなければならない課題であり，書記日本語の習得も課題の1つである。

## 6-1　聴覚障害とは

　聴覚障害とは，「聞こえない・聞こえにくい，あるいは聞き分けにくいなど，聞こえに関する課題が恒常的に生じている」状態であると考えられる。このような聴覚障害児者に必要な支援がなされなければ，特に他者とのコミュニケーション関係の成立に著しい制限が生じ，孤独感や疎外感を抱く場合も多い。このことから，聴覚障害は「聞こえ」に関する障害という理解とともに「コミュニケーション関係」に関する障害という視点からの理解も必要であるといえる。

　人間の聞こえの仕組みは，空気中の振動としての音波(言語音・音楽・環境音など)を大脳へ伝えるための聴覚伝導経路を含む二つの機構から構成されている。空気中の振動である音を外耳(耳介，外耳道)・中耳(鼓膜，鼓室，耳小骨，耳管)と伝えていく伝音機構と，その振動をさらに聴覚の感覚細胞が神経インパルスに変換し，音響分析を行う内耳(蝸牛)・聴神経・大脳の聴覚中枢の感音機構である。

　また，伝音機構を担う部分を伝音系と呼び，この部分に何らかの聞こえに関する障害が生じている場合は「伝音難聴」といい，聴力レベルは70 dBを超えないといわれている。「伝音難聴」の聞こえは音や音声が小さく聞こえることが特徴で，歪んだりすることはなく，耳鼻科学の手術等の治療により，ほぼ改善が可能であり，補聴器等の装用効果も大きい。同様に感音機構を担う部分を感音系と呼び，この部分の障害を「感音難聴」という。「感音難聴」は音や音声が小さく聞こえるだけでなく歪んで聞こえることもその特徴の1つである。「感音難聴」は主として聴覚神

経系の障害であるために，耳鼻科学の治療による改善は期待できない場合も多いが，内耳の蝸牛に障害が生じている場合には人工内耳という人工臓器を埋め込む手術によって，聴力レベルの改善が認められる。また，これらの双方の部分に聞こえの障害が生じている場合には「混合難聴」という。

　聴覚に障害を有する児童等の教育的支援を考慮するには，聴覚に生じている障害の実態を適切にアセスメントする必要がある。そのためには，聞こえの程度・障害が生じている部位・障害の生じた時期に関する3つの視点からの理解が必要であるといえる。

　聞こえの程度については，聞こえの状態を測定するためのオージオメータを用いた聴力検査の結果に基づいて判断されることが多い。聞こえの程度による分類とその特徴をまとめると，次のようである。

- 軽度難聴(25〜50 dB(HL)：1対1の会話はそれほど困難ではないが，集団での会話では聞き取りが困難な場合も生じる。
- 中等度難聴(50〜70 dB(HL)：1 m位の距離での会話は可能であるが，聞き間違いも多い。集団での会話は困難な場合が多い。
- 高度難聴(70〜90 dB(HL)：耳元での大きな声は聞き取れる場合もあるが，子音が聞き取れないことが多い。
- 重度難聴(90 dB(HL以上)：大きな声や音を感じることができる。

ということになる。しかし，聞こえの程度の分類，補聴器や人工内耳等による聴覚補償による聴覚活用の実態，また，音声言語に基づく言語獲得支援を考えるのか，手話を併用する言語獲得支援を考えるのかによって，教育的支援の在り方は異なるものとなる。

　障害が生じている部位については「伝音難聴」「感音難聴」「混合難聴」に基づく分類による。障害が生じている部位によって，音や音声情報がどのように伝えられるかが異なり，上記のような聞こえの違いが生じるために，音や音声の聞こえの実態に応じた教育的支援を考える必要がある。

　聴覚障害の原因は，遺伝的な障害，胎生期・周生期に生じる障害，先天異常による障害，後天的に生じる障害，原因不明に分類され，様々な原因がある。障害の生じた時期とその教育的支援は言語獲得の時期やその程度との関係から考慮する必要がある。出生前後に重度な聴覚の障害が生じた場合には言語獲得を促進する支援が重要となり，言語獲得後に障害が生じた場合には心理的なケアに十分に配慮して取り組みながら，既に獲得している言語レベルを保存する取組をするとともに，早期に新たなコミュニケーション手段の獲得を促すための支援が求められる。

　これらの三つの視点から捉えられた聴覚障害の状態像や保護者等の希望に基づい

て，より適切な一人ひとりの教育的支援方法が考えられる。特に発達の早期から重篤な聴覚障害が生じている場合に，適切な教育的支援がなされないと，聴覚障害に起因して言語発達や知的発達にも影響が生じる場合や，さらにコミュニケーション関係の発達や情緒・対人関係，社会性の発達にも影響が生じる場合が考えられる。現在は，自動聴性脳幹反応聴力検査(AABR：Automated Auditory Brainstem Response)や耳音響放射検査(OAE：Otoacoustic Emission)による新生児聴覚スクリーニング検査が実施され，超早期の時期に聴覚障害の発見が可能になっている。また，新生児聴覚スクリーニング検査の結果から，早期からの教育的支援が必要な乳児は2,000人に1人の割合であるといわれている。

学校教育における聴覚障害の基準は学校教育法施行令第22条の3に定められており，聴覚障害児を教育支援の対象にする特別支援学校への就学基準は「両耳の聴力レベルがおおむね60デシベル以上のもののうち，補聴器等の使用によっても通常の話声を解することが不可能又は著しく困難な程度のもの」とされている。また，小・中学校の聴覚障害児を対象とする特別支援学級は「補聴器等の使用によっても通常の話声を解することが困難な程度のもの」，通級による指導は「補聴器等の使用によっても通常の話声を解することが困難な程度の者で，通常の学級での学習におおむね参加でき，一部特別な指導を必要とするもの」となっている。

身体障害者福祉法の障害程度等級表における聴覚障害の6級の基準は，
①両耳の聴力レベルがそれぞれ70 dB以上のもの，
②一耳の聴力レベルが90 dB以上，他耳の聴力レベルが50 dB以上のもの，
③両耳による普通話声の最良の語音明瞭度が50％以下のもの，
と定められている。

## 6-2 聴覚障害教育について

### (1) 聴覚障害教育の歴史

聴覚障害教育は，16世紀のスペインでポンセ・ド・レオン(Ponce de Leon)が貴族の聾児の教育を始めたことが最初であるといわれている。その後，18世紀後半には，フランスのド・レペ(De L'Epee, C. M., 1712-1789)による手話法の教育と，ドイツのハイニッケ(Heinicke, S., 1727-1790)による口話法の教育が聾学校教育の始まりであった。日本の聴覚障害教育の始まりは，1878年に京都盲唖院が設立され，古河太四郎(1845-1907)によって開始された手勢(手話)法による教育であった。続く1880年には東京にも楽善会訓盲院が開設された。その後，約40年間は篤志家等による私立の聾学校が全国的に設立され，手話や筆談による教育が行われた。1920

年には私立の日本聾話学校が設立され，米国の口話法による教育も開始された。また，1923年には「盲学校および聾唖学校令」が制定され，聾学校も法令上の学校と認められるとともに，道府県の学校設置義務や盲学校との分離が規定された。1948年からは聾学校の就学義務制が学年進行によって実施され，1956年までに中学部3年生までの義務教育が整備された。

1920年代からの聴覚障害教育は川本宇之介・西川吉之助・橋村徳一らによる読話や発語を重視する純粋口話法の教育が全国的に普及した。1960年代からは聴力測定器や補聴器，聴能学が導入されたことによって，従来の口話法に加えて，聴覚も併せて活用する聴覚口話法の教育の時代に移行した。また，1960年代後半からは多様なコミュニケーション手段が用いられる時代になり，1968年には栃木県立聾学校で手指を併用する同時法が，1969年には京都府立聾学校が手指によるキューによって読話の曖昧さを補完するキュードスピーチが始められた。

1970年代になると米国の聴覚障害児個々のニーズに応じた最適なコミュニケーション手段を選択し活用するというトータルコミュニケーションの理念が日本にも普及して，手話の活用がより促進されるようになり，1990年代からは早期教育の段階から手話を併用する実践が行われるようになった。さらに，日本手話から書記日本語の習得をめざすバイリンガル聾教育も実践されている。

現在の聴覚障害児に対する教育は超早期発見，早期補聴及び早期教育支援が可能になったといえる。そして，聴覚特別支援学校幼稚部在籍幼児の3人に1人は人工内耳装用児で，学校全体でも4人に1人の現状にある。さらに，2014年の1月にはわが国でも国連「障害者権利条約」が締結され，条約締結に向けた内閣府の障がい者制度改革推進会議では，手話や点字に通じた教員の確保が提言され，文部科学省のインクルーシブ教育システム構築では基礎的環境整備や合理的配慮の提供を含む特別支援教育制度の改革に取り組まれた。また，都道府県や市町村では手話言語条例の制定が進められている。つまり，聴覚口話法から手話法・バイリンガル聾教育まで，コミュニケーション手段および教育支援方法及び多様な学びの場を選択する時代を迎えたといえる。しかし，1960年代から聴覚障害教育の課題とされている「9歳レベルの壁」の課題，聴覚障害児一人ひとりの日本語の獲得及び習得に関する課題は解決されたとはいえない現状もある。

**(2) 聴覚障害教育の現状**

聴覚障害教育は，聴覚の障害によって生じる様々な発達上の課題を解決していくための生涯にわたる統合的な教育的支援を実践することであり，一人ひとりの調和的な発達を目指すことである。その対象には保護者や家族も含まれる。また，一人

ひとりの教育的ニーズは多種多様であり，発達上の課題や社会自立のための課題を解決するために，医療・福祉・労働・教育等の関係諸機関との連携に基づいて支援していくことも重要である。

聴覚障害児教育の現状は2015年5月現在の文部科学省の特別支援教育資料（平成27年度）によると，従来の聾学校に対応する聴覚障害児のみを教育対象とする聴覚特別支援学校は全国に87校あり，在籍幼児児童生徒数は幼稚部1,054人，小学部1,943人，中学部1,177人，高等部1,627人であった。また，小・中学校の難聴学級には小学校699学級1,075人，中学校297学級443人，通級による指導を受けている児童生徒は小学校1,691人，中学校398人であった。これらの聴覚障害教育を受けている幼児児童生徒数は全体で9,399人である。

聴覚特別支援学校在籍者数のピークは1960年代前半の2万人であり，その後は医療の進歩や通常の学校で教育を受ける聴覚障害児の増加等によって，減少傾向が続いている。聴覚障害児を教育する特別支援学校の目的は，学校教育法第71条において，「幼稚園，小学校，中学校又は高等学校に準ずる教育を施し，あわせてその欠陥を補うために，必要な知識技能を授けること」とされており，それぞれの学齢段階の教育課程に加えて，障害補償のための領域としての自立活動が編成されている。また，聴覚特別支援学校小・中学部用の「国語」の教科書が文部科学省によって作成されており，自立活動の時間の指導に活用することもある。

自立活動の具体的な内容は，書きことばを含む言語の獲得及び習得を促す言語学習，補聴器等を装用して聴覚の活用を促す聴覚学習，口形などから話しことばを言語情報として読み取り，理解するための読話学習，より明瞭な音声の習得を促すための発音学習，手話等の習得を促す手話学習，肯定的な障害の認識や受容を促す自己認識や心理的適応などである。これらの学習内容は発達段階ごとに，また，一人ひとりの発達の状況やその教育的ニーズに基づいて，必要な時期により適切な支援を行うものである。また，自立活動の授業時数は「小学部又は中学部の各学年の自立活動の時間に充てる授業時数は，児童又は生徒の障害の状態に応じて，適切に定めるものとする」と特別支援学校小学部・中学部学習指導要領に示されている。

(3) 発達段階ごとの教育目標と方法

聴覚障害教育の具体的な目標の1つは，一人ひとりの聴覚障害児に最も適切な方法を用いて，早期に言語獲得を促していくことである。聴覚障害教育における言語学習支援方法は日本語を知識の1つとして，系統的に学習させようと考える構成法的なアプローチと日常の自然な意味の場面での言語使用に基づく自然法的なアプローチに大別できる。

構成法的なアプローチは日本語を分析的に各要素に分け，容易なものから難解なものへと配列し，この配列に基づく系統的な学習を実践するための教材を準備して，言語学習に取り組むものである。しかし，学習した言葉を様々な場面で自由に活用することが課題となる場合が認められる。自然法的なアプローチはその場面ごとに子ども自身の心の動きに応じた言葉を活用しながら，系統的に言葉の活用を促していくものである。しかし，子どもの興味・関心を重視すると，言葉の活用の範囲が限定されてしまうということもある。また，教員には子どもとのコミュニケーション関係や信頼関係の確立，子どもの心の動きを捉える観察力等が要求される。現在は，自然法的なアプローチを基盤にして，必要に応じて，構成法的なアプローチの考え方や教材を取り入れ，折衷法によって子どもの言語学習を支援している。
　乳児期の教育支援においては，聴覚障害の早期発見が重要であるが，これまでは保護者や周囲の人が気づくことが多かった。しかし，現在では新生児聴覚スクリーニング検査が導入され，超早期の発見が可能になり，教育の開始時期が早期化するとともに，人工内耳装用児も増加している。この時期の教育支援の重点は，全人的発達を促すための基礎となる対人的コミュニケーション関係の成立を促進することである。主たる養育者との愛情や信頼関係に基づいた安定した親子関係の確立を促すとともに，心身の健康・人間関係・遊び・言語学習・聴覚活用に関わる支援が行われる。保護者支援として，子どもの障害を受容するための心理的サポートやピアカウンセリング等も重要である。
　幼児期の教育支援の重点は，年齢相応の調和的な心身の発達を促進しながら，基本的な生活習慣を身につけ，豊かなコミュニケーション関係に基づいた人間関係や興味・関心の拡充をめざすことである。特別支援学校幼稚部教育要領に示された6領域(健康・人間関係・環境・言葉・表現・自立活動)を総合的に取り扱う必要がある。また，言語学習支援は，豊かな生活体験に基づく生活言語の獲得を促すとともに，後半には文字の活用が導入されることもある。加えて，聴覚の活用および発音学習支援も大切である。また，教育機関によってはキュードスピーチや指文字，手話などの手指メディアを併用しているところもある。
　児童期の教育支援の重点は，より大きな集団学習の場としての学校に慣れ，教科学習の基礎を確立し抽象的な思考を促進すること，人間関係の拡充に基づく社会性を身に付けることなどである。低学年段階では記憶中心の学習や関係的思考の習得，高学年段階では書き言葉による自発的な知識の習得も求められる。生活言語から抽象的な思考にも活用できる学習言語への転換も重要な課題となり，これらの移行を促進するために「わたりの指導」といわれる補充的な学習が小学部低学年段階で行われることもある。加えて，「9歳レベルの壁」という抽象的な言語及び思考が十

分に促されない言語・学力等の課題が生じることもある。この時期は伝え合う内容も複雑になるため，一人ひとりの児童がよりスムーズにコミュニケーションできる手段の習得とその保障も大切である。

中学部段階の教育支援は，この時期特有の感情的な不安定さが顕在化する場合もあり，自己主張も強くなることに対応することが大切である。また，教科学習に関しても目的を持って主体的に学習できるように導いていくことも必要であり，自分の障害に関する認識が芽生え，肯定的な自己認識が生じるように個別の対応も含めて支援していくことや社会自立に向けた自己の将来像を考えることも大切である。さらに，様々な得意分野の能力が伸長し，特に部活動の活躍などで自信を得ることも多い。この時期のコミュニケーション手段は聴覚特別支援学校中学部等では手話を併用する場合も多く，家庭でのコミュニケーション関係が希薄になることもあるため，良好なコミュニケーション関係の維持に配慮することが必要である。

高等部段階の教育支援においては，この時期はより高度な教科学習が展開され，社会自立に向けた職業教育も開始されることから，将来に対する明確な目標を描けるようにすることが大切である。また，基礎学力や言語力に著しい個人差が生じることもあるが，様々な学校生活場面を通して，一人ひとりが集団の一員として，円滑な人間関係を形成できるように支援することも忘れてはならない。就職や大学等へ進学する場合も含めて，必要な対人的コミュニケーション能力や言語能力，社会性を習得しておくことも大切である。

通常の小・中学校における聴覚障害児の教育は，1934年に東京の小石川区礫川尋常小学校に難聴学級が開設されたのが始まりであったが，1940年代後半には閉鎖された。1960年代に入り，新たに愛知県碧南市や岡山県岡山市に難聴学級が開設され，難聴学級での教育が開始された。教育形態は固定制の難聴学級でも通級形態による指導が実施される場合も多かったが，1993年には通級による指導が制度化され，小・中学校の通常の学級に在籍しながら，難聴通級指導教室での自立活動や教科の補充指導が週8時間まで受けられるようになった。加えて，2001年度からは聴覚特別支援学校にも通級指導担当教員が加配され，聴覚特別支援学校のセンター的機能の充実とともに，通級による指導も充実してきた。

難聴特別支援学級に在籍する児童生徒の実態は多様であるが，言語的な情報が不足するために語彙や文構造が獲得されにくい面もあり，言語力が十分に育っていなかったり，算数の文章題が苦手だったりすることもある。これらの課題を補いながら，教科指導を展開していくための工夫や配慮が必要になる。また，自ら周囲の情報が受容できるようになるための支援や，読書に親しみ，自らの言語習得を促すための支援，聴覚障害児同士の交流を充実し，自らの障害の認識や受容に関する支援

なども系統的に取り組むことが必要である。

　他の障害を併せ有する重複障害児の教育は，聴覚特別支援学校においては1970年代から受け入れ体制が整えられてきた。聴性脳幹反応聴力検査(ABR)によって，より早期に聴覚の障害も発見されることが多くなり，早期からの教育対応が可能になってきている。2015年度の聴覚特別支援学校における重複障害学級在籍者数の割合は小・中学部26.5％，高等部13.1％であった。併せ有する障害は視覚障害，言語障害，知的障害，自閉的傾向など様々である。また，コミュニケーション手段は，ジェスチャー・身振り・絵・手話・指文字・文字・音声など，すべての有効なコミュニケーション手段の中から，一人ひとりの児童等に最も適した手段を選択することが重要である。さらに，コミュニケーション関係の成立に基づく基本的な生活習慣の確立と言語学習支援等を含めた取組が大切である。

　わが国には，視覚障害学生および聴覚障害学生が学ぶための高等教育機関として，3年制の筑波技術短期大学が1987年に設置され，1990年4月から学生の受け入れが開始された。2005年には4年制大学として筑波技術大学が開学した。聴覚障害学生が学ぶ産業技術学部には産業情報学科と総合デザイン学科があり，入学定員は50名である。2010年には大学院が開設され，2011年には教職課程も設置された。障害者高等教育研究支援センターも設置されている。

　また，2014年度の日本学生支援機構の調査結果では全国の大学・短期大学及び高等専門学校で学ぶ聴覚・言語障害学生は1,654人であった。

## 6-3　聴覚障害教育の今日的課題

### (1)　専門性の継承とその充実

　聴覚障害教育の専門性は聴覚口話法や手話を併用する方法，聴覚学習や言語学習，教科学習・職業教育等において，研究研修が蓄積されてきた。しかし，聴覚障害教育の現状からすると，特別支援学校教員の異動や大量退職，地方にある聴覚特別支援学校の総合化等によって，専門性の継承という課題も生じ始めた。今後も領域ごとの専門性を維持発展させるとともに，障害補償と言語および学力の保障を一人ひとりの幼児児童生徒の教育的ニーズに基づいて，社会自立をめざした教育実践の蓄積が必要である。そのためには，諸教育計画や「個別の指導計画」の作成活用，また，関連諸機関との連携に基づく一生涯の支援を推進するための「個別の教育支援計画」の作成活用がより重要になる。

　さらに，既に述べたように，「障がい者制度改革推進会議」においても提言された手話に通じた教員の採用等，手話による教育についてもその教育の在り方を研究

していくと共に，その専門性を追求していくことが求められている。

### (2) 関係諸機関間の連携

関係諸機関の専門家との連携においては，まず，聴覚障害の超早期発見や早期教育の充実推進のために，より一層の聴覚障害に対する医療や心理，福祉に関わる専門家とのチームアプローチによる早期介入が必要な支援になると考えられる。例えば，人工内耳装用児の(リ)ハビリテーションに従事している言語聴覚士を学校に配置し，聴覚学習及び言語学習支援領域での連携協力体制や教育オージオロジストによる聴覚学習関連領域との連携協力体制を構築する取組，聴覚障害の心理臨床に関わる臨床心理士や学校心理士の配置等が求められると考えられる。これらの専門家によるチームアプローチによって，家族を含む早期教育からの一貫した支援効果を期待できる。

### (3) 「9歳レベルの壁」の解決

聴覚障害教育の課題の一つは，高等部卒業段階においても抽象的な言語や学習内容の理解が十分に促されない場合が認められるという実態を指摘した「9歳レベルの壁」という言葉で，1960年代から指摘されてきた。現状では超早期発見及び教育的支援の充実によって，この課題に直面する児童生徒は減少しているとはいえ，幼児児童生徒一人ひとりの調和的な発達を促すための実践を継続発展させ，基礎的な言語力および学力を確実に身に付けさせることが重要である。さらに，より抽象的な言語力やより高度な学力の習得に向けて，今後も解決のための努力をしなければならない教育課題であると考えられる。

また，医学の進歩や社会の価値観および個人の考え方の多様化，聴覚障害の理解の促進等によって，聴覚障害を有する幼児児童生徒の教育方法にも多様性が求められている現状にある。教育の目標としての主体的な自立を目指した言語獲得および学習支援ということは変わらないが，その過程における教育方法は聴覚法から日本手話による方法まで，多様なコミュニケーション方法が求められているが，社会自立に向けては書記日本語の習得が重要であり，目標となる。この書記日本語の習得が促進され，思考のための言語が育ち始め，自ら読書に励むようになると，この痕跡型の書記日本語に基づいて，抽象的な言語や思考が習得され，社会参加や自立がより促進されると考えられる。

### (4) インクルーシブ教育システムと聴覚障害児教育

国連「障害者権利条約」の締結に向けた内閣府の「障がい者制度改革推進会議」

においては，インクルーシブ教育のシステム構築と共に，手話や点字等による教育，手話に通じたろう者を含む教員や点字に通じた視覚障害者を含む教員等の確保に関する議論も行われた。文部科学省中央教育審議会の「共生社会の形成に向けたインクルーシブ教育システム構築のための特別支援教育の推進(報告)」においても，教員養成課程で学ぶ学生に手話や点字等を教えることが言及された。また，多様な子ども達が共に学ぶと同時に，同じ障害のある子ども達が共に学ぶことで，コミュニケーション能力を高めるなど，相互理解を促すことも述べられている。これらのことはインクルーシブ教育システムにおける通常の学校での聴覚障害児の学びの場の保障と共に，聴覚特別支援学校での聾児等の学びも保障しているといえる。しかも，文部科学省の合理的配慮等環境整備検討ワーキンググループによる心理面・環境面の配慮に関する聴覚障害児への合理的配慮の具体例は「情報が入らないことによる孤立感を感じさせないような学級の雰囲気作りを図る。また，通常の学級での指導に加え，聴覚に障害がある児童生徒等が集まる交流の機会の情報提供を行う。」ということである。聴覚障害児が多様な学びの場を選択するためには手話を含むコミュニケーション手段の確保，情報障害の改善，授業や活動等への十分な参加を促進するための配慮が求められる。

　現状では通常の学級で学ぶ聴覚障害児に学校生活支援員や通訳者・要約筆記サポート等によって情報保障を実施している例が認められるが，今後もこのような合理的配慮の提供が必要である。また，聴覚特別支援学校では支援地域における聴覚障害教育のセンター校としての役割を担うことが求められている。聴覚特別支援学校が実施している通級による指導の効果が認められる一方で，通級による指導を受ける児童生徒の在籍校での学習空白や指導時間の不足等も課題となっており，巡回訪問指導の充実やインクルーシブ教育システム構築におけるスクールクラスターによって，難聴特別支援学級が地域の通常の学校で学ぶ聴覚障害児の支援の充実に向けた専門性の確保も求められる。

### (5) 科学研究と聴覚障害児教育

　現在の耳科学分野の研究としては，難聴遺伝子の解読・治療・予防に関する研究，内耳における聴神経の再生医療技術の研究開発等が取り組まれている。これらの研究において，将来，一定の成果が得られるようになると，遺伝性及び内耳性の聴覚障害は治療可能なものになると考えられ，私たちの聴覚障害に対する認識や理解に対する新たな視点が求められるようになる。

　聾者が聾者として，その言語と文化を発展させながら，社会参加し，社会自立していくこと，難聴という視点から，聴覚障害を治療対象として，治療法を開発して

いく医学とのはざまで，聴覚障害教育はこれまで以上に自らの教育支援の在り方において，聴覚障害児一人ひとりの実態や思いや願いを尊重し，教育方法そのものの充実と多様性も尊重しながら，その目指すべき方向性を明確にして，聴覚障害児一人ひとりの教育支援の本質を見極めていかなければならないのではないかと考える。

**引用・参考文献**

我妻敏博（2011）．『改訂版　聴覚障害児の言語指導―実践のための基礎知識』田研出版
外務省（2016）．外交政策　人権外交「障害者の権利に関する条約」
　http://www.mofa.go.jp/mofaj/gaiko/jinken/index_shogaisha.html
草薙進郎・四日市章(編著)（1996）．『聴覚障害児の教育と方法』コレール社
文部科学省中央教育審議会初等中等教育分科会特別支援教育の在り方に関する特別委員会（2012）．
　「共生社会の形成に向けたインクルーシブ教育システム構築のための特別支援教育の推進(報告)」
　http://www.mext.go.jp/b_menu/shingi/chukyo/chukyo3/044/attach/1321669.htm
文部科学省初等中等教育局特別支援教育課（2016）．「特別支援教育資料(平成27年度)」
　http://www.mext.go.jp/a_menu/shotou/tokubetu/material/1373341.htm
村田翼夫・上田　学(編著)（2013）．『現代日本の教育課題を探る』東信堂
中野善達・根本匡文(編著)（2006）．『聴覚障害教育の基本と実際』田研出版
内閣府障害者施策（2012）．「障がい者制度改革推進本部」
　http://www8.cao.go.jp/shougai/suishin/kaikaku/kaikaku.html
岡本途也(監修)（2003）．『補聴器コンサルタント手引(第6版)』リオン株式会社
鈴木陽子・井坂行男・東風安生(編著)（2004）．『特別支援教育の扉』八千代出版
脇中起余子（2009）．『聴覚障害教育　これまでとこれから　コミュニケーション論争・9歳の壁・障害認識を中心に』北大路書房
四日市章監修・聾教育実践研究会(編著)（2012）．『はじめの一歩―聾学校の授業』聾教育研究会

# 7章 知的障害者に対する教育的支援

山口 真希

[キーワード]
知的障害
知的障害教育
教育課程
抽象的な学び
生きる力

本章では，まず知的障害の定義や診断基準，発症にかかわる生理・病理，知的障害教育が発展してきた歴史を概観している。知的障害は古くから知られていたものの実態は曖昧にしかつかめておらず，領域を横断する共通理解は模索され続けてきた。それは個人によって知的障害の状態が大きく違う多様であることにもよる。最近では医学の進歩により発症メカニズム等も随分明らかにされてきている。ただ，知的障害のある子どもは公的な教育対象から外れていた時代も長く，障害特性に考慮した対応や指導法はようやく蓄積されてきたところである。その後の実践の積み重ねや研究等により明らかになってきた知的障害の状態像，心理特性を踏まえた指導のポイント，実践例もできるだけ具体的に紹介した。また知的障害教育における現在の教育課程や新しい方向性，教育機関卒業後の課題についても問題提起をしているので，それぞれについて考え議論を展開していただきたい。

## 7-1 知的障害とは

文部科学省では「知的障害」を同じ年齢の者と比べて，①「認知や言語などにかかわる知的機能」が著しく劣り，②「他人との意思の交換，日常生活や社会生活，安全，仕事，余暇利用などについての適応能力」も不十分であるため，特別な支援や配慮が必要な状態と示している(「教育支援資料」文部科学省初等中等教育局特別支援教育課平成25年10月)。日本においては1999年以降，法律や行政用語として「知的障害」が正式に使われているが，教育や心理学領域でもそれ以前までは「精神薄弱(遅滞)」という用語で語られていた経緯がある。知的障害をどうとらえるかについては，その状態が非常に複雑で多様であるために一義的に分類することが難しい。定義も様々あるが，学術用語も一つに統一されてこなかった歴史がある。

国際的に広く使われている診断基準の一つでアメリカ精神医学会(American Psychiatric Association ; APA)が出しているDSMでは，1つ前の版であるDSM-IV-TR (American Psychiatric Association, 2000)までは精神遅滞(mental retardation)という用語が使用されていた。医学領域では長年，精神遅滞という用語が主流であった。2013年に，Diagnostic and Statistical Manual of Mental Disorders. Fifth Edition, DSM-5と略称される新しい診断基準に改訂された際，DSMで長く使用され続けていた精神遅滞(mental retardation)という用語は知的能力障害(Intellectual Disabilities)に改められることとなった(American Psychiatric Association, 2013)。多領域を横断する用語に初めて統一されたことは画期的であった。

　DSM-5 では乳児期から児童期にかけて発症する中枢神経系の機能障害を Neurodevelopmental Disorders(神経発達症)と定義し，どの能力にかかわる症状であるかによって6つに分類し，その一つが知的能力障害(Intellectual Disabilities)である。概念的領域(Conceptual Domain)・社会的領域(Social Domain)・実用的領域(Practical Domain)における知的機能と適応機能両面の欠陥を含む障害であるとされ，以下3つの基準を満たさなければならない。

　a．臨床的評価および個別化，標準化された知能検査によって確かめられる，論理的思考，問題解決，計画，抽象的思考，判断，学校での学習，および経験からの学習など，知的機能の欠陥。

　b．個人の自立や社会的責任において発達的および社会文化的な水準を満たすことができなくなるという適応機能の欠陥。継続的な支援がなければ，適応上の欠陥は，家庭，学校，職場，および地域社会といった多岐にわたる環境において，コミュニケーション，社会参加，および自立した生活といった複数の日常生活活動における機能を限定する。

　c．知的および適応の欠陥は，発達期の間に発症する。

　診断の際には標準化された検査とともに臨床的アセスメントを重視して総合的に行われる。その重症度は必要とされる支援レベルであることから，IQ の値ではなく適応機能に基づき，軽度(mild)，中度(moderate)，重度(severe)，最重度(profound)という4つの水準が用いられている。

　DSM-5 ではさらに「全般的発達遅滞(Global Developmental Delay)：知能検査を適切に実施できない5歳以下の子どもたち，低年齢の乳幼児や発達の遅れがあり発達指標の基準が満たされない例に適用する」，「特定不能の知的障害(Unspecified Intellectual Disability)：視覚障害・聴覚障害・運動障害等のために通常の知能検査を実施できない場合の診断に適用する」という2つのカテゴリーを設けている。

　APA の DSM-5 の他，世界保健機構(World Health Organization；WHO)が出している ICD-10(WHO, 1992)では「精神遅滞とは，精神の発達停止あるいは発達不全の状態。これは発達期における巧緻性，認知，言語，運動といった全般的な知能水準に寄与する能力，および社会的な能力の障害によって特徴づけられる。精神発達の遅滞は，他のどのような精神または身体的障害の有無にかかわらず起こり得る」としている。アメリカ精神遅滞協会(American Association on Mental Retardation；AAMR, 2007年より American Association on Intellectual and Developmental Disabilities；AAIDD)による診断基準(AAMR, 2002)では，「精神遅滞とは，知的機

能および，概念的，社会的，実際的な適応スキルにおいて示される適応行動の有意な制約を特徴とする能力障害である。この能力障害は18歳以前に生じる」と定義している。いずれも基本的には，①知的機能の発達不全だけでなく，②社会生活の不自由さが生じていること，それが③発達期に表れる，という3つを満たすことが必要である点については共通している。

## 7-2　生理病理

知的障害という状態を引き起こす要因は様々であり，それを特定できない場合も多いが，近年の医学の進歩により約8割が出生前に発生しているという。ここでは知的障害をもたらす要因のうち，代表的なものを発生時期順に紹介したい。

出生前の要因としては，子どもが生まれもっている内的要因と外からの影響による外的要因に分けることができる。内的要因としては，遺伝子や染色体の異常など先天的なもので，アミノ酸代謝異常であるフェニルケトン尿症は先天性代謝異常の代表例である。また染色体異常の代表的なものとしてダウン症候群があり，21番染色体の過剰（トリソミー）にもとづく疾患である。その発症頻度は，ほぼ1,000人に1人と言われている。外的要因としては，体の重要な器官が作られる時期（胎芽期）に母体を通じて感染症，毒物，アルコール，大量の放射線などの影響を受けることや母体の代謝異常により栄養状態が悪化することなどが挙げられている。また胎児期に引き起こされるものとしては，梅毒，トキソプラズマなどの母胎感染や母体のアルコール中毒，化学物質による障害などがある。

周産期の要因としては，出産時の事故や子宮内障害などがある。新生児仮死や出生時の頭部外傷による脳への傷害，呼吸器や循環器の働きが不完全な未熟児が感染症に罹患することが挙げられている。

出生後においても，脳が未発達であることにより頭部外傷や感染症，栄養障害や環境剥奪などの影響を受けやすく，知的障害を引き起こす要因になると言われている。

## 7-3　知的障害教育発展の経緯

1872（明治5）年「学制」により国民皆学がうたわれたが，「廃人学校」と記された障害のある子どもの学校は開設されず，民間において盲・聾学校の建設が見られたに過ぎなかったという。日本における知的障害教育の始まりは，1890（明治23）年4月，松本尋常小学校に学業不振のゆえに落第せざるをえない子どものために特

別な学級を設置したことだとされている。1896(明治29)年には長野尋常小学校に「晩熟生学級」という日本で最初の特殊学級が設置された。1907(明治40)年の文部省訓令では，師範学校附属小学校において特別な学級の設置奨励が行われ，各地で知的障害児のための特別な学級が設置されたという。ただ，1890(明治23)年小学校令において就学義務になったと同時に，障害のある子どもたちの多くは就学猶予・免除の対象として公教育の枠からはずされてきた歴史が長い。また上述の学級では，通常の学習内容の程度を下げて丁寧に教えてはいたが，知的障害という独自の特徴を踏まえた教育内容ではなかったといわれている。

一方，明治から昭和初期にかけて社会事業家であった石井亮一(1867-1937)は，学校教育の対象とならなかった知的障害児のための施設として滝乃川学園(1891(明治24)年，当時は孤女学院)を設立し「知的障害者教育・福祉の父」と呼ばれている。1891年濃尾(現在の岐阜県・愛知県)大地震で「孤女」となった子どもを集め，私財を投げ打って孤女学園を設立し指導を始めた石井氏は，子どもたちの中に，他の子どもと同じような指導では成果があがらない子どもの存在に気づいたという。その後，アメリカ合衆国に調査に出かけ，セガン(Seguin, E. O., 1812-1880)の生理学的方法を学んだ石井氏は，夫人の筆子(1861-1944)とともに子どもたちへの特別な指導を始めた。学園は，途中何度か閉園の危機に立たされるが，この二人の努力により，なんとか持ちこたえ，石井亮一と筆子が築いた知的障害教育・福祉の礎は現在の特別支援学校や小中学校に設置された特別支援学級における知的障害教育に継承されている。

大正期の後半になってはじめて，公立学校に知的障害のある子どものための補助学級が設置されるようになるが，大都市を中心としてのできごとであった。特殊学級や養護学校の設置は任意であったため，都道府県によって設置数に差が見られていた。1956(昭和31)年「養護学校整備特別措置法」が公布されると，養護学校の設置が増加し，1979(昭和54)年の義務制に向けて加速的に整備されていった。義務制以降は知的障害養護学校に自閉症の診断を受けた子どもも多く在籍するようになり，状態像の多様な子どもたちへの充実した指導が模索されるようになった。

## 7-4 知的障害がある子どもへの教育

### (1) 心理特性と指導のポイント

知的障害は，推理・問題解決・計画・抽象的思考・判断・学校の学習・経験からの学習といった知的機能の障害から，日常生活や社会参加に支障をきたしている状態である。学習や動作の速度が遅れたり，言語の獲得がスムーズにいかないことか

ら他者とコミュニケーションを上手にとれないこともある。また常同行動やこだわりが見られることもある。しかしながら知的障害という状態は、個別的で不変的なものではなく環境的・社会的条件によって変わり得る可能性があると言われている（文部科学省，2013）。そういう意味で教育に向けられる期待は大きい。

　知的障害のある子どもは知的機能全般に制約を抱えているため、日常生活においても自分一人ではできない場面に遭遇したり、失敗を経験することが多い。その積み重ねが、子どもの意欲や自己評価の低下を招き、積極性が乏しく他者に依存する行動傾向につながりやすいと言われている。反対に成功経験を多く積み、過剰な支援を受けずに育っている子どもは、自発的でいきいきと生活ができている。足場かけ（scalfolding）を上手に行い、子どもが主体的に自信をもって活動できるようなサポートが望まれる。例えば、子ども自身が悩み考え、判断や選択をし、その結果をきちんと受け止めながら次へと進めるように、時に励まし見守る姿勢も大切である。

　学習上の特性としては、学習によって得た知識や技能が断片的になりやすく、実際の生活の場で応用されにくいことや実際的な生活経験が不足しがちであることが挙げられており、抽象的な内容の指導よりも実際的・具体的な内容の指導が効果的であると指摘されている（文部科学省，2013）。物事を記憶しておくことにハンディがあるため、心に残りやすいような働きかけをすることも重要である。また経験したことをもとに物事への認識を深めていくので、様々な感覚を用いながら概念化を支える工夫が必要である。

**(2)　教育課程**

　義務教育段階以降の知的障害教育は主に特別支援学校と特別支援学級で行われることが多い。特別支援学校（知的障害）では、知的障害のある子どもたちのための教科の内容を中心にした教育課程を編成し、一人ひとりの言語面、運動面、知識面などの発達の状態や社会性などを十分把握した上で、生活に役立つ内容を実際の体験を重視しながら、個に応じた指導や少人数の集団で指導を進めている（文部科学省，2013）。

　特別支援学校の小学部の教育課程は（図7-1参照），知的障害者である児童を教育する場合は、生活，国語，算数，音楽，図画工作及び体育の各教科，道徳，特別活動並びに自立活動によって編成するものとされており（学校教育法施行規則第126条第2項），中学部，高等部も同様に規定されている（同規則127条第2項，第128条第2項）。また学校教育法施行規則第130条第2項において、「特別支援学校の小学部、中学部又は高等部においては、知的障害者である児童若しくは生徒又は複数の種類の障害を併せ有する児童若しくは生徒を教育する場合において特に必

7章　知的障害者に対する教育的支援

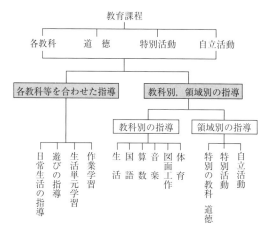

図7-1　小学部の教育課程

要があるときは，各教科，道徳，外国語活動，特別活動及び自立活動の全部又は一部について，合わせて授業を行うことができる。」と規定されている。よって同規定に基づき，知的障害者である児童生徒に対する教育を行う特別支援学校においては，日常生活の指導，遊びの指導，生活単元学習，作業学習などとして実践されており，各教科等を合わせた指導と呼ばれている。

一方，知的障害特別支援学級では，必要に応じて特別支援学校の教育内容等を参考にしながら，小集団の中で，個に応じた生活に役立つ内容が指導されている。小学校では，体力づくりや基本的な生活習慣の確立，日常生活に必要な言語や数量，生活技能などの指導を実施している。また，中学校では，それらを更に充実させるとともに，社会生活や職業生活に必要な知識や技能などを指導している（文部科学省，2013）。学級の実態や児童の障害の程度等を考慮の上，例えば，各教科を，知的障害者である児童に対する教育を行う特別支援学校の各教科に替えたりするなどして，実情に合った特別の教育課程を編成することができるとされている。

特別支援学校学習指導要領において，各教科の目標や内容は，学年別ではなく段階ごとに示されている。対象とする児童生徒の状態像が多様であり，同一学年であっても発達状況や経験，学力に個人差が大きく段階を設けて示した方がそれぞれの実態等に合わせて指導しやすいからである。新学習指導要領においては，中学部に2つの段階が新設され，各部や各段階，幼稚部や小・中学校とのつながりに留意した内容が詳細に示されている。代表例として，算数・数学の項目を表7-1に示している。それぞれの段階を見通しながら実践を展開することが求められる。

表7-1 特別支援学校の各教科「算数」「数学」で扱う［数と計算］

身に付けることができるよう指導する「知識及び技能」
小学部［算数］
〇1段階
ものの有無に気付くこと。／目の前のものを，1個，2個，たくさんで表すこと。／5までの範囲で数唱をすること。／3までの範囲で具体物を取ること。／対応させてものを配ること。／形や色，位置が変わっても，数は変わらないことについて気付くこと。
〇2段階
（10までの数について）ものとものとを対応させることによって，ものの個数を比べ，同等・多少が分かること。／ものの集まりと対応して，数詞が分かること。／ものの集まりや数詞と対応して数字が分かること。／個数を正しく数えたり書き表したりすること。／二つの数を比べて数の大小が分かること。／数の系列が分かり，順序や位置を表すのに数を用いること。／0の意味について分かること。／一つの数を二つの数に分けたり，二つの数を一つの数にまとめたりして表すこと。／具体的な事物を加えたり，減らしたりしながら，集合数を一つの数と他の数と関係付けてみること。／10の補数が分かること。
〇3段階
20までの数について，数詞を唱えたり，個数を数えたり書き表したり，数の大小を比べたりすること。／100までの数について，数詞を唱えたり，個数を数えたり書き表したり，数の系列を理解したりすること。／数える対象を2ずつや5ずつのまとまりで数えること。／数を10のまとまりとして数えたり，10のまとまりと端数に分けて数えたり書き表したりすること。／具体物を分配したり等分したりすること。

中学部［数　学］
〇1段階
1000までの数をいくつかの同じまとまりに分割したうえで数えたり，分類して数えたりすること。3位数の表し方について理解すること。／数を十や百を単位としてみるなど，数の相対的な大きさについて理解すること。／3位数の数系列，順序，大小について，数直線上の目盛りを読んで理解したり，数を表したりすること。／一つの数をほかの数の積としてみるなど，ほかの数と関係付けてみること。
〇2段階
4位数までの十進位取り記数法による数の表し方及び数の大小や順序について，理解すること。／10倍，100倍，1/10の大きさの数及びその表し方について知ること。／数を千を単位としてみるなど，数の相対的な大きさについて理解を深めること。

出典）文部科学省（2017）より作成
註：項目「数量の基礎」「数と計算」「図形」「測定」「データの活用」に分かれて詳細な目標と内容が示されており，学習の中で取り組む〔数学的活動〕も明記されている。紙面の都合上，「数と計算」に関して，身に付けることができるよう指導する「知識及び技能」に限定して抜粋。

### (3) 指導の方法

知的障害のある子どもは「いま，ここ」の目の前に見えている世界を基本に事物を認識している。よって目に見えないものや抽象的な概念を理解することはあまり得意ではない。例えば，知的障害教育においてはとくに数概念に関する指導は難しいと言われている。

数が苦手な子どもたちにとって，1から10まで順に数字を並べることができても，言われたのと同じ数（量）をもってくることができるようになるまでには時間が

かかる。量は材料によって同じ数でも見え方が違うので，見た目の違う物をことばで同じと考えることが難しいからである。また「1＋2＝3」(視覚と記憶を使う)はできても「1個に2個を合わせたらいくつ？」(言葉でイメージする)は難しいと言われている(立松，2009)。

村上・赤木(2011)によると，積み木を3個持って「これ，いくつ？」と聞いても子どもが不思議そうな表情をすることがあるという。ところが透明なビニール袋に積み木を入れて質問を繰り返すと「サン」と答えることができる。手に持った積み木なのか机上に残った積み木なのか，質問の範囲がわからないのである。つまり，最初の段階では，何に焦点を当てればよいのか範囲を限定して指導する必要がある。透明のビニール袋で「サン」ができるようになれば，少し袋の中が見えにくい黄色のビニール袋で「サン」が言えるようにし，それが可能になればさらに見えにくい橙のビニール袋で挑戦をしてもらう。最終的には黒で中身が判別できないビニール袋を使用し，子どものイメージ形成を「視覚のスモールステップ」で支えていく。従来，具体物を使った指導が推奨されてきたが，これだけでは抽象的な理解に結びつかない。具体物を半具体物(タイルや積み木)に置き換えて学ぶ過程が必要であり，半具体物という媒介が果たす役割は大きい。そして上述の実践のように，「見える」「見えない」を繰り返しながら具体化・抽象化の螺旋階段を登っていけるような学習構造を考える必要性がある(村上・赤木，2011)。

また，知的障害のある子どもは手続きを覚えることで，計算や大きな数まで数えることができるようになるが，必ずしも意味がわかっていたり同時に概念化が進んでいるとは限らない。行動を表面的に見ることにとどまらず立ち戻りながら，目の前の子どもにとって必然的な小さい数から順に丁寧に指導していくことが基本である。例えば3が理解できるということは，**図7-2**のように数える対象(事物)と数詞，数字がどんな方向からも結びついている状態をさす。よって小さい数から順に，三者の関係を深めていく学びが重要である。

子どもたちは，生まれてから様々な体験を通してことばや知識を身につけている。ヴィゴツキー(2001)は子どもたちがそうして自然に習得する概念を「生活的概念」，学校が用意する抽象的で系統だった知識体系を「科学的概念」とよんでいる。「生活的概念」と「科学的概念」が接触することで，持っていた「生活的概念」が変化させられ子どもは新しい概念世界へと導かれていく。そうして認知発達は進んでいく。ところが知的障害のある子どもたちは「生活的概念」が通常発達の子どもと異なり，「科学的概念」への移行に支障をきたしていることが多い。通常，幼児期にはインフォーマル算数とよばれる数量に関する知識や感覚を遊びや生活の中で学び，それが土台となって学齢期以降の算数・数学を学んでいるが，知的障害のある子ど

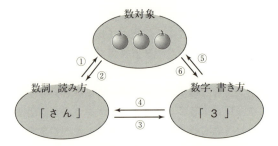

① 数詞を用いて対象を数える　② 数詞を聞いて対象をとる
③ 書かれた数字を読む　④ 聞いたとおりの数字を書く・選ぶ
⑤ 数字を見て同じだけ対象をとる　⑥ 対象を数えて数字を書く

**図7-2　数概念の基本的な構造**
出典）藤原(1995)を参考に作成

もはその土台に穴があいていることが明らかになっている(山口，2012)。直接的な指導場面以外においても，様々な活動のなかで数量感覚を磨けるような働きかけが大切である。学齢期の子どもであっても「生活的概念」の育ちを支える視点をもつことや，「科学的概念」とのぶつかり合いを経験できるように学習内容を検討していくことが重要である。

## 7-5　知的障害をめぐる課題

新学習指導要領では，子どもたちが未来社会を切り拓くための資質・能力を一層確実に育成することを目指している。変化の激しいこれからの社会を生きるために，「主体的・対話的で深い学び」を通し，確かな学力を育成することが大切であるとされている。もちろん知的障害教育の学習指導要領においてもこのような理念が前提とされている。ところが，渡邉(2014)は，知的障害対象の特別支援学校では生活単元学習や作業学習に多くの時間を割いており，学力については真正面から議論してこなかったのではないかと指摘している。それは国語や算数・数学といった教科中心とした狭い学力観で問題を捉えていたからでもあると述べ，より広い学力観を基礎として教育活動を組み立てていくことを提案している。変化が激しい知識基盤社会の時代において，「基礎・基本を確実に身に付け，いかに社会が変化しようと，自ら課題を見つけ，自ら学び，自ら考え，主体的に判断し，行動し，よりよく問題を解決する資質や能力，自らを律しつつ，他人とともに協調し，他人を思いやる心や感動する心などの豊かな人間性，たくましく生きるための健康や体力などの「生きる力」」(「21世紀を展望した我が国の教育の在り方について」1996(平成8)年7月

中央教育審議会答申)を支えることは知的障害教育においても共通の課題である。新しい時代を生きる子どもたちの生きる力をどう捉え，どう育てていくか，広い学力観のもと教育活動を発展させていくことが，実践者の一人ひとりに課せられている大きな問題である。

　一方，知的障害児・者の発達や経過は多様であるため，丁寧なアセスメント行い，各種機関が連携しながら継続して教育的支援をしていくことが求められている。学校卒業後，長い青年期・壮年期を充実して過ごせるように，持てる力が発揮される環境づくりはとても大切である。働くことの喜びとともに余暇活動を楽しみ，地域のなかで根をはりいきいきと暮らせるように支えていく必要性がある。ライフステージを追うごとに，知的障害児・者自身もあるいはその養育者も医療・健康管理に問題を抱える時期が訪れる。「できなくなる」ことも生じるかもしれないが，「できること」にも目を向け，ときに持てる力を伸ばし自己効力感を持ちながら生活を送れることが重要である。生涯を通じて QOL を向上させていけるようなサポート体制の構築はいまなお課題として残されている。

**引用・参考文献**

American Psychiatric Association（2013）．*Diagnostic and statistical manual of mental disorders*. 5th ed.：DSM-5.（高橋三郎・大野　裕(監訳)（2014）．『DSM-5　精神疾患の診断・統計マニュアル』医学書院）

American Association on Mental Retardation（2002）．*Mental retardation : Definition, classification, and systems of supports*. 10 th ed. Washington, DC：AAMR.（栗田　広・渡辺　勧 持(訳)（2004）．『知的障害—定義，分類および支援体系(第10版)』日本知的障害福祉連盟）

藤原鴻一郎（1995）．『段階式発達に遅れがある子どもの算数・数学［1］数と計算編』学習研究社

藤田裕司（2015）．第10章　知的障害の原因・特性・心理．守屋國光(編)『特別支援教育総論』風間書房，pp.144-151.

福山恵美子（2015）．第9章　知的障害教育の歴史．守屋國光(編)『特別支援教育総論』風間書房，pp.133-143

小島道生（2014）．第8章　知的障害者に対する教育的支援．大沼直樹・吉利宗久(共編)『特別支援教育の基礎と動向　(改訂版)』培風館

宮川充司（2014）．アメリカ精神医学会の改訂診断基準DSM-5：神経発達障害と知的障害，自閉症スペクトラム障害．椙山女学園大学教育学部紀要7，65-78

村上公也・赤木和重（2011）．『キミヤーズの教材教具—知的好奇心を引き出す』クリエイツかもがわ

文部科学省（2017）．特別支援学校学習指導要領解説(総則等編)　教育出版

文部科学省（2011）．「現行学習指導要領・生きる力現行学習指導要領の基本的な考え方」(http://www.mext.go.jp/a_menu/shotou/new-cs/idea/)（2016年5月7日閲覧）

文部科学省（2013）．特別支援教育資料　文部科学省初等中等教育局特別支援教育課

大石史博（2013）．第2章　知的障害．中村義行・大石史博(編)『障害臨床学ハンドブック(第2

版)』ナカニシヤ出版，pp.11-25
立松英子（2009）.『発達支援と教材教具　子どもに学ぶ学習の系統性』ジアース教育新社
ヴィゴツキー／柴田義松(訳)（2001）.『新訳版　思考と言語』新読書社
渡邉健治（2014）．第1章　知的障害教育における学力問題を問う．渡邉健治(監)　岩井雄一・丹羽登・半澤嘉博・中西郁(編)『知的障害教育における学力問題─「学ぶ力」「学んでいる力」「学んだ力」』ジアース教育新社，pp.8-26.
World Health Organization（1992）. *International classification of diseases*(ICD-10). (中根允文・岡崎祐士(訳)（1994）.『ICD-10「精神・行動の障害」マニュアル─用語集・対照表付』医学書院)
山口真希（2012）．知的障害児における数概念の発達と均等配分の方略．発達心理学研究, **23**(2), 191-201.
吉田昌義（2015）．第11章　知的障害教育の教育課程・指導法．守屋國光(編)『特別支援教育総論』風間書房，pp.152-166.

# 8章　肢体不自由者に対する教育的支援

檜皮　修

[キーワード]
肢体不自由
脳性まひ
教育課程の5類型
自立活動

本章では，肢体不自由児者への教育的支援について，まずは肢体不自由の障害や疾病の特徴についておさえ，肢体不自由教育について基本的な内容について述べていきたい。また，特別支援学校や特別支援学級においては，実際にどのような教育活動が展開されているか教育課程を中心に解説していく。今後の展望として，障害者権利条約やインクルーシブ教育の動向とかかわって肢体不自由教育における「合理的配慮」についても取り上げる。

## 8-1　肢体不自由とは

### (1)　ICF（国際生活機能分類）の視点から

肢体不自由とは，医学的には，上肢や下肢，体幹にほぼ永続的な疾患を有するということであり，学校教育においては，視覚障害，聴覚障害，知的障害等の障害種別の一つとして用いられている。肢体不自由という用語は，昭和初期に高木憲次（1888-1963）によって提唱されてから使われている歴史のあることばであるが，近年は，運動障害や肢体障害等を用いることも増えてきた。

「障害」ということばには，機能障害，能力障害，社会的不利の3つの側面があるが，一般的に「障害」は個人の属性に限定されて使われていることが多い。これから教員をめざす方々には，まずは「障害」について正しく理解をした上で，肢体不自由のある子どもたちにかかわってほしいと考えている。

「国際生活機能分類」（International Classification of Functioning, Disability and Health；ICF）には，人間の生活機能と障害に関して分類しており，人間の生活機能と障害について「心身機能（body functions）・身体構造（body structures）」「活動（activities）」「参加（participation）」の3つの次元及び，影響を及ぼす背景因子として環境因子（environmental factors）と個人因子（personal factors）で説明されている（図8-1）。

ICFの特徴として，これまでの「国際障害分類」（International Classification of Impairments, Disabilities, and Handicaps；ICIDH）がマイナス面を分類するという考え方が中心であったのに対し，ICFは生活機能というプラス面からみるように視点を転換し，さらに環境因子等の観点を加えたことである。ICFの活用により，障害や疾病のある本人やその家族，保健・医療・福祉等の分野の職員が，障害や疾病の

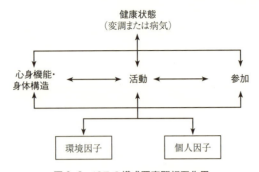

図 8-1 ICF の構成要素間相互作用
出典) 国際生活機能分類—国際障害分類改訂版—(日本語版)

状態についての共通理解をもちながら支援を行うことが期待されている。

### (2) 肢体不自由児の起因疾患

　肢体不自由のそもそも原因は何であろうか。その病因とされているのは，脳性まひ，二分脊椎，脳水腫，進行性筋ジストロフィー，先天性骨形成不全，代謝性疾患，ペルテス病等々，多くの疾病にわたっている。一方，学校教育在籍児童生徒の疾患の傾向は成人とは異なるため起因となる疾患の実態ついて把握しておく必要がある。

　全国特別支援学校校長会の調査によれば，特別支援学校(肢体不自由)では交通事故などの中途障害は少数であり，学齢期の子どもたちは脳に原因がある脳性疾患により特別支援教育を受けていることが多い。肢体不自由児者の教育を行うにあたっては，まずは脳性まひについて理解深めて指導を行うことが重要になってくる(脳性まひについては 8-5 節参照)。

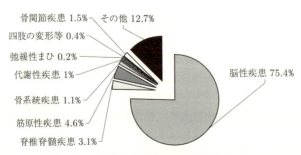

図 8-2 特別支援学校(肢体不自由)起因疾患グラフ
出典) 全国特別支援学校肢体不自由教育校長会(2015)をもとに作成

## 8-2 肢体不自由教育について

(1) 肢体不自由を有する幼児児童生徒の在籍者数について

2015年度文科省調査では，特別支援学校に在籍する幼児児童生徒の中で，肢体不自由のみを有するのは3,630人であるが，知的障害を合わせ有する在籍数は17,243人であり，肢体不自由のみの5倍近いの子どもたちが学んでいることになっている。

「今後の特別支援教育の在り方について(最終報告)」(以下「最終報告」)にもあるように，ノーマライゼーションの進展により地域の学校においてより専門的な教育を受けたいという本人や保護者のニーズの高まりが近年，小中学校の特別支援学級の在籍者の推移に大きく関係していると考えられる。

一方，特別支援学級(肢体不自由)においても，在籍者の障害の多様化や重度化に対応するには，例えば自立活動など指導の専門性がより必要な学習について特別支援学校と比較して十分に対応できない現状がみられる。そこで「最終報告」にもあるように，特別支援学校がセンター的な役割を担うことで，地域の小中学校に向けて支援が行われることが必要である。

(2) 医療的ケアの必要な児童生徒

たんの吸引や経管栄養は医療行為であり，医師や看護師等以外の者が行うことは違法行為にあたる。一方で，医療技術の進歩や在宅医療の普及により特別支援学校には日常的に医療的ケアを必要とする児童生徒が在籍するようになってきた。

このような状況から，2004年10月20日 厚生労働省は「盲・聾・養護学校におけるたんの吸引等の取扱いについて(通知)」を出して，看護師が常駐することや必要な研修を受けること等を条件として，特別支援学校の教員がたんの吸引や経管栄養を行うことは「やむを得ない」とした。

文部科学省においても，2004年10月22日に「盲・聾・養護学校におけるたんの吸引等の取扱いについて(通知)」を出して，看護師が配置されていることを前提に所要の研修を受けた教員が行うことが許容される行為として，①たんの吸引，②経管栄養(胃ろう・腸ろうを含む)，③導尿を挙げた。

2005年7月26日に，厚生労働省から「医師法第17条，歯科医師法第17条及び保健師助産師看護師法第31条の解釈について(通知)」が出され，医療行為の範囲が整理された結果，「導尿」は医療行為から外れることになった。

2011年12月9日には，文部科学省の特別支援学校等における医療的ケアの実施に関する検討会議から「特別支援学校等における医療的ケアへの今後の対応につい

表8-1 医療的ケア対象幼児児童生徒数・看護師数等の推移

| 対象等年度 | 医療的ケア対象幼児児童生徒 | | 看護師数(人) | 教員数(人)※2 |
|---|---|---|---|---|
| | 在籍校数(校) | 幼児児童生徒数(名) | | |
| 2006 | 553 | 5,901 | 707 | 2,738 |
| 2007 | 548 | 6,136 | 853 | 3,076 |
| 2008 | 575 | 6,623 | 893 | 3,442 |
| 2009 | 600 | 6,981 | 925 | 3,520 |
| 2010 | 607 | 7,306 | 1,049 | 3,772 |
| 2011※1 | 580 | 7,350 | 1,044 | 3,983 |
| 2012 | 615 | 7,531 | 1,291 | 3,236 |
| 2013 | 615 | 7,842 | 1,354 | 3,493 |
| 2014 | 622 | 7,774 | 1,450 | 3,448 |
| 2015 | 645 | 8,143 | 1,566 | 3,428 |

※1) 2011年度は、岩手県、宮城県、福島県、仙台市は調査対象外
※2) 2012年度からは、認定特定行為業務従事者として医療的ケアを行っている教員数(調査期日は2012年度10月1日現在、2013〜2015年度：9月1日現在)
出典) 文部科学省(2016)

て」がまとめられ、一定の研修を受けた者が一定の条件の下にたんの吸引等を実施できる制度となった。具体的には、「口腔内の喀痰吸引」「鼻腔内の喀痰吸引」「気管カニューレ内部の喀痰吸引」「胃ろう又は腸ろうによる経管栄養」「経鼻経管栄養」が特別支援学校において実施できる行為としている。

以上制度面の経緯を述べてきたが、医療的ケアを実施する上で大切なことは、看護師等が常駐し、教員は看護師等の具体的指導の下に行うことが必要であり、また特別支援学校をバックアップする体制の整備を教育委員会が中心となって行うことも重要である。こうしたことにより医療安全が確保され、保護者の心理的・身体的負担も軽減されると思われる。

## 8-3 肢体不自由の教育課程

### (1) 教育課程の5つのタイプ

肢体不自由者の教育課程の特徴としては、基本的には小学校、中学校の学習指導要領に準じて行われているが、児童生徒の実態の重度重複化により実際は様々な教育課程を設定し実施されている。その概要を理解するために、特別支援学校(肢体不自由)、特別支援学級(肢体不自由)の教育課程は大きく5つのタイプに分けられている。

A類型　小中高等学校に準ずる教育課程
B類型　下学年あるいは下学部の代替による教育課程

表 8-2 5つのタイプ割合表(学部別・類型別在学率)　　[%]

|  | 小学部 | | 中学部 | | 高等部 | |
| --- | --- | --- | --- | --- | --- | --- |
|  | 1987年度 | 2001年度 | 1987年度 | 2001年度 | 1987年度 | 2001年度 |
| A類型 | 16.4 | 9.9 | 18.0 | 12.1 | 25.3 | 9.3 |
| B類型 | 13.9 | 5.9 | 19.4 | 8.8 | 28.1 | 11.9 |
| C類型 | 28.6 | 27.7 | 27.4 | 30.8 | 33 | 37.1 |
| D類型 | 29.6 | 50.3 | 22.8 | 40.5 | 13.6 | 34.3 |
| E類型 | 11.5 | 6.2 | 12 | 7.8 |  | 7.4 |

出典) 独立行政法人国立特殊教育総合研究所 (2004)

　C類型　知的障害者を教育する特別支援学校の各教科と代替した教育課程
　D類型　自立活動を主とする教育課程
　E類型　訪問による教育課程

　国立特別支援教育総合研究所は基礎的研究(**表 8-2**)で,1987年と2001年の教育課程編成状況比較の調査している。この類型別の在学率表では,約9割の児童生徒が何らかの知的障害を併せ有しており,重複障害の特例による教育課程が実施されていることがわかる。

　このように特別支援学校においては,知的障害を併せ有する児童生徒が多く在籍している関係で,知的障害の教育課程の授業実践や研究が中心である。また,特別支援学校では肢体不自由のみの児童生徒は比較的少なくなってきており,単一障害の学級における教科学習の実践の継続性が続けにくい現状がある。

**(2)　自立活動**について

　自立活動は1999年までは「養護・訓練」と呼ばれていた特別支援教育に実施できる独自の領域である。自立活動の目的は,「個々の児童又は生徒が自立をめざし,障害による学習上又は生活上の困難を主体的に改善・克服するために必要な知識,技能,態度及び習慣を養い,もって心身の調和的発達の基盤を培う」とされている。

　自立活動は,児童生徒が主体的で積極的な活動を通して自立をめざすというものであり,日常生活や学習場面で,その障害によって生じるつまずきや困難を軽減しようとしたり,障害があることを受容したりすることをねらいとしている。また,一人ひとりの子どもたちの発達の遅れや不均衡を改善したり,発達の進んでいる側面を更に伸ばすことによって,遅れている側面の発達を促すようにしたりして,全人的な発達を促進することもねらいとしている。

　特別支援学校の学習指導要領には,指導内容として代表的な26項目の要素が6区分に分類・整理され示されている。

　特に肢体不自由教育では,**表 8-3**(5)の「身体の動き」は,児童生徒の運動発達

表 8-3　自立活動指導内容

(1) 健康の保持
　①生活のリズムや生活習慣の形成に関すること。
　②病気の状態の理解と生活管理に関すること。
　③身体各部の状態の理解と養護に関すること。
　④障害の特性の理解と生活環境の調整に関すること。
　⑤健康状態の維持・改善に関すること。
(2) 心理的な安定
　①情緒の安定に関すること。
　②状況の理解と変化への対応に関すること。
　③障害による学習上又は生活上の困難を改善・克服する意欲に関すること。
(3) 人間関係の形成
　①他者とのかかわりの基礎に関すること。
　②他者の意図や感情の理解に関すること。
　③自己の理解と行動の調整に関すること。
　④集団への参加の基礎に関すること。
(4) 環境の把握
　①保有する感覚の活用に関すること。
　②感覚や認知の特性についての理解と対応に関すること。
　③感覚の補助及び代行手段の活用に関すること。
　④感覚を総合的に活用した周囲の状況についての把握と行動に関すること。
　⑤認知や行動の手掛かりとなる概念の形成に関すること。
(5) 身体の動き
　①姿勢と運動・動作の基本的技能に関すること。
　②姿勢保持と運動・動作の補助的手段の活用に関すること。
　③日常生活に必要な基本動作に関すること。
　④身体の移動能力に関すること。
　⑤作業に必要な動作と円滑な遂行に関すること。
(6) コミュニケーション
　①コミュニケーションの基礎的能力に関すること。
　②言語の受容と表出に関すること。
　③言語の形成と活用に関すること。
　④コミュニケーション手段の選択と活用に関すること。
　⑤状況に応じたコミュニケーションに関すること。

と認知発達面において実態把握をしっかりと行った上で，理学療法士(physical therapist；PT)，作業療法士(occupational therapist；OT)，言語聴覚士(speech-language-hearing therapist；ST)等の指導助言を受けながら，自立活動の授業を進めていきたい。

## 8-4　肢体不自由者の指導方法

(1)　類型別の指導上の課題

　先述したように，肢体不自由のある子どもは脳性疾患中でも脳性まひの占める割

**図 8-3　自立活動室**
自立活動の学習を行うための用具や機器がそろっている教室。滑りにくい特殊なマットが敷かれている。

合が高い。脳の損傷により児童生徒は何らかの運動障害があることが多く，健康や体力の維持，てんかん，言語障害，視覚障害，運動障害など様々な状態にある場合が多い。指導の際は学習者自身に様々な活動の制限があることを考慮していかなければならない。以下教育課程の類型と対応しながら指導上の課題について述べる。

### a. A類型　小中高等学校に準ずる教育課程

基本的には小中高等学校の学習指導要領に準じて行われている。しかし，実際，学習者自身の運動機能面から制約だけでなく，各学校の状況によって様々な制約を受けること多い。例えば，特別支援学校（肢体不自由）では，在籍者数学習集団組みにくいことがまずあげられる。また，特別教室や理科の実験器具など，地域の小中学校では当たり前にそろっている環境も必ずしも整えられていると限らない。一方，特別支援学級（肢体不自由）においては，自立活動などの専門性の確保が求められる。

### b. B類型　下学年あるいは下学部の代替による教育課程

先述したように肢体不自由のある子どもは，認識面で何らかの障害がある場合がある。このため，教科学習を行っている場合でも，下学年あるいは下学部の代替による指導を行っている。その結果，同じレベルの問題を繰り返し学習することも見受けられる。認知心理学や学習障害の研究成果も参考にしながら学習のつまずきの原因は何か見極め，学習意欲が保てるよう工夫が必要である。

### c. C類型　知的障害者を教育する特別支援学校の各教科と代替した教育課程

知的障害を併せ有する肢体不自由の子どもは多く，結果的に知的障害の教科領域である「日常生活の指導」や「生活単元学習」等の授業を受けている。

言うまでもなく知的障害教育の実践からは参考になる点は多い。また，知的障害のある子どもと肢体不自由のある子どもが障害を越えて共に学ぶ授業も試みられて

図8-4 ボール運動「ころがし卓球」の様子〉
「卓球バレー」を改良したもの。車イスの子どもだけでなく知的障害の子どもも一緒に楽しく活動できる。
出典）太田正己（2005）

いる。一方で肢体不自由の特性に対して十分に配慮できない点も指摘されている。

「最終報告」では，特別支援学校は地域性を重視するために障害種別にこだわらない学校の方向性が出されているが，これまでの肢体不自由教育の研究や実践の成果を引き継ぎながら，様々な障害の特性に対応した総合的な特別支援学校づくりが課題となっている。

### d. D類型　自立活動を主とする教育課程

学習が著しく困難な重度障害のある場合，「重複障害者等に関する教育課程の取り扱い」により自立活動の授業を主として実施されていることがある。一方，教育現場によっては，重度の子どもであっても国語，算数等の教科学習をベースにしながら，個々の学習のねらいにせまりたいとして，自立活動を主にしない教育課程を組んでいる学校もある。いずれにせよ，特別支援学校の重度重複化の中では個別の指導計画をしっかりと作成して，家庭生活や卒業後も視野に入れながら個々の子どもの教育を支援していくことが課題となっている。

### e. E類型　訪問による教育課程

障害のために通学して教育を受けることが難しい児童生徒に対して，特別支援学校等の教員を家庭等に派遣する教育を「訪問教育」という。訪問教育は特別の教育課程を実施できるため，実情に応じた授業時数を適切に定めるものとされている。訪問教育する重度重複の障害がある児童生徒の指導に当たっては，本人の疾病や体調などに細心の配慮が求められる。また，訪問教育はプライベートな空間である家庭内で行うことがあるため，保護者との連携もより丁寧にすすめる必要がある。

### (2) 効果的な指導のために

以上類型にそって指導上の課題を述べた。ここで，肢体不自由のある児童生徒の

8章　肢体不自由者に対する教育的支援

表8-4　訪問教育対象児童生徒数推移

| 年度 | 小学部（人） | 中学部（人） | 小学部・中学部 合計（人） | 高等部（人） |
|---|---|---|---|---|
| 2006 | 1,473 | 812 | 2,285 | 923 |
| 2007 | 1,428 | 739 | 2,167 | 906 |
| 2008 | 1,399 | 768 | 2,167 | 957 |
| 2009 | 1,416 | 767 | 2,183 | 942 |
| 2010 | 1,394 | 834 | 2,228 | 894 |
| 2011 | 1,428 | 826 | 2,254 | 931 |
| 2012 | 1,444 | 784 | 2,228 | 949 |
| 2013 | 1,443 | 832 | 2,275 | 940 |
| 2014 | 1,389 | 798 | 2,187 | 929 |
| 2015 | 1,344 | 784 | 2,128 | 857 |

出典）文部科学省初等中等教育局特別支援教育課(2016)をもとに作成

効果的な指導のために，ポジショニング，臨床動作法，AAC（拡大・代替コミュニケーション）について解説する。

ポジショニングとは，運動機能障害のある人にクッションなどを活用して，目的に適した姿勢を安全に快適に保つことである。重度な脳性まひのある子どもは姿勢の異常があるため，適切な姿勢を援助することが大切である。いくら良い教材教具を準備して指導を行っても，ポジショニングが不適切であると教育効果が薄れてしまうことに注意していきたい。

臨床動作法は，成瀬悟策が中心となって開発し，肢体不自由教育特別支援学校を中心に発展してきた心理・教育学的アプローチである。動作は，「意図」―「努力」―「身体運動」からなる心理過程であり，身体運動と同時に，心の活動，体験の仕方，主体の生き抜く努力などが動作を支えて，体験の変化なしには，動作の変化は起きないとしている。

図8-5　姿勢保持いす
姿勢の保持だけでなく，二次障害を軽減するため細かい配慮が求められる。

図 8-6　VOCA 機器「ビッグマック」
大きなボタンを押すと音声を再生することができるシンプルな会話補助装置。

図 8-7　VOCA 機器「レッツ・チャット」
スイッチで文章を作成して，言いたいことを伝える会話補助装置。

　AAC は Augmentative and Alternative Communication の略であり，音声言語・文字以外の様々なコミュニケーションという意味である。身近には，手話や絵カードも AAC であるが，最近では電子機器を利用したものが多く開発されている。また会話補助機器であるトーキングエイドやビッグマック等の VOCA(Voice Output Communication Aid) も使われている。

## 8-5　肢体不自由児の生理病理

**(1)　脳性まひについて**

　特別支援学校(肢体不自由)では，脳性まひの児童生徒が多く占めている。ここでは「脳性まひ」ついて解説するとともに，随伴する障害ついても概要を述べていく。
　脳性まひの定義としては「受胎から新生児期までに非進行性の病変が脳に発生し，その結果，永続的な，しかし変化しうる運動および姿勢の異常である。その症状は2歳までに発現する。進行性疾患や，一過性運動障害または将来正常化するであろう運動発達遅延は除外する」(旧厚生省脳性麻痺研究班，1968)が代表的なものである。また随伴する障害には，知的障害，てんかん，視覚障害，聴覚障害等がある。

**(2)　脳性まひの原因について**

　原因の発生時期としては胎生期，周産期，新生期別では，出生前に増加しており，従来の原因であった未熟児，仮死，核黄疸は減少している。先天性奇形，母体の慢性疾患，妊娠中毒，子宮内感染等がある。また周産期では早産，低出生体重，仮死，核黄疸，分娩外傷等がある。新生期では，感染症，脳血管障害，脳外傷，けいれん重積等がある。

### (3) 脳性まひの分類について

脳性まひの運動面での特徴は，屈筋と伸筋の協調運動が上手く行えなことにあるが，この運動の特徴により次のようにタイプ分けされている。

①痙直型：四肢を屈曲または伸展する際，鉛管を曲げる時のような抵抗感あるタイプ。

②随意型（アテトーゼ型）：筋緊張が変動しやすいため，姿勢を保てない，視線や指先が定まらない。細かい動作が難しい。

③混合型：実際は痙直型と随意型があわせて持つこのタイプが多い。

## 8-6 肢体不自由教育の今日的課題について

最後に，肢体不自由教育の今日的な課題について述べる。

「最終報告」で「障害種にとらわれない学校制度」へ方向性が打ち出されて以降，特別支援学校には，様々な障害のある児童生徒が多く通うようになってきた。また少子化にもかかわらず，障害のある児童生徒の在籍者は増え続けている。

一方で，教育現場としては，障害のある児童生徒の増加による学校の大規模化を余儀なくされ，教室不足，学校行事の日程調整の困難化など学校運営上の課題がより顕著になってきた。また現場の教員は，障害の重度化に加え様々な障害に対応する指導力が求められている。

これまで肢体不自由の特別支援学校においては，障害の特性に応じた指導方法の専門性が培われてきたが，様々な障害に対応するため，専門性の蓄積や若手への専門性の引き継ぎが難しくなっている。今後，幅広い疾病や障害に対応できるよう専門性を維持するためには教員養成や現職研修システムのより一層の充実が必要である。

「障害者権利条約」の国内法制度の整備として，いわゆる「障害者差別解消法」が2016年4月1日から施行された。肢体不自由特別支援学校では「合理的配慮」がある程度なされてきているが，地域における小学校中学校では，教員の専門性や教室環境等で課題がみられることもある。「合理的配慮」がある程度保障されるためには，必要に応じて特別支援学校からの支援を受けるとともに理学療法士，作業療法士，言語聴覚士等の指導助言を活用することが必要であり，医療的ケアが必要な場合には医療関係者との連携を図ることが重要である。

## 引用・参考文献

独立行政法人国立特殊教育総合研究所（2004）．21世紀の特殊教育に対応した教育課程の望ましいあり方に関する基礎的研究

黒田吉孝・小松秀茂(共編)（2003）．『発達障害児の病理と心理　改訂版(障害児教育シリーズ3.)』培風館

西川公司　川間健之介（2014）．『肢体不自由の教育　改訂版』放送大学教育振興会

大沼直樹・吉利宗久（2013）．『特別支援教育の基礎と動向　改訂版』培風館

太田正己（2005）．『障害児と共につくる学級活動』黎明書房

全国特別支援学校肢体不自由教育校長会（2015）．平成27年度　児童生徒病因別調査

文部科学省（2016）．平成27年度　特別支援学校等の医療的ケアに関する調査結果について

文部科学省初等中等教育局特別支援教育課（2016）．特別支援教育資料(平成27年度)

# 9章　病弱者に対する教育的支援

平賀　健太郎

[キーワード]
入院中の教育
慢性疾患
QOL
復学

　小児医療の著しい進歩によって，病気の子どもを取り巻く状況は大きく変化している。その中で，入院期間中の子どものQOLの充実だけでなく，退院後のその子どもらしい成長・発達を願うとき，学校教育は大きな役割を担っている。本章では，まず病弱教育の定義やその対象となる疾患，歴史を概観しながら，病弱教育の対象となる背景や，関係者の病弱教育への認識が変化していることを説明する。そして，病弱者が教育を受けている場の特徴として，教育の場が多様であることを指摘し，入院中と自宅療養中に分けて整理を行う。次に，入院中の病弱者が置かれている状況をふまえながら，病院の中にある学校での教育で留意すべき点について解説を行う。最後に，大きく変化しつつある病弱教育にまつわる複数のトピックを紹介し，病弱教育を担当している教員のみならず，地域の学校の教員が病弱者やその家族が長期にわたって支えていくこと必要性について論述する。

## 9-1　病弱とは

### (1) 定　義

　子どもが入院治療を余儀なくされたり，継続的な治療管理が必要な状態になった時，わが国では特別支援教育の一環である病弱教育が用意されている。病弱教育の対象となるのは，「病弱」と「身体虚弱」である。病弱とは，慢性疾患等のため継続して医療や生活規制を必要とする状態，身体虚弱とは，病気にかかりやすいため継続して生活規制を必要とする状態とされている。

### (2) 病弱教育の対象となる様々な背景

　病弱教育の対象となる子どもたちは広範にわたる。病弱教育の対象の中心となるのは，慢性疾患とよばれる疾病である。慢性疾患は，病気の治療が慢性的な経過をたどり，医療費も高額となることより，本人や家族の身体面，心理面の負担とともに，経済的な負担が生じやすい。日本には，小児慢性特定疾患の対象となる疾患があり，状況に応じて医療費の自己負担分が補助される。2015年から疾患の範囲が拡大され，現在では，以下の14グループ（704疾患）がその対象となっている。①悪性新生物，②慢性腎疾患，③慢性呼吸器疾患，④慢性心疾患，⑤内分泌疾患，⑥膠原病，⑦糖尿病，⑧先天性代謝異常，⑨血液疾患，⑩免疫疾患，⑪神経・筋疾患，

⑫慢性消化器疾患，⑬染色体または遺伝子に変化を伴う症候群，⑭皮膚疾患である。

小児慢性特定疾患は病弱教育対象の代表的な疾患であるが，子どもたちはその他でもさまざまな理由で，継続した医療を受けている。重度の食物アレルギーの子ども，精神疾患の子ども，被虐待への医療的ケアを必要とする子ども，骨折等の怪我で長期入院する子どもなども病弱教育の対象となる可能性がある。以上のように，継続した医療や生活規制を必要とする背景はさまざまであり，病気や怪我の種類・程度によって，原因，症状，治療管理，その後の経過などが大きく異なり，それぞれの教育的ニーズはさまざまである。疾患固有の心理的特徴および，教育的支援が存在することは事実であるが，本章では，病弱教育の対象となる者に必要な共通してみられやすい内容を中心に述べていく。

## 9-2 発展の経緯

### (1) 対象疾患の変化

子どもたちを取り巻く社会構造や小児医療の変化は，病弱教育のシステムや対象疾患，病気の子どもへの教育への認識に大きな影響をもたらしてきた。戦争前後の時代においては，栄養状態が悪かったり，病気にかかりやすい身体虚弱の子どもに対して，病弱教育が重要な役割を果たしていた。その後，昭和50年代前半までは，結核を代表とする感染症に罹った子どもたちが病弱教育の中心となっていたが，環境衛生の改善，感染症に関する予防医学の発達などによって，感染症は激減した。その後は，医療の変化によって，かつては生命予後が不良であった病気（小児がん等）の子どもたちの命が救われるようになり，長期入院中の慢性疾患の子どもへの教育の重要性が増し，病院の中で教育を受ける機会が増加していった。さらに，子どもたちの入院期間は，徐々に短縮化されていき，現在では病気が完治していない中で，地域で暮らす病気の子どもの存在とその支援の必要性がクローズアップされるようになっている。

これらの小児医療と病弱教育にまつわる変化を受け，1994（平成6）年に当時の文部省が，「病気療養児の教育について（通知）」（1994年12月21日付文初特第294号），2013年には文部科学省が「病気療養児に対する教育の充実について（通知）」（2013年3月4日付24初特支第20号）を発出しており，時代に即した病気の子どものニーズに応えることは学校教育の重要課題の一つとなっている。

### (2) 病気の子どもの教育への認識の変化

従来，病気の子どもへの教育については，「勉強は病気が治ってからすればよい」

「勉強をすることによって，病気が悪くなってしまうのではないか」と考えられることが多かった。近年では，入院期間中，退院後を問わず，その子どもが本来持っている成長の可能性を引き出し，伸ばしていくうえで，学校教育は医療と同様に不可欠のものであり，「入院中でも教育を受けることができる」あるいは「病気だからこそ必要な教育がある」との認識が広がりつつある。病院の中にある学校では，入院中の学習の補完のみならず，心理的安定を図る教育，積極性・自主性・社会性の育成，病気への自己管理能力の獲得などが狙われており，入院時における教育環境は大きく改善されてきた。また，医療の目標も，「子ども」の病気を治すことだけでなく，「子どもとその家族」が，病気を抱えながらの日常に適応できることや，病気を経験したことがポジティブに作用することが目指されるようになってきた。

## 9-3 病気の子どもへの教育的支援

### (1) 病弱教育の場の概要

病弱教育の特徴の一つは，教育の形態が多岐にわたるということである。病状の変化に伴って必要な医学的管理(安静度や免疫機能の程度)や，治療を受ける場所が異なり，それに伴って教育を受ける場所も変化する。一般的には，病状が悪化し入院治療が必要な際には，病院の中にある学校で教育を受けることが多く，症状が安定・消失している際には，外来治療で病気を管理しながら地域の学校で教育を受けることが多い。図9-1により，病院内での教育と地域における教育とについて概要を説明する(平賀，2016)。

#### a. 病院の中での病弱教育

入院中の病弱者に対しての教育は，「特別支援学校(病弱)」が担当している形態と，「小・中学校の病弱・身体虚弱特別支援学級」が担当している形態に大別される。特別支援学校(病弱)が医療機関に隣接している場合は，子どもたちは，隣接する病院から特別支援学校に通学してくることが多いが(パターン①)，病状等の状況によっては，逆に教師が隣接する病院の病棟や病室まで出向いて授業を行う(パターン②③)。特別支援学校(病弱)が医療機関に隣接していないケースも多いが，その場合は医療機関内の特別支援学校の分校や分教室，あるいは病室で教育を受ける形態がある(パターン④⑤)。また，医療機関内に教育機関の設置がない場合は，要望を受けて特別支援学校の教員が医療機関内を訪問して教育を行うことも可能である(パターン⑥)。次に，病弱・身体虚弱特別支援学級が病院内に設置されている場合(パターン⑦)があるが，上述の特別支援学校の分校／分教室とは区別される。

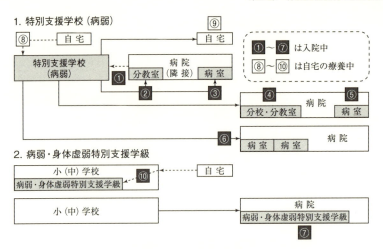

図 9-1　病弱教育の場
出典）教育支援資料（文部科学省初等中等教育局特別支援教育課）図 3-V-(2) を改変

### b. 地域における病弱教育

入院中以外の場合で，特別支援学校（病弱）が担う形態としては，子どもが特別支援学校に自宅から通う形態（⑧），逆に特別支援学校の教師が子どもの自宅を訪問する形態（⑨）がある。特別支援学級については，近年では小中学校内の病弱・身体虚弱特別支援学級（⑩）の設置数が著しく増加しており，学校生活におけるニーズ（感染症に罹りやすいこと，疲労しやすいこと，医療機器の使用が必要なことなど）への対応がなされるケースも目立つようになっている。また，利用者数は少ないものの，病気や治療に伴って特別な教育的ニーズが発生している場合は，通級による指導を受けることも可能である。

入院していない病気の子どもの大部分は，小・中学校の通常の学級に在籍している。通常の学級に在籍する病気の子どもは，特別支援教育の対象と認識されていることは少なく，健康面への配慮を受けながら，基本的には健康な子どもたちと同じ内容／方法で授業を受けている。ただし，これらの通常の学級に在籍している病気の子どもの中には，心身の状態に即した支援が受けられず，学校生活での QOL が低下していることがある。通常の学級に在籍している病気の子どもを病弱児（特別支援教育の対象）とみなすことで，特別支援教育コーディネーターや，個別の教育支援計画等が継続して機能する状況になることで，支援がより手厚くなる可能性もある。インクルーシブ教育システムの構築が目指される中，健康な子どもたちとともに，安全・安心に学校生活を過ごせるように，一人ひとりの病気の状況に合わせ

て柔軟に教育の場や配慮事項を変更・調整していくことが望まれる。

(2) 教育課程

　病気にかかることや入院治療が必要になることは，障害の有無を問わず，すべての子どもに発生しうるリスクである。そのため，病弱教育の教育課程を一様に論ずることは困難であり，病院の中にある学校で教育を行う際には，障害の状況に応じて教育課程を編成することも可能である。以下では，小中学校等とほぼ同一の指導が可能である子どもを想定して，入院中における指導上の留意点について述べていく。

(3) 指導の留意点
　a. 身体面に配慮した指導

　一般に，入院中は，学習が身体面や体調に悪い影響を及ぼさないように授業時数が制限されやすかったり，心身の状態が安定せず授業を受けられなくなったりすることも多い。限られた時間の中で，効果的な学習活動を行うためには，指導内容を精選・工夫し，各教科相互の関連を意識した教材準備が必要となる。また，入院中は，運動が禁止されていたり，車椅子を利用している子どもも多く，体育の授業内容にも制限が課せられやすい。ただし，病気の子どもたちも体育の時間を楽しみにしていることが多く，限られたスペースの中で，少しでも体を動かせることは，ストレスの発散につながりやすい。ペットボトルをピンに見立てたボーリングや，風船バレー，グランドゴルフなど，一人ひとりの子どもの状況に合わせてルールを変更しながら，学習のねらいを明確にすることで，心身の発達に効果的な時間となりやすい。

　さらに，免疫力が低下し，感染症へのリスクが高まっている子どもが多く，病院内の教室では，生き物や植物を持ち込んだり，薬品や実験器具など使用した活動が許可されないことが多い。このような直接体験の制限については，写真や動画の活用のほか，ICT機器の活用で補うことも可能である。一例として，特別支援学校（本校）の教室で行われている活動を，別の病院内の分教室に在籍する子どもがWEBカメラを通じてリアルタイムで観察し，双方向で交流できると，子どもの関心や集中力を高め，学習効果を高めることが期待される。

　b. 学習の空白期間があること

　病院の中で教育を受けている子どもは，それまでに体調悪化による長期欠席のため，長期間，継続して授業が受けられていない場合や，断続的に欠席を繰り返した結果，学習の空白期間が生じている場合がある。系統的な学習の積み重ねが求めら

れる教科について問題が生じやすく，特に国語でのことばの理解や表現が十分でない場合，他教科にも多大な影響を及ぼす。学習空白は学力不振に結びつきやすく，学習活動や生活全体における意欲を低下させたり，病気を持つ自己の否定的なイメージの形成につながる。さらに，入院時に病院の中の学校で教育を受けるためには，それまで通っていた地域の学校（以下，前籍校）から一旦転出し，病院内の学校に転入する必要があり，学習の連続性が保たれにくい。転学によって前籍校で使用していた教科書とは異なる場合が生じ，子どもの学習への不安を高めることがある。

　病院の中の教育では，子どものこのような不安を十分に理解したうえで，必要に応じて前籍校での教科書を活用しながら，前籍校の担任教師と連携をはかり，前籍校の授業の進度や，使用されているドリルやプリント，実施されたテストなどの情報を把握しながら教育を展開していくことが重要となる。また，学習の空白部分や誤って理解している内容についても把握し，学習の空白を補い，正しい理解を促すための補助資料の準備も有効である。前籍校の友だちと同じ学習ができているという実感が得られる配慮は，子どもたちの安心感につながりやすい。

　c. 学習内容を柔軟に変更すること

　病弱児の教育的ニーズは，病状や医療的管理に依存するところが大きく，それらは突然に変化する場合も多い。例えば，ベッドサイドでの個別指導を想定していたが，急に教室で集団での学習をすることの許可が得られることや，検査の時間帯が変わり，子どもが授業の途中から参加するような場合などである。そのため，病弱教育では，指導の目標や内容，学習形態等をフレキシブルに変更しながら，子どもの状況に即応できるように，授業準備の際から複数のパターンでシミュレーションを行っておくことが重要である。

## 9-4　病弱教育をめぐる最近のトピックス

### (1)　復学支援

　上述したように入院および退院に伴って，病気の子どもの教育を受ける場所は変化し，入院時は病院の中の学校に転入し，退院後は地域の学校に転出していくことが一般的である。入院治療によって，心身の状態がある程度安定すると，前籍校のことが気にかかり，学校復帰の時期を気にかける子どもが多い。多くの病弱者が前籍校に復帰することが可能となった現在，入院中での教育を充実させることに加えて，入院中から復学を見据えた支援が重要な課題となっている。円滑な復学のためには，以下の2点が重要となる（平賀，2007）。①入院中から患児と前籍校とのつながりを維持すること，②前籍校が復学後の患児・保護者の不安や配慮事項を理解す

ることである。

　まず①「入院中から患児と前籍校とのつながりを維持すること」について，スムーズな復学のためには，入院中の患児・保護者が前籍校への所属感を持てるような支援が必要となる。一般的なものとして，ビデオレター，寄せ書きなどを，入院中の患児に届けることがあげられる。逆に，入院している患児からクラスメイトに返事を書いたり，病院内で取り組んだ作品などをクラスメイトに紹介することも，関係の維持に大きな役割を果たす。ただし，体調がすぐれないときや，外見上の副作用で容姿が変化している場では，前籍校からの積極的なはたらきかけは，患児・保護者の不安や焦りにつながることがある。そのため，患児・保護者の身体面，あるいは心理面の状態に応じて，タイミングや内容を変更する必要がある。

　また，②「前籍校が復学後の患児・保護者の不安や配慮事項を理解すること」については，保護者，教育関係者，医療関係者等のチームでの支援体制が重要となる。患児・保護者が，復学時に不安に感じる代表的な内容として，感染症に罹りやすいこと，外見上の変化，学習の遅れ，体力の低下などがあげられる。復学後も事前の話合いが復学後に反映されていない場合や，新たな疑問や不安などの問題が生じる場合があるため，復学後の連携の必要性を確認しておき，復学後も支援の再確認や修正などが必要となる。

(2) クラスメイトの病気の理解

　退院し，地域の学校に復学した後，学校生活への適応を左右するのはクラスメイトの病気の理解である。久保・平賀(2014)は，障害理解教育の観点から，病気の子ども（Ⅰ型糖尿病）について，健康な子どもたちに説明した事例を報告している。説明後に健康な子どもたちが記述した感想からは，病気や治療管理に関連する知識だけでなく，病気を有している子どもについての理解，特別支援学級(病弱)に関する理解が深まったことがうかがわれた。また，健康な子どもたちは，病気の子どもの特別なニーズに対して，周囲からのサポートが重要であることを理解し，実行しようとする具体的なサポート内容が記されていた。ただし，子どもによっては，十分な理解がなされなかったり，誤って理解されているケースがあったため，授業後の確認やフォローアップを行うことが重要である。

(3) 心身症等の子どもたちへの教育的支援

　近年の病弱教育の特徴として，心身症等の行動障害の子どもたちが増えていることがあげられる。心身症とは，一般的に「身体疾患の中で，その発症や経過に心理社会的な因子が密接に関与し，器質的ないし機能的障害が認められる病態をいう。

ただし，神経症やうつ病など，他の精神障害に伴う身体症状は除外する」（日本心身医学会教育研修委員会編，1991）とされる。心身症等を理由に病院にある学校に転入してきた子どもの中には，地域の学校で不登校であった場合も多い。また，その背景には発達障害が認められるケースも目立つようになっており，行動や認知をアセスメントし，特性に応じた指導が求められるようになっている。今後，特別支援学校（病弱）には，心身症等や発達障害のある子どもへの教育実践の蓄積を活かして，地域の学校の不登校の事例に対してアドバイスを行ったり，相談に乗っていくなどのセンター的機能が期待される。

### (4) ターミナル期にある子どもと教育的支援

小児医療の飛躍的な進歩によって，生命を脅かす疾患であっても長期寛解，あるいは治癒が望めるようになった。その一方で，医療の限界から，子ども時代に人生を終えてしまう子どもも存在する。治癒が見込めず，近い将来に死が近づいている時期は，一般にターミナル期と呼ばれる。この時期は，さまざまな職種によるトータルなケアが必要とされるが，教師が寄与できる役割も存在する。

ターミナル期では，ベッドサイドでの個別学習になる場合も多く，学習の時間や内容が限定される傾向にある。教師は自らの役割を見出すことが難しくなりやすいが，後に保護者からは教師がそれまでと変わらず，傍にいてくれた事実が子どもや家族にとって大きな支えになっていたと聞かされることも多い。なお，今後は，厳しい状況にある病気の子どもに教育を行ったり，子どもが亡くなるという経験をした教師のメンタルケアの体制を充実させていく必要がある。

### (5) 義務教育後の病弱教育

義務教育段階にある子どもの病弱教育については，課題は残されているものの，かつてと比較すると状況は大きく改善されている。一方で，義務教育後については，教育の機会が十分に保障されているとは言い難く，狭義の学力の保障だけでなく，病気を抱えながら成人期を迎えようとする彼らへの進学，就職のための進路指導も十分には行なわれていない。今後は，義務教育後の病弱教育において，入院中の教育の場の保障や，社会的自立を見据えた支援を行なうためのキャリア教育のあり方を提言していくことが必要である。現在の病状や予後の見通し，患児の学力やコミュニケーションスキル，進路先の特性などの要因を考慮に入れながら，幅広い選択肢の中から，患児が主体的に選択できる支援のあり方が議論されることが望ましい。

## (6) 病弱児の家族へのサポート

　突然の病気の悪化，長期にわたる医学的管理は，患児だけでなく，家族にも大きな影響を及ぼす。保護者は，病気の子どもにとって，重要なサポート源であるとともに，日常的な病気の管理，関係者との連携，再発や晩期障害への懸念，あるいは進学・就職への不安などによる心身の負担が大きく，支援を必要とする対象でもある。保護者の心理状態や表情は，患児の心理状態に影響を及ぼし，患児の長期にわたる療養生活を支えるうえでも，保護者のメンタルヘルスが維持されるアプローチは重要である。入院中の子どもに面会に来た保護者が子どもと過ごす時間が少なくならないように配慮しながら，子どもの教育的ニーズのみならず，保護者の不安や願いなども把握したうえでの教育の計画や実践が望まれる。

　また，子どもの病気は，そのきょうだいの生活スタイルや心理面にも多大な影響を与える。苦痛を伴う治療場面を目にしたり，家族の中での役割の変化，あるいは自分だけが状況を理解できていないという感覚は，きょうだいの不安，孤独感，疎外感などの問題を生じさせる要因となる。学校生活においても，成績の低下，対人関係でのトラブルなどの問題を抱える場合がある。特に，病名の告知後や入院時は，保護者も心理的余裕を失っており，保護者ときょうだいとのコミュニケーションが不足することが多く，保護者がきょうだいの心理面・行動面での問題に気づきにくい傾向にある。また，同じ学校にきょうだいがいる場合，患児の病名や，副作用による容姿の変化などについて，きょうだいに向かって，心ないことばがかけられる場合もある。きょうだいの担任は，病気の子どもの担任とも連携しながら，きょうだいの様子にも意識を向け，必要に応じて支援を行うことが必要である。また，学校がきょうだいのことを意識して支援してくれている実感は，保護者の精神的な安心に結びつくため（池田，2002），きょうだいの学校での様子や，学校での行事のスケジュールなどが，保護者に伝えられておくことは問題を予防する上で有用である。

　きょうだいは，家族の中で最も患児と年齢が近い存在であり，きょうだいとの強い精神的な結びつきは，病気の子どもにとって，辛い治療に耐えるための心の支えとなる。健康なきょうだいとしての過剰な役割期待が負担とならぬよう留意しながら，家族の一員としての役割を果たしているという感覚が重要である。

## (7) 病弱教育の専門性の獲得

　病弱教育の専門性の一つとして，代表的な疾患の医学的な基礎知識，および教育上の配慮に関しての内容を獲得しておく必要がある。ただし，疾患の種類は膨大であることより，実際の現場では，学んだことのない疾患にかかわることも多く，疾患に関する客観的な知識（性質，症状，治療内容，教育的配慮など）にアクセスでき

る能力を身に付けておくことも必要である。

　また，病気の子どものニーズは，医療面・教育面・心理社会面と多岐にわたることより，教師の専門性のみでは対応が困難なことが多い。したがって，病弱教育では，子どもや保護者への直接的な支援に関する知識・実践的能力のみならず，学校内外での関係者との円滑な連絡調整を行なうためのコミュニケーション能力を獲得しておくことが求められる。

　病弱教育の専門性を得る機会であるが，従来は，病弱教育に関する講義が開講されている大学や，現職教員を対象とした講習は限られていたが，特別支援教育への転換の中で，病弱教育に関する内容を扱う講義や講習は増加傾向にある。しかし，大学での講義は特別支援学校教諭免許状を取得するためのカリキュラムに位置づけられていることが多い。そのため，特別支援学校教諭免許状を取得しない教員志望の学生が病弱教育に関する内容を学ぶ機会は少なく，病弱教育のシステムやその重要性が，学校現場に十分に浸透されているとは言いがたい。病気の子どもたちは入院している期間よりも，治療管理を受けながら地域の学校で過ごす時間の方が圧倒的に長い時代となっている。特別支援学校や院内学級の教員のみならず，すべての教職員や，教員を志望する学生が，病弱教育に関する一定の専門性を獲得することのできる機会の設定が急務である。最後に，病弱教育を専門とする研究・教育スタッフは限定されており，病弱教育に携わる研究者や指導者の養成も今後の基礎的な課題の一つである。

**引用・参考文献**

平賀健太郎（2007）．小児がん患児の前籍校への復学に関する現状と課題—保護者への質問紙調査の結果より．小児保健研究，66，456-464．
平賀健太郎（2016）．病弱教育（特別支援教育）の対象となる子どもへの養護教諭の支援のあり方，中学保健ニュース，第1回　病気の子どもを支える教育システム．少年写真新聞社，1467，4-5．
池田文子（2002）．『子どもが病気になったとき家族が抱く50の不安』春秋社
久保由佳・平賀健太郎（2014）．小学校における病弱教育を対象とした障がい理解教育の実践：1型糖尿病を扱った実践報告．大阪教育大学障害児教育研究紀要（36・37），51-58．
日下奈緒美（2015）．障害の状態や特性等を踏まえた教材等の整備．丹羽登（監修）・全国特別支援学校病弱教育校長会（編著）『病弱教育における各教科等の指導』ジアース教育新社，pp.51-55．

# 10章　言語障害者に対する教育的支援

青野　幸代

[キーワード]
通級による指導
ことばの鎖
構音障害
吃音

　言語障害は，言語情報の伝達及び処理過程における様々な障害を包括し，一般的には，言語の受容から表出に至るまでのいずれかのレベルにおいて障害があり，その実態は複雑多岐にわたっている。ことばに関する教育は障害種別の観点からまとめると様々な障害と密接にかかわっている。従来，言語障害教育は，別室で全時間数を子どもたちは過していたが，通級による指導を受けている子どもたちが増えている。また言語障害教育は，最近は，治療教育をもとに発展してきた経過がある。さらに，担当教員は，ことばを中心に据えて，子どもの日常生活も考えながら，子どもの何を捉え，何を指導の中に組みこんでいくのか，そしてどう評価していくのかが求められている。

## 10-1　言語障害教育の歴史

　現在の言語障害教育が，言語障害特別支援学級（一般に「ことばの教室」ともいわれている）が，小・中学校に設置され，発展してきた。第二次世界大戦後，宮城県仙台市通町（とおりまち）小学校における濱崎健治氏の実践や，千葉県市川市真間小学校における大熊喜代松氏の実践を基盤としているともいわれている。

　その後，徐々に言語障害特別支援学級は増加していく。はじめは，終日，1つの学級に固定して児童生徒は指導を受けていたが，1965年ごろから通常の学級で授業を受け，必要な時間だけ言語や発音の学習のために通級する方法がとられるようになり，1993年度には「通級による指導」が制度化され，「通級指導教室」が設置された。この通級による指導の教育形態は，言語障害の特性に応じた教育を進める上で適していることも多く，言語障害特別支援学級から通級による指導に移行していった。

　しかし，話す，聞く，読む，書くという言語機能の基礎的事項に発達の遅れがあり，かなりの時間，特別な指導を必要とする児童生徒がいたり，言語障害の状態の改善・克服を図るため心理的な安定を図る指導を継続的に行う必要性のある児童生徒もいたりするため，これらの児童生徒には，言語障害特別支援学級を設置して，それぞれの実態に即した教育も行われている。したがって，現在，言語障害のある児童生徒の教育は，対象となる児童生徒の障害の状態に応じて，言語障害特別支援学級及び通級による指導（言語障害）の制度の下で行われている。

　言語障害特別支援学級や通級指導教室の担当教員は，幼稚園，小学校，中学校又

は高等学校の教諭免許，あるいは特別支援学校教諭免許を取得している場合が多い。中には，言語聴覚士の資格(国家資格)や特別支援教育士の資格(認定資格)を取得しているものもいる。

また，幼児を指導することばの教室もある。単独で運営されている所もあれば，小学校のことばの教室で指導をしている所もあり，各地方自治体によってさまざまである。

## 10-2 言語障害者の心理病理・特性

**(1) コミュニケーションとは**

コミュニケーションは，まず，①話し手の中で，聞き手に伝える思想・感情・事項・何らかのイメージが生まれる。②次に表現するためのことば(記号)を想起し，音声として表出するプログラムに変換する(言語学的段階)。③次に，表出したプログラムが大脳から神経を介して，言語発達筋を動かし，音声を発生する(生理学的段階)。④ことばが音波となり，空気の振動として聞き手の耳に伝わる(音響学的段階)。この一連の動作をし，伝わった音が感覚神経を通って相手の大脳に伝わり，また聞き手も同様の過程からコミュニケーションを取っていく。このことをスピーチ・チェーン(ことばの鎖)という(図10-1)。コミュニケーションが成立しないということは，この過程の中のどこかの部分がうまく機能していないことになる。

教育での言語障害の定義や分類を整理していくと，「コミュニケーション」という枠だけではなく，もう少し「個人」に目を向けた枠で表記されている。言語障害とは，発音が不明瞭であったり，話しことばのリズムがスムーズでなかったりするため，話しことばによるコミュニケーションが円滑に進まない状況であること，また，そのため本人が引け目を感じるなど社会生活上，不都合な状態であることをいう。言語障害は，話し方の側面だけではなく，内面的な要素も含まれている。

言語障害の分類も，かかわる分野によって様々に表記されている。教育では，次のように分類，表記されている。

**①耳で聞いた特徴に基づく分類**：発音の誤り，吃音など
**②ことばの発達という観点からの分類**：話す，聞く，読む，書くといった言語機能の基礎的事項の発達の遅れなど
**③原因による分類**：口蓋裂，聴覚障害，脳性まひなど

この章では，他の章と重なる部分もあるため，発音が不明瞭である構音障害，話すときに詰まったり繰り返したりする様子が見られる吃音，ことばの理解や言語概念の形成につまずきがある言語発達の遅れを中心に説明していく。通級指導対象と

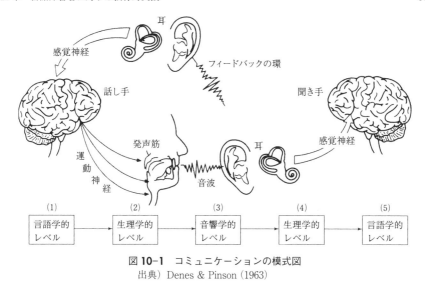

図 10-1　コミュニケーションの模式図
出典）Denes & Pinson (1963)

なる口蓋裂，脳の機能不全から生じる失語症や高次脳機能障害などの状態も説明するが，失語症は早期からの療育で予後が良好であったり，高次脳機能障害は，病弱者の教育の対象になったりすることから，ここでは若干の説明とする。

### (2) 構音障害

　構音障害とは，聞き手・話し手が属する言語社会の中で，話し手が同年齢の人が正しく構音できる音を誤って構音しており，聞き手に不自然な印象を与えてしまう状態のことをいう。一方，話し手自身が自分の構音を誤っていると感じる状態もあてはまる。聞き手が，話し手が伝えようとする内容よりも，コミュニケーションツールとして用いていることばの方に注意が注がれてしまう状態が言語障害であり，それが特に音声言語の音にあらわれていることをいう。
　構音の誤りは，音の聞こえ方によって，省略，置換，歪みの3つに分けられる。
　省略は，「てれび」／terebi／→「てえび」／teebi／のように，／r／が省略されて，母音のみになっているものなどをいう。置換は，「すいか」／suika／→「すいた」／suita／のように，／k／が／t／へ置き換えられ，ある音が他の音に置き換わっているものをいう。歪みは，日本語の語音として表記できない音に歪んでいるものをいい，構音操作が不十分なために音が弱くなっている場合，鼻咽腔閉鎖機能不全のために呼気がもれて歪み音になっている場合，通常の構音操作とは異なるために歪み音になっている場合がある。

構音の誤りは，正常な構音発達の過程でも多く見られる。知的発達に遅れがあり言語発達にも遅れが見られ，構音の発達にも遅れが見られる場合は，生活年齢に比べて言語発達に遅れは見られるものの，その発達段階で当然構音可能であると期待される構音が誤っていれば，言語発達の遅れと構音障害が重複していると考える。分類上は，発声器官や発音器官に異常のある「器質性構音障害」，異常の見られない「機能性構音障害」，脳の運動機能障害が原因の「運動機能性構音障害」，聴覚の異常を含む「聴覚性構音障害」がある。

### (3) 吃　音

吃音とは，語頭音を繰り返したり，引き伸ばしたり，詰まったりして，滑らかに発話ができなくなる状態のことをいう。誰でも，あわてたり，焦ったり，緊張した時にも同じような状態になることはあるが，それは吃音とされていない。吃音の問題は，流暢に話せないことを予期し，話すことに不安を持ち，回避する行動を伴うこともあり，治療や指導が長期にわたることもある。また，人や社会に対する恐怖や自己否定など，言語症状だけではなく，社会生活上の様々な問題を抱えていることもあるため，このような問題もあわせて考えることが大切といわれている。

### (4) 言語発達の遅れ

話す，聞く，読む，書くといった言語機能の基礎的事項の発達の遅れや偏りは様々な要因で生じる。聴覚障害，知的発達の遅れ，肢体不自由，視覚障害に伴って生じる場合もある。他の障害に伴って生じる場合には，主たる障害に対応した教育の場において教育することになる。言語障害教育の指導の対象となるのは，それ以外の子どもで言語機能の基礎的事項の発達の遅れや偏りがあり，個別指導が有効と考えられ，系統的な言語指導等を必要としている場合となる。

### (5) 口蓋裂

生まれつき，上顎や口蓋がさけて，口腔と鼻腔がつながっているため，話しことばに必要な呼気が鼻から抜けたり，喉の奥で癖のある発音をしたりする状態のことをいう。上述した器質性構音障害を口蓋裂の子どもが併発することもある。また，口唇裂で，生まれつき上口唇がさけている子どももいる。出生後から医療機関の各診療科でチーム医療がなされているが，言語訓練が長期に必要な子どももいる。

### (6) 失　語　症

後天的に脳の局所的破損により，それまで獲得していたことばをコミュニケー

ションのために使用できなくなった状態のことをいう。言語理解に比べて，言語表出面に障害の著しい運動性失語症（前頭葉運動性言語領域の障害）と自発語は保たれているが人のことばを理解できない感覚性失語症（側頭葉感覚性言語領域の障害）がある。

### (7) 高次脳機能障害

高次脳機能障害は，幼児期，学童期，青年期，成人期のいずれの段階においても生じるもので，特に幼児期，学童期にはその症状は成人に比べて，経過も良好と言われてきた。しかし，幼児期，学童期に脳損傷を引き起こした場合には，その症状は軽度に見えても，成長するとともに発達を妨げる場合がある。また，幼児期・学童期に脳損傷を引き起こした場合，その症状は自閉スペクトラム障害（ASD）や注意欠陥・多動性障害（ADHD）の症状にも似ているために，同様に扱われてしまうこともある。高次脳機能障害のある子どもたちは，知的な能力には問題がなく，通常学級に在籍している場合も多いが，他の学級メートとのトラブルが絶えなかったり，孤立している場合もあるといわれている。

### (8) 言語障害の特性

#### a. コミュニケーションの障害であること

言語障害は，ことばに問題がある子どもに対し，単に，治療や訓練をしたり，教育することで解決するものではない。話し手である子どもには，必ず聞き手である周囲の人がおり，この両者のかかわりの中で，ことばはその機能を果たしていく。話し手だけでなく聞き手側にも課題があれば，コミュニケーションは成立しないことから，言語障害は，コミュニケーションの障害としての側面もある。

#### b. 見逃されやすい障害であること

言語障害は，話さなければわかりにくいものである。学級の中でも，おとなしい子どもと思われていたり，困っている状況が理解されなかったりすることもある。言語障害教育では，言語機能の障害の改善・克服だけでなく，本人の内面性に対する深い洞察が重要な指導のポイントとなる。

#### c. 医療との関連を視野に入れる必要があること

言語機能の障害の現れ方は，構音器官などの器質的な状態と学習との結果による影響が多いと考えられている。そのため，言語障害の評価や指導の作成においては，構音器官等の器質的な面との関連でとらえる必要がある。また，言語中枢の機能により生じる場合等においても医療との関係を視野に入れる必要もある。

#### d. 発達的な観点を重視して指導する障害であること

　発音の未熟さやことばの稚拙さは，成長に伴って改善されることがある。そのため，発音の誤りやことばの遅れ等による状況の評価や指導は，対象となる子どもの発達の状況を見極めて行うことが重要である。

## 10-3　言語障害教育の教育課程

　学校教育において，言語障害のある児童生徒に対する指導は，主となる障害に基づく障害種別の学校等で行われている。例えば，難聴に基づく言語障害については特別支援学校(聴覚障害)等，脳性まひに基づく言語障害については特別支援学校(肢体不自由)になる。したがって，それ以外の言語障害の構音障害や吃音等の話しことばに障害のある児童生徒に対する指導は，一般に，そのほとんどが小・中学校等における通級による指導により行われている。

　しかし，言語障害のある児童生徒の中には，言語機能の基礎的事項に発達の遅れがあり，かなりの時間，特別な指導を必要とする者がいたり，また言語障害の状態の改善・克服を図るための心理的な安定を図る指導を継続的に行う必要性がある者がいたりすることから，通級による指導だけでは不十分で，より配慮を要する障害の状態の子どももいる。こうした児童生徒に対しては言語障害特別支援学級において，児童生徒の障害に応じた特別の教育課程を編成して教育を実施することとなる。

　通級による指導(言語障害)の対象の児童生徒は，ふだんは通常の学級において学習をするが，一部障害に応じた特別な指導を必要としている。通級による指導では，個々の言語障害の状態を改善することを目的とした特別な指導が行われることになる。

### (1)　言語障害特別支援学級

　言語障害特別支援学級は，口蓋裂，構音器官のまひ等器質的又は機能的な構音障害のある者，吃音等話しことばにおけるリズムの障害のある者，話す，聞く等言語機能の基礎的事項に発達の遅れがある者，その他これに準ずる者(これらの障害が主として他の障害に起因するものでない者に限る)で，その程度が著しい者を対象としている。例えば，言語機能の基礎的事項に発達の遅れがあり，かなりの時間，特別な指導を必要とする者や，言語障害の状態の改善・克服を図るための心理的な安定を図る指導を継続的に行う必要性があり，加えて，言語障害にかかわる教科指導等の配慮を，より手厚く充実させて指導することが必要である者を対象に，特別の教育課程を編成して教育を行っている。

特別支援学級の教育課程は，児童生徒の障害に応じた特別の教育課程を編成することとしているが，その編成にあたり，特別支援学校小学部・中学部の学習指導要領を参考とすることになっている。

児童生徒の障害に応じた特別の教育課程の編成については，自立活動における言語機能の基礎的事項の指導など言語障害の状態の改善又は克服を目的とする指導と，各教科の中でも，言語障害にかかわり個別指導などでより手厚く行う必要がある国語科(英語科)，算数科(数学科)については特別支援学級で行い，生活科，図画工作(美術)・体育科，道徳，特別活動，総合的な学習の時間など集団の中で行うことがふさわしい教科等については，通常の学級で行っている。

## (2) 通級による指導

通級による指導(言語障害)は，口蓋裂，構音器官のまひ等器質的又は機能的な構音障害のある者，吃音等話しことばにおけるリズムの障害のある者，話す，聞く等言語機能の基礎的事項に発達の遅れがある者，その他これに準ずる者(これらの障害が主として他の障害に起因するものでない者に限る)で，通常の学級での学習におおむね参加でき，一部特別な指導を必要とする者を対象としている。すなわち，通級による指導(言語障害)の対象の児童生徒は，通常の学級において学習するのが適切だが，一部障害に応じた特別な指導を必要とする者とされる。したがって，通級による指導においては，個々の言語障害の状態を改善することを目的とした特別な指導が行われることになる。また，特に必要がある場合には，各教科の内容を補充するための指導を行うことができるとされている。

通級による指導(言語障害)を行う場合には，特別の教育課程を編成することとされ，その内容は，障害の状態に応じた特別の指導を，小・中学校の教育課程に一部加えて，あるいは，替えて編成するものとされている。また，2006年4月からは，児童生徒の障害に応じた特別の指導に係る授業時数を「年間35単位時間から280単位時間を標準」とするとともに，各教科の補充指導を行う場合の時間をこれに含める改正が行われている(1993年文部省告示第7号，2006年3月一部改正)。原則としては，週1回から数回で45分から90分で指導を行っている。

教育課程の編成にあたり，障害による学習上又は生活上の困難を改善・克服することを目的とする指導ついては，特別支援学校小学部・中学部学習指導要領の「自立活動編」を参考に，また，各教科の内容を補充するための特別の指導については，それぞれ，小学校，中学校の学習指導要領を参考にしている。

障害による学習上又は生活上の困難を改善・克服することを目的とする指導の内容は，正しい音の認知や模倣，構音器官の運動の調整，発音・発語指導などの構音

の改善にかかわる指導，遊びの指導・劇指導・斉読法などによる話しことばの流暢性を改善する指導，遊びや日常生活の体験と結びつけた言語機能の基礎的事項に関する指導等が考えられている。障害の状態に応じて各教科の内容を補充するための特別の指導は，単に教科の遅れを補充する指導ではなく，例えば，言語障害のために遅れをきたしている国語科の指導を行うのが「各教科の補充指導」であり，直接関係のない教科の指導を行うのは該当しない。

## 10-4 言語障害教育の指導原則

### (1) 言語障害の実態把握

小学校・中学校の言語障害特別支援学級でかかわる子どもの多くは，構音障害，吃音，言語発達の遅れがある子どもに指導することが考えられる。いずれも，子どもへの諸検査，観察，保護者との面談での聞き取り調査などによって，子どもの問題をできるだけ正確に把握していく。子どもの諸検査は，言語検査や発達検査などを実施することがあり（表10-1），加えて，きこえ，耳，鼻，喉の状態も確認していく。

#### a. 構音障害の実態把握

まず，各種の構音検査を実施する。いつも同じ音に同じ誤り方をする一貫性や単語の中での位置や前後の音との関係の中で，正しく言えたり言えなかったりする浮動性があるかどうかを含め，障害音の特定や発音の誤り方を把握し，指導方針を決めていく。絵カードを使用して単音節，単語，会話のそれぞれで構音の誤りを検査する。このとき，構音器官の形態や機能に異常がみられれば，口蓋裂や鼻咽腔閉鎖機能不全などの器質性の問題もあるため，医療機関の受診が必要となる。舌や顎の動きに関係する構音運動の明瞭さと大きく影響するので観察も大切となる。また，巧緻運動の不器用な子どもも発音の明瞭さに影響を与えることがあるので留意しておかなくてはならない。

#### b. 吃音の実態把握

会話の中や音読での吃音の様子を観察したり，ある一定の量の文章を読んでもらい，吃音の頻度を調べたりする。すべての場面での吃音の様子を知ることはできないので，いろいろな吃音の出方があることに留意しておくことが大切である。また，本人や保護者が吃音をどれほど悩んでいるかを面談等で把握することも重要で，本人や保護者の悩みが大きいほど，吃音を意識しすぎ，心理的要因から悪化を招き，改善が困難な場合もある。また，吃音については指導が始まり，子どもとかかわる中で関係が深まり，子どもが担当教員とかかわりをもつ中で次第に心を開いていく

10章 言語障害者に対する教育的支援

表10-1 言語・コミュニケーションに関する検査

| 検査名／適用年齢等 | 特徴 |
|---|---|
| LCスケール 増補版<br>0歳から6歳 | 語彙，文法，語操作，対人的なやりとりなどに関して検査し，LC年齢とLC指数，下位領域である「言語表出」「言語理解」「コミュニケーション」のそれぞれにおけるLC年齢とLC指数を求めることができる。 |
| LCSA 学齢版 言語・コミュニケーション発達スケール<br>小学校1年生から4年生 | 「文や文章の聴覚的理解」「語彙や定型句の知識」「発話表現」「柔軟性」「リテラシー」といった領域の課題をがある。このうちどのような側面に子どもは困難があるのかを明らかにし，支援の方向性を示す評価法である。 |
| ITPA言語学習能力診断検査<br>3歳0か月から9歳<br>（器具は販売終了，用紙のみ2022年3月31日までの販売） | 言語学習に関する情報処理特性を把握する。聞いて，見て，理解できていること（受容過程），考えを言葉や動作で表すこと（表出過程），概念や言語を関連づけたり組織化したりすること（連合過程）などを評価する。 |
| ことばのテスト絵本<br>幼児から小学校低学年 | 「話しことばの障害」をできるだけ早期に発見し，適切な指導を行うためのスクリーニング・テストである。3～5分の短い個別面接を通して，幼稚園児や新入学児の中から「話しことばの障害」が疑われる子どもを見つける選別検査である。 |
| PVT-R絵画語彙発達検査<br>3歳0か月から12歳3か月 | 言語の理解力の中でも特に基本的な「語いの理解力」の発達を短時間に正確に測定します。4コマの絵の中から，検査者の言う単語に最もふさわしい絵を選ぶ。 |
| 国リハ式〈S-S法〉言語発達遅滞検査<br>1歳前後から小学校就学前まで | 言語の記号形式―指示内容関係の段階に即した一貫した評価ができる。検査結果を健常児の発達（1歳9か月以上のレベル）と比較することもできる。 |
| 新版 構音検査<br>幼児から小学校低学年 | 構音の正誤，誤りの性質を分析的に把握する検査である。 |
| 吃音検査法<br>幼児から成人 | 幼児版・学童版・中学生以上版の3種の検査図版と1冊の解説書そしてスピーチサンプルのCDがパッケージとなっている吃音検査法である。発話のつかえとそれに対する話し手の反応の枠組みを，観察可能な範囲で「吃音症状および非流暢性の分類」として提示している。 |

ことで，その実態が明らかになってくることもある。吃音には，吃音の症状が周期的によくなったり，悪化したりする「波」の状態もみられる。こうしたことも念頭に置いて状態を把握することが大切である。

c. 言語発達の遅れの実態把握

保護者との面談で，子どもの生育歴や現在のことばの様子を聞いたり，子どもと遊ぶなかで，ことばの様子を観察していく。その際，話しかけた時のことばの理解の程度や，子どもからの要求の出し方，話すことばの使い方，人とのかかわり方等が観察のポイントとなる。遊びの中での観察や子どもとのかかわりを通して，単純にことばの習得が遅れているのか，ことばを適切に使用できないのか等を把握することが重要となる。語彙の理解については「絵画語彙発達検査」を使用したり，必

要に応じて，保護者の同意を得て発達検査や個別知能検査を行うことも考えられる。知能検査の結果に大きな問題がなければ，環境要因による言語障害や特異的な話しことばの遅れが考えられる。問題があれば知的な面の遅れも考えられるため，単にことばの問題だけでなく，全体的な発達を促すことが大切となる。

**(2) 指導における配慮事項**

　言語障害特別支援学級や通級指導教室では，子どもの興味・関心に即した自由な遊びや会話等を通して，担当教員との好ましい関係をつくり，子どもの気持ちに寄り添いながら，それぞれのペースに合わせて正しい発音や楽に話す方法を指導していく。個別指導が中心だが，時にはグループ指導も組み入れて，楽しみながら学習できるようにしている。

　「構音障害」での指導は，聴覚を活用する指導，構音の指導のほか，心理療法も必要とされる場合がある。「吃音」は，ことばのリズムの障害だが，一次性吃音（自分のことばについて意識していない）と二次性吃音（意識している）に分けられる。初期の吃音は，まず家族の態度や言語環境の改善を図り，遊戯療法を行うこともある。二次性吃音では，症状改善のための指導と心理療法を組み合わせて実施していく。「声の障害」は，声の高低，大小，抑揚，質の異常として現れる。指導は，発声の練習，聴覚の利用や，ときには心理療法も有効といわれている。「口蓋裂」では，声が鼻に抜けたり，喉を締めつけるような声になる。指導は，聴覚の活用による練習や呼吸・構音の練習が重要といわれている。「言語発達の遅れ」は，知的な遅れ，情緒障害，環境的な要因などから生じる。指導は，言語発達の促進，感覚・運動機能向上の指導，生活面での指導などを総合的に行う必要がある。また，タブレットパソコンをはじめICT活用をした指導をすることで，できた・わかった体験を重ねることも大切といわれている。

　このように，言語障害者への指導は，言語障害の改善という主となる目標をもつが，それは単にことばの異常や問題点だけを扱うものではなく，友だちや他者とのコミュニケーション関係，人間関係の調整も含み，学校教育のすべての領域と密接な関連のもとに実施する必要がある。したがって，対象となる子どもの在学する通常の学級の担任の配慮も必要といわれている。そして，学習を通して身につけたことを生活の中で定着できるようにしていく。出会った子どもを担当教員がどのように見て，どのように捉えて，指導を組み立てていくかが重要となる。

## 引用・参考文献

Denes, P.B., & Pinson, E.N.（1963）. 切替一郎・藤村靖（監修）　神山五郎・戸塚元吉（訳）（1996）.『話しことばの科学』東京大学出版会

独立行政法人国立特別支援教育総合研究所（2014）.『ことばの遅れを主訴とする子どもに対する早期からの指導の充実に関する研究―子どもの実態の整理と指導の効果の検討―』

独立行政法人国立特別支援教育総合研究所（2015）.『「ことばの教室」ことはじめ』

加藤正子・竹下圭子・大伴　潔（編著）（2012）.『特別支援教育における構音障害のある子どもの理解と支援（シリーズきこえとことばの発達と支援）』学苑社

小林宏明・川合紀宗（編著）（2013）.『特別支援教育における吃音・流暢性障害のある子どもの理解と支援（シリーズきこえとことばの発達と支援）』学苑社

文部科学省初等中等教育局特別支援教育課（2013）. 第3編Ⅵ言語障害『教育支援資料―障害のある子供の就学手続と早期からの一貫した支援の充実―』http://www.mext.go.jp/component/a_menu/education/micro_detail/__iicsFiles/afieldfile/2014/06/13/1340247_11.pdf（2016年4月アクセス）

# 11章 情緒障害者に対する教育的支援

高木 潤野

[キーワード]
場面緘黙
ICF
生態学的アセスメント
不安障害
環境因子

本章では，代表的な情緒障害の一つである「場面緘黙(選択性緘黙)」に焦点を当て解説する。まず，情緒障害の定義を確認した後，ICFの視点から捉えることの重要性を指摘する。次に，情緒障害を対象にした特別支援学級及び通級による指導における発展の経緯と現状について説明する。さらに，場面緘黙について取りあげ，最近の知見や教育的支援の考え方，今後の課題について解説する。場面緘黙は古くからその存在が指摘され，特殊教育の時代から特別な教育的支援の対象とされてきた。しかしわが国における場面緘黙に対する関心は必ずしも高いとは言えず，学校教育現場における理解も充分ではない。本章では特に，アセスメントに基づいた支援計画作成の重要性について指摘する。

## 11-1 情緒障害とは

### (1) 制度上の定義

「情緒障害」は学校教育制度において分類上使われる用語であり，「状況に合わない感情・気分が持続し，不適切な行動が引き起こされ，それらを自分の意思ではコントロールできないことが継続し，学校生活や社会生活に適応できなくなる状態をいう」と定義されている(文部科学省, 2013a)。情緒障害という障害や病気が存在するわけではなく，その対象も明確ではない。学校教育関連法規では，特別支援学級について規定した学校教育法第81条の2には情緒障害はなく，「障害のある児童生徒等に対する早期からの一貫した支援について(通知)」(25文部科初等756号 2013年10月4日)において特別支援学校の就学対象者として「キ　自閉症・情緒障害者　(略)二　主として心理的な要因による**選択性かん黙**等があるもので，社会生活への適応が困難である程度のもの」が挙げられている(下線は筆者)。また通常学級に在籍する児童・生徒への特別の教育課程について規定した学校教育法施行規則第140条において「三　情緒障害者」が挙げられている。学習指導要領に関しては，特別支援学校の教育要領・学習指導要領の本文には情緒障害についての記載はなく，学習指導要領解説の自立活動編及び総則等編の中にその名称が数ヵ所登場するのみである。「教育支援資料」では「その障害により，社会的適応が困難となり，学校などで集団活動や学習活動に支障のある行動上の問題を有する子供であり，主として心理的な要因の関与が大きいとされている社会的適応が困難である様々な状

態を総称するもので，<u>選択性かん黙，不登校，その他の状態</u>(重症型のチックで薬物療法の効果が見られない事例など)の子供である」と説明されており，「選択性かん黙[注1)]」の他に「不登校」等も含む概念であることがわかる(下線は筆者)。

### (2) ICFからの理解

場面緘黙も不登校も表に出てきた現象面に注目した呼び名であるが，適切な教育的支援のためには，現象面だけでなく背景にあるものを丁寧に把握することが求められる。その際，「情緒」という語から「話せないのはこの子の心の問題だ」「学校に行けないのはこの子の情緒に問題がある」というような捉え方もされかねないが，これらを個人内の情緒の問題にだけ結びつけることには慎重でなければならない。そこで場面緘黙や不登校について理解を深めるために，情緒障害をICFの視点から考えてみたい(概念図は8章の図8-1参照)。

前項で述べた情緒障害の定義は，「①状況に合わない感情・気分が持続し」，「②不適切な行動が引き起こされ，それらを自分の意思ではコントロールできないことが継続し」，「③学校生活や社会生活に適応できなくなる状態」という3つの要素に分解することができ，これらはそれぞれICFにおける「①心身機能・身体構造」，「②活動」，「③参加」に対応させることができる。ICFは医学モデルと社会モデルの統合モデルであることと，各要素間の相互作用を重視することを大きな特徴とする。統合モデルの点からは，上記の定義は医学モデルに偏った見方であり，社会モデルの要素が不足していることがわかる。情緒というのは個人内の問題ではなく，喜びや悲しみ，恐怖といった感情には何らかの対象が存在する。情緒障害は環境因子の影響を受けやすく，様々な社会的障壁が存在する。また相互作用モデルという視点から，構成要素間の矢印の向きにも注目する必要がある。①感情・気分→②不適切な行動の継続→③学校等での不適応状態，という因果関係は一見もっともらしいが，不適応状態であることは反対に感情や気分にも影響を与える。さらに，長期的な不適応状態は，人間関係のような環境因子や，その人の生き方といった個人因子にも影響する。

## 11-2 発展の経緯

情緒障害に対する通常学級以外の主な教育の場として，特別支援学級(自閉症・情緒障害)及び通級による指導(情緒障害)の2つが挙げられる。いずれも特別支援教育への制度転換以前から，特殊教育の対象として位置づけられてきた。

(1) 特別支援学級

　情緒障害は従来より特殊学級(現在の特別支援学級)の対象とされてきたが，「障害のある児童生徒等に対する早期からの一貫した支援について(通知)」の前身に当たる「障害のある児童生徒の就学について」(14文科初第291号2002年5月27日)では，情緒障害の説明は以下の通りであった。「キ　情緒障害者　一　<u>自閉症又はそれに類するもの</u>で，他人との意思疎通及び対人関係の形成が困難である程度のもの　二　主として心理的な要因による選択性かん黙等があるもので(以下略)」(下線は筆者)。つまり従来は情緒障害概念の筆頭に「自閉症」が挙げられていたことがわかる。これに関してはその後，「『情緒障害者』を対象とする特別支援学級の名称について(通知)」(20文科初第1167号　2009年2月3日)において，「在籍者数などの実態を踏まえ」，名称を「情緒障害者」から「自閉症・情緒障害者」に変更するという修正が施されている。つまり，自閉症・情緒障害者のうちの後者が「二」の「選択性かん黙等」に対応することになる。

　なおこの修正は，自閉症を含む従来の「情緒障害」を，「自閉症」と「情緒障害」という別々の学級に分けたものではないことに留意が必要である。あくまで，自閉症児童・生徒の在籍数が多いという実態を踏まえた名称の変更に過ぎず，両者に同じ場で対応することには変わりがない。自閉症スペクトラム障害(ASD)に有効な配慮や支援は必ずしも場面緘黙や不登校の児童・生徒にとって有効であるとは限らず，同じ学級で支援を受けることが有効というエビデンスも存在しない。自閉症・情緒障害特別支援学級という分類の在り方には検討の余地がある。

(2) 通級による指導

　通級による指導については，学校教育法施行規則第140条が根拠となる。通級対象児童・生徒数としては情緒障害が主訴の者は全体の1割程度であるが，従来から対象として正式に位置づけられており，歴史としてはLDやADHDよりも古い。通級に関しても，「障害のある児童生徒の就学について」では「一」として「自閉症又はそれに類するもの」を含んでいたが，「通級による指導の対象とすることが適当な自閉症者，情緒障害者，学習障害者又は注意欠陥多動性障害者に該当する児童生徒について(通知)」(17文科初第1178号2006年3月31日)により自閉症とは明確に分けられ，情緒障害のみを対象とした教室として設置されることとなった。

　場面緘黙については言語障害を対象とした教室で指導を受けるケースについても指摘しておきたい。同通知では「通級による指導を担当する教員は，(略)<u>当該教員が有する専門性や指導方法の類似性等に応じて，当該障害の種類とは異なる障害の種類に該当する児童生徒を指導することができる</u>」とされている(下線は筆者)。つ

まり，担当者の専門性によっては言語障害通級でも指導を行うことが可能である。場面緘黙の背景には言語障害や何らかのことばの問題が関わっていることが多く，言語障害通級による指導を可とするのは妥当であると言える。

## 11-3　場面緘黙の理解

　情緒障害には主として場面緘黙と不登校が含まれることを述べた。不登校については書籍も多いため，本節ではこのうち場面緘黙について取り上げる。

### (1)　場面緘黙とは
　場面緘黙は，話す力があるにも関わらず学校等の特定の社会的な状況で話せなくなってしまう状態である。中核的な症状は「話すことができない(＝緘黙)」ことであるが，これは表面に出てきている部分に過ぎない。話すという極めて当たり前の行為ができないことは奇異に感じられやすく，「話すことができない」ことこそが問題であると捉えられてしまう。しかしその背景には様々な問題があり，それを無視して「話すこと」だけに注目していると介入方法を誤ることになる。症状も多様で，話すことができる状態から，かなり抑制される状態，全く話せない状態まで存在する。また話すこと以外は問題なくできるという場面緘黙児は稀であり，表情や発話以外のコミュニケーション，書字や運動，食事や排泄も抑制されることがある。どのような条件(相手，場所，活動，等)で何がどの程度抑制されるかは個々に異なる。このように背景も症状も多様であるため，適切な支援や介入も一人ひとり異なる。以前担当した場面緘黙児に有効だった方法が目の前の子に有効であるとは限らず，常に多様性があることを念頭においておく必要がある。

### (2)　診断基準と発現に関わる要因
　場面緘黙は医学的には「不安障害(不安症)」に分類される。1990年代より不安障害との関係を指摘する研究が相次ぎ，本質的には不安障害であるという見方が強くなった。DSM-5における「選択性緘黙」の診断基準は表の通りである。
　発現率については研究によって数値が異なるものの，概ね0.2％程度である。場面緘黙の研究は海外のものがほとんどであるが，わが国の最近の研究では人口約153万の神戸市における全公立小学校166校を対象とした悉皆調査を行った梶・藤田(2015)によると，77,607名のうち場面緘黙児童は118名で出現率は0.15％であった。500〜700人に1人と考えれば，大きめの小学校に1名程度であると言える。もちろん複数名の場面緘黙児が在籍している学校も珍しくない。男女比では

表11-1 「選択性緘黙」の診断基準(DSM-5)

A. 他の状況で話しているにもかかわらず，話すことが期待されている特定の社会的状況(例：学校)において，話すことが一貫してできない．
B. その障害が，学業上，職業上の成績，または対人的コミュニケーションを妨げている．
C. その障害の持続期間は，少なくとも1ヶ月(学校の最初の1ヶ月だけに限定されない)である．
D. 話すことができないことは，その社会的状況で要求されている話し言葉の知識，または話すことに関する楽しさが不足していることによるものではない．
E. その障害は，コミュニケーション症(例：小児期発症流暢症)ではうまく説明されず，また自閉スペクトラム症，統合失調症，または他の精神病性障害の経過中にのみ起こるものではない．

出典）髙橋三郎・大野裕監訳(2014)

1：1.5 程度の割合で女児に多いことが知られている。

　場面緘黙の背景には強い不安や恐怖が関わっていると考えられているが，その対象や感じ方は様々である。集団が怖い，視線が怖い，話したことに対する相手の反応が怖いというように対象が明確である場合もあるが(恐怖)，明確な対象は存在しないこともある(不安)。「社交不安障害」「全般性不安障害」「特定の恐怖症」等のその他の不安障害の併存も多いことが海外の研究では指摘されている。

　また場面緘黙発現に寄与する諸要因として，抑制的な気質，ASD，言語障害や言語能力，知的能力，等が指摘されている。抑制的な気質とは，目新しい人々やものに対する警戒心である「行動抑制」や，過度に人目を気にしてしまう「シャイネス」といったものである。多くの乳幼児にみられる「人見知り」もこのような気質の現れであって，これらは特に病的なものではなく，多くの子どもに自然にみられる傾向である。抑制的な気質がすぐに場面緘黙状態の発現につながるわけではないが，その他の因子との相互作用やきっかけにより，場面緘黙状態となる可能性がある。

　ASDについては，わが国の研究では場面緘黙児の3割程度に存在する可能性が指摘されている。両者の関係について充分な研究が行われているわけではないが，ASDの症状の一部や二次的な障害として緘黙状態になっている者と，ASDのように見えているだけでASDではない(誤診されている)者が存在すると考えられる。前者は，ASDの症状として人との関わりそのものを避ける傾向や人と話すことに必要性を感じない(ように見える)ことから緘黙状態になっている場合がある。この場合，本質的な問題はASDにあり，ASDのない場面緘黙児と比べて支援や介入の目標そのものが違ってくることになる。また，人との関わりを避ける傾向はなく，むしろ話したい，人と関わりたい気持ちはあるものの「どうやって友だちをつくったらよいかわからない」「悪気はないのに相手を傷付けることを言ってしまう」といったソーシャルスキルの問題から緘黙状態になっている場合もある。一方，後者

のようなケースが存在するのは，緘黙状態児は視線が合いにくかったり身体に不自然な緊張があるというような ASD 様の症状がみられることから起こりうる。アセスメントにおいては学校や病院だけでなく，その子の本来の姿の観察(ほとんどの場合は家庭での様子の観察)が必須となる。

　言語障害(吃音等)や言語能力の問題が場面緘黙児の半数程度に見られることも海外の研究で指摘されている。近年，言語障害と不安障害との関係も指摘されており，両者の併存を 14 年間縦断的に調査した研究では言語の障害のある者の 26.7% には何らかの不安障害の発症がみられたという。このようなことばの問題が関わっている場合，コミュニケーション方法の工夫が求められる。例えば，文を組み立てる力が弱い子に対して話す内容をまとめたり紙に書いたりする時間をとるといった支援や，筆談等の代替的なコミュニケーションの使用が挙げられる。

　知的能力との関係については十分な研究が行われていないものの，臨床的には軽度の知的障害を伴う場面緘黙児に出会うことは多い。知的障害に伴う言語障害や言語発達の遅れ，知的能力の低さが話すことの抑制につながっている可能性が考えられる。家庭内での会話では，自然とその子の能力に合わせて会話の内容や速さが調整されるが，学校等の社会的状況では集団のペースが重視される。状況の認知や文を組み立てる力，その他コミュニケーションにおいて要求される様々な能力に弱さがあれば，会話の流れに乗って話すことが難しくなるかも知れない。知的障害のある場面緘黙児に限った話ではないが，話せるまでゆっくり待つといったコミュニケーション上の基本的な配慮が求められる。

### (3) 環境因子の影響

　場面緘黙を理解するためには，個人内の問題だけでなく「社会モデル」の視点からの考え方が不可欠である。「障害」とはその人が生活している人的・物理的等の環境との相互作用から生じるものであり，医学的問題の解決や改善だけでなく，社会的障壁に対する介入も求められる。家庭では話すことができるにも関わらず学校等の社会的状況で緘黙状態になってしまうとしたら，環境こそがその子を場面緘黙にしてしまっているという捉え方も可能である。もちろん場面緘黙児の存在する環境がすべて不適切であるということではない。多くの子たちは安心して過ごせているような環境であっても，過度に不安や恐怖を感じやすい子にとっては社会的障壁になってしまうかも知れない。大切なのは，アセスメントや介入を考える視点として，環境因子にも注目するということである。

　場面緘黙に関わる環境因子として，学級・学校，担任その他の教師，クラスメイトや友人関係等が挙げられるが，特に人的環境の影響は大きい。クラスメイトから

「話さない子」と見られてしまうことが原因で余計に話せなくなってしまう場合がある。また緘黙状態で友だちができづらいことから、余計に孤立してしまうこともある。反対に、クラスに理解して支援してくれる人が多い環境であっても、居心地が良すぎると本人の中での「話せないと困る」「話したい」という気持ちが育ちにくくなることがある。

## 11-4　場面緘黙のある子への教育的支援

### (1)　コミュニケーションの取り方

　意に反して発話を強制することは避けなければならないが、コミュニケーションは積極的にとることが求められる。河井・河井(1994)は社会的場面での行動を「動作・態度表出」、「感情・非言語表出」、「言語表出」という階層構造で説明している(図11-1)。第3の水準である言語表出が可能であるためには、その基礎となる感情・非言語及び動作・態度が表出できていることが前提となる。話しことばが表出できるためには、感情の表出や非言語でのコミュニケーションが充分にできていなければならない。

　話しことばでのやりとりは困難でも、連絡帳や交換日記、メールといった文字を用いた方法が可能なことは多い。ただし、教室でのリアルタイムの筆談は、周りの目を気にして嫌がることもある。文字でのコミュニケーションが難しい場合は、絵しりとりや、ことばを用いないゲームも有効である。電話や録音した音声など可能な方法は子どもによって異なる。いずれにしても話しことばにこだわらずその子にあった方法を柔軟に選択することが必要である。

　代替的な手段の活用に関して、「メモ帳を持ち歩くとそれに甘えてしまいかえって話さなくならないか」のような心配が聞かれることがある。これは「浮き輪を使っていると泳げるようにならないのではないか」というのと同じで、浮き輪で楽しくプールで遊べていれば泳ぐ練習をしてもいいかも知れないが、水が怖くて泣い

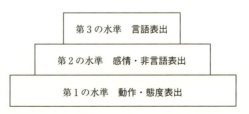

図11-1　社会的場面におけるコミュニケーションが成り立つための階層構造
出典）河井・河井(1994)

ている子をプールに放り込んでも泳ぎは上達しない。話す以外では十分なコミュニケーションができているなら代替的な手段の使用を減らすことを検討してもよいが，最も重視すべきなのはコミュニケーションがとれることである。コミュニケーションは信頼関係を形成する必要不可欠な手段でもある。

### (2) 教育的支援の基本的な考え方

①**本来の力を発揮できること**：場面緘黙児への教育的支援は，話す力を身につけるトレーニングではない。「場面緘黙＝話さない」と思われがちであるし，学校で話せない様子からは話している姿を想像することも難しい。しかし多くの場面緘黙児は家庭でよく話している。つまり本来「話せる子」であり，その本来の力が学校等の社会的状況で発揮できなくなってしまっているのが「場面緘黙」なのである。場面緘黙児への教育的支援は，「新しい力を身につけること」ではなく，本来持っている力を様々な場面で発揮できるようにすることである。

②**関係者間の連携**：場面によって見せる姿が異なるという場面緘黙の特性から，関係者間の連携が不可欠となる。学校での様子だけではその子のことを正しく知ることはできないし，介入にあたっても家庭との協力は不可欠となる。場面緘黙児にとって学校は話せない場所であり先生は話せない相手であるから，話せない場所で話せない相手と練習をしても，話せるようにはなりにくい。家庭と連携し，「保護者と二人で教室で話す」「家にその友だちを呼んで遊ぶ」といった方法をとることが多い。

③**安心できる環境の配慮**：不安障害は困っていることが見えにくく適切な支援や配慮がわかりづらい。担任が大声で他の児童を叱責することやクラスの中でのいじめや暴力には，どの子も不安や恐怖を感じやすい。さらに子どもによっては「男性が苦手」「声の大きい人は怖い」というような過度の恐怖心や，「教室に入るとみんなが自分の方を見る」「クラスメイトに悪口を言われているように感じる」といった恐怖症に近いものもある。保護者を通じた本人からの聴き取りなどを通じて，安心できる環境を整える必要がある。

④**本人の意思の尊重**：「クラスの生徒に説明した方がよいか」「音読や日直は飛ばした方がよいか」「話すきっかけを作ってもよいのだろうか」のように，支援方法の判断に迷うことがある。このようなときは本人の意思の確認が求められる。「自分は学校で話せない」という認識はほとんどの場面緘黙児が明確に有しており，してほしくないことやしてほしいことについての思いもある。保護者や信頼関係の形成された大人が，本人の意思を確認することが大切である。

## (3) アセスメントと支援計画の作成

アセスメントとは単なる情報収集ではなく，収集した情報を分析して意味のある意思決定を行うことである。情報を多面的に収集し，「次にできるようになりそうなことは何か」「そのためにはどのような支援や介入が必要か」を検討する。

知能検査等の心理検査よりも，生態学的アセスメントの視点から，家庭や学校での姿や，その子をとりまく環境との相互作用を丁寧に把握することが大切である。生態学的アセスメントにあたっては，ICF の視点が有効である。

①健康状態・心身機能：医療的な情報や，不安・恐怖や認知機能，言語能力等について，その子の緘黙状態に影響のありそうな情報を収集する。不安・恐怖については，「教室の集団が苦手」「大人の男性だと緊張する」のような苦手な場面を把握するだけでなく，安心して過ごせる場面も把握しておくとよい。認知機能については，知的発達の遅れと自閉症スペクトラム障害の有無を詳細に検討しておく。ことばの発達の遅れや言語障害は気づきにくいので，家庭での発話も参考にする。

②活動・参加：場面によって異なる姿を見せるため，家庭と学校の様子はそれぞれ別に把握する。家庭での姿(話す様子，家族とのコミュニケーションのとり方，遊び方等)はめざすべきゴールを考える際に必要となる情報である。学校では表情も出せないのに家に帰るとずっとしゃべり続けている子もいるし，家でも無口な子もいる。もともと大人しい性格で家庭でも無口なら，その子が誰とでも饒舌に話すようにはならないだろう。

発話やコミュニケーションの相手，場所，状況等についてはできる限り詳細に把握する。「A さんと B さんに対しては，お昼休みにはその子たちだけが教室にいるときなら会話をしている」「下校中に C さんと二人きりになるときは聞かれたことに声で返事をしている」というような情報がわかっていれば，そこから具体的な支援計画を立てることができる。

③環境因子：仲の良い友だちやその他のクラスメイト，担任，その他の教師といった様々な人との関係についての情報は，話せる相手や場所を広げるために不可欠である。また，学級や学校の様子といったその子をとりまく様々な環境についての情報も収集する。人間関係の固定化が緘黙状態を維持してしまっている場合，進学やクラス替えのような人間関係の変化を伴う環境の変化が活用できる。

④個人因子：本人の「～ができるようになりたい」「～になりたい」といった願いや気持ち(主体・主観)も把握する。話すことに限定せず，自分らしさや，進路や将来の姿をどう考えているかといった視点から検討するとよい。

個人因子を把握した上で，改めて「主訴」を明確にする。主訴は必ずしも話すことではなく，不登校や教室に入れないことが問題になっていることもあるし，修学

旅行や進路など直面している問題をまず解決したいという場合も多い。

⑤現在の状態の解釈：上記の情報をもとに，なぜ話せなくなってしまうのか，どうしたら話せるようになりそうかを推測する。場面緘黙状態になった原因よりも，現在の緘黙状態を持続させている要因を推測することが大切である。不安や恐怖よりも，「話せない子」という周囲の目や，「話せなくても過ごせてしまうクラスの暖かい雰囲気」が場面緘黙状態を持続させてしまっている可能性もある。

場合によっては，話すためのきっかけづくりが必要になることがある。嫌がる子に無理矢理話させるようなことはあってはならないが，話さなくても済む環境が必ずしもよいものだとは限らない。「本人は話したいと思っているし，話せそうな気もするが，周りの目が気になりどうしても最初の一言が言えない」といった場合，本人ともよく相談して話すきっかけをつくることも選択肢になる。

⑥支援計画の作成と実行：本人の意志も十分考慮した上で目標に優先順位をつけ，取り組むべき目標を明確にする。支援計画作成にあたっては，ゴールまでの計画を最初からすべて立てるよりも，「次にできるようになること」を明らかにして，確実に達成してゆくことが大事である。また，「誰が，何を，いつするか」を明確にしておくことで，教育的支援を確実に進めることができる。

作成した支援計画は，適宜見直す必要がある。計画を立ててもそれが実行できないものでは支援計画とはよべない。子どもも保護者も教師も，現実的な制約の中で生活している。教師の仕事は多忙で毎日一人の子に時間を割くというのは容易ではないし，保護者が学校にくるのも毎日は難しい。現実の制約の中で誰が何をできるか，という資源を把握することも大事なアセスメントである。

## 11-5　場面緘黙をめぐる課題

場面緘黙に対する誤解や無理解は深刻な問題である。「わがままで黙っている」「話したいと思えば話すはず」といった誤解は未だ存在する。「大きくなれば話すようになる」という認識から「様子を見ましょう」という対応を取ってしまうケースや，専門の相談機関であるにも関わらず「場面緘黙はわからない」と断られてしまうこともある。その他「嫌がる子に母子分離を強制する」「話すことを強制する」「過度に叱責する」「話せないから成績評価の対象外にする」等の不適切な対応の事例は枚挙にいとまがない。これは学校側だけでなく保護者側においても起こりうることであり，正しい認識を広めることが急務である。

しかしこれは容易なことではない。そもそも，わが国においては場面緘黙研究そのものが十分に行われておらず，学校におけるエビデンスに基づいた介入方法も確

立されていない。海外の研究成果は積極的に取り入れるべきであるが，場面緘黙は環境因子の影響を強く受けるため，日本の学校教育制度の枠組みや学校生活の実態の中での研究が不可欠である。

　学校教育には，医学や臨床心理学と連携した実践・研究が求められる。不安障害についてはすでに膨大な研究の蓄積があり，認知行動療法のようなエビデンスの確立した治療方法も存在している。場面緘黙への適用についての研究は今後の課題だが，有効性が実証されるものと考えられる。一方これまで学校教育においては，不安障害はあまり馴染みのないものであり，医療機関で治すものとして認識されてきたのではないだろうか。しかし場面緘黙は学校で顕在化している問題であり，医療的なアプローチだけでは自ずと限界がある。エビデンスの確立した治療法を学校教育に導入するという視点や，学校以外で行われている場面緘黙の治療に学校が積極的に協力してゆく姿勢，それらを可能にするための学校と関係諸機関のこれまで以上の連携の促進が求められる。

　最後に，成人期の場面緘黙当事者の実態把握と介入も課題として挙げておきたい。インターネット，SNS等の普及により当事者からの情報の発信や相互の交流が活発になっている。重篤な症状を示す場面緘黙状態の成人当事者の存在も明らかにされてきたが，成人当事者がどの程度存在するのかも明らかになっていない。学齢期と比較してより複雑化・多様化している成人期の当事者への介入についても，場面緘黙支援・研究における重要な課題であると言える。

**引用・参考文献**

文部科学省初等中等教育局（2002）.「障害のある児童生徒の就学について」
文部科学省初等中等教育局（2006）.「通級による指導の対象とすることが適当な自閉症者，情緒障害者，学習障害者又は注意欠陥多動性障害者に該当する児童生徒について（通知）」
文部科学省初等中等教育局（2009）.「『情緒障害者』を対象とする特別支援学級の名称について（通知）」
文部科学省初等中等教育局（2013a）.「教育支援資料」
文部科学省初等中等教育局（2013b）.「障害のある児童生徒等に対する早期からの一貫した支援について（通知）」
梶　正義・藤田継道（2015）.　場面緘黙の出現率に関する基本調査(1)小学生を対象として．日本特殊教育学会第53回大会発表論文集
河井芳文・河井英子（1994）.『場面緘黙児の心理と指導―担任と父母の協力のために―』田研出版株式会社
久田信行・藤田継道・高木潤野・奥田健次・角田圭子（2014）．Selective mutism の訳語は「選択性緘黙」か「場面緘黙」か？　不安症研究，6(1)，1-3.
髙橋三郎・大野裕監訳（2014）.『DSM-5 精神疾患の分類と診断の手引き』医学書院

## 11章 情緒障害者に対する教育的支援

注1 「選択性緘黙」は「場面緘黙」とも呼ばれる。学校教育に関わる文書では「選択性かん黙」が用いられており、医学的な名称も「選択性緘黙」である。しかし「選択性」という語に関して、「当事者の意志で発語しないことを選択している」という誤解を与えかねないため、当事者や保護者、専門家の多くは「場面緘黙」の使用が適当であると主張している。また書籍や各メディア等においても「場面緘黙」が使用される傾向が強い。したがって本章では必要のある場合を除いて「場面緘黙」を用いることとする。

# 12章 自閉症スペクトラム障害者に対する教育的支援

高橋　彩

[キーワード]
自閉スペクトラム症／自閉症スペクトラム障害
DSM-5
ASDの特性
教育的支援
行動分析

本章ではまず，自閉症スペクトラム障害(Autism Spectrum Disorder；ASD)のある子どもたちの様子を捉えられるように，ASDの子どもたちにしばしば見られる特徴について概観した。さらに，広く用いられている診断基準である「精神障害の診断と統計マニュアル(Diagnostic and Statistical Manual of Mental Disorders；DSM)」が2013年にDSM-IVからDSM-5に改定されたことに伴い，変更された点について整理して述べた。次に，カナーやアスペルガーによるASDに関する初期の学術的報告やASDのある子どもたちの日本での教育における扱いの経緯など，ASDの発展の経緯を整理した。さらに，ASDの特性についてこれまでの研究で明らかになっている事項を生理・病理・心理の観点から概観した。最後に，あらゆる教育の場に含まれる可能性のあるASDのある子どもたちに対する教育を行うに際して，学校における指導のポイントや留意点，大事にしていきたい心構えについて整理した。

## 12-1　自閉症スペクトラム障害とは

(1)　自閉症スペクトラム障害のある子どもたちの特徴

自閉症スペクトラム障害(Autism Spectrum Disorder；ASD)は，社会性やコミュニケーションの発達の遅れ，限定された反復的な行動や興味を主たる特徴とする。また，「連続体」を意味する「スペクトラム(spectrum)」という言葉にも表現されているように，子どもの持つ知的能力や自閉的症状自体も重度のものから軽度のものまで幅広い状態を含んでいる。そのため，ASDのある子どもたちと一概に言っても，それぞれの子どもの実態は多様である。しかしながら，ASDのある子どもたちの特徴として一般的に挙げられるのは，以下のような事柄である。

a. 社会・コミュニケーション領域での特性

視線が合いにくい，名前を呼んでも呼ばれた方へ関心を向けない，人へのはたらきかけが少ないなどの特徴が発達の初期に見られることがある。また，要求行動は比較的容易に獲得できる一方で，自分が興味を持ったおもちゃなどを大人に提示し，注意を共有するような叙述的表現の獲得が遅れることがあると言われている。

重度の知的障害を伴うASDのある子どもであれば言語表出が限られ，意思伝達に困難さを示す。言語を流暢に話し，知的障害を伴わないASDのある子どもであっても，多義的に捉えられる表現や暗黙のルールを理解する，人と適切な距離を

とるというような事柄に困難さを示す場合がある。

さらに，他者が言ったことをそのまま反復する即時性エコラリア，過去に聞いたテレビコマーシャルなどのフレーズを口ずさむような遅延性エコラリアが見られることがある。

b. 限定された反復する行動や興味に関する特性

決まった手順(ルーチン)や物の配置に強いこだわりを示すことがある。例えば，毎日同じ道順で学校に行くことにこだわる，物がいつも同じ場所に置かれていないと落ち着かない，次の活動に移行すべき時間が来ても取り組んでいる遊びをやめられないなどの行動が見られることがある。さらに，スケジュールが突然変更されるといった想定外の変化に遭遇すると不安になりパニックを起こすなど，見通しの持ちにくさも見られる。

また，ある特定のアニメや特撮ヒーローのキャラクターに夢中になったり，電車やバスなどの乗り物の種類をたくさん覚えていたりと，興味の幅が狭くて深い傾向がある。興味の対象は子どもによって多様であり，乗り物，数字，文字，歴史，恐竜，電化製品などが例として挙げられる。興味の現れ方も独特であり，電車のおもちゃの車輪の動きを長時間にわたって観察したり，飽きることなく繰り返し同じ遊びをしたり，興味に関するあらゆる知識を本やテレビで情報収集して覚えるなどが挙げられる。

さらに，ASDのある子どもたちの一部にはサヴァン能力と呼ばれる，ある特定の領域において極めて優れた能力を示す子どもたちもいる。例えば，ある特定の日付を言われると瞬時にその日が何曜日か答えることができるカレンダー計算や，瞬時に見た物を記憶し，詳細に写実することができる優れたスケッチ能力などが挙げられる。

c. 感覚の過敏さに関する特性

大きな音やざわざわした人ごみの会話が苦手，ある特定の素材の服しか着ずにそれ以外の生地では嫌がる，特定の食べ物しか食べない偏食のような特性が見られることがある。また，ある感覚には過敏さを示す一方で，ある刺激には鈍感であるなど，アンバランスさが見られることもある。

d. 認知的な特性

同時にいくつかの情報を処理することに困難さを示すことがある。そのため，複数の指示や長い指示を一度に与えられると，どれから取り組んでよいのかわからなかったり，状況に一番関連する情報に選択的注意を向けることが難しかったりする。

また，ASDのある子どもたちは刺激の過剰選択性(stimulus over-selectivity)と呼ばれる傾向があると言われている。刺激の過剰選択性とは，刺激のごく一部の特徴

に注目し，他の刺激には注意を向けにくい状態である。例えば，あるASDのある子どもが人を弁別する際に，その人の顔ではなく眼鏡の有無によって弁別をするような場合である(Rieth, Stahmer, Suhrheinrich, & Schreibman, 2015)。このような特性から，ある特定の状況下で獲得したスキルが場所や人が変わると般化しにくいというようなことが起こりうる。

さらに，ASDのある子どもたちは一般的に聴覚的情報処理よりも視覚的情報処理が優れていると言われる。これは，聴覚的情報は形に残らず繰り返し参照することが難しいのに対し，視覚的情報は永続性があり何度でも振り返って参照することが可能であるためかもしれない。そのため，ASDのある子どもたちに何かを伝えようとするとき，言語的な指示に絵や写真などを添えて提示すると子どもたちにとって指示がわかりやすくなることがある。

(2) 診断基準の変遷

ASDの診断に用いられている診断基準の1つとして，アメリカ精神医学会による「精神障害の診断と統計マニュアル(Diagnostic and Statistical Manual of Mental Disorders; DSM)」がある。この診断基準は何度かの改定がされており，DSM-Ⅳでは，現在のASDに相当するものとして「広汎性発達障害(Pervasive Developmental Disorders; PDD)」という項目が設定されていた。そしてその中に「自閉性障害」「レット障害」「小児期崩壊性障害」「アスペルガー障害」「特定不能のPDD」というサブタイプが設定されていた。しかし，2013年にこのDSMが改定されDSM-5となった際，大きな変更点があった。まず，サブタイプの集合体としてのPDDが廃止され，「自閉スペクトラム症／自閉症スペクトラム障害」として一括されたことが挙げられる。また，サブタイプが廃止されたことに伴い，障害の重症度水準を3段階で表現するようになった。

さらに，ウィングの三つ組(①社会性の障害，②コミュニケーションの障害，③想像力の障害とそれに関連した常同的・限定的な行動)を基にした従来の診断基準での①社会性の障害と②コミュニケーションの障害は明確な区別が難しいとされ，DSM-5では「社会的コミュニケーション障害」と「常同的・限定的な行動(Repetitive Restrictive Behaviors; RRBs)」の2項目となった。そして，RRBsの領域には新たに知覚過敏が加えられた。

その他にもDSM-5においてはASDに関して重要な変更点があった。例えば，原因遺伝子が発見されたレット障害はASDから除外されたこと，3歳以前に症状が存在することが必須であるという年齢の縛りがなくなったこと，ADHDとの併存診断が可能になったこと，社会的コミュニケーションには障害が認められるが，

RRBs の症状が診断基準を満たさない場合は「社会的(語用論的)コミュニケーション症」として評価されるようになったことなどが挙げられる(土岐，2014)。

## 12-2　発展の経緯

### (1)　初期の学術的報告

　現在，「自閉症スペクトラム障害」と呼ばれている症例が学術的文献で最初に報告されたのは1940年代のことである。1943年，アメリカのジョンズ・ホプキンス大学の児童精神科医であるカナー(Kanner, L., 1894-1981)が論文を発表し，その中で「autistic」という用語を用いた。この言葉は元々，ブロイラー(Bleuler, E.)が統合失調症の「自分以外の外界との関わりを遮断する」症状を記述するのに用いた造語であるが，その起源をたどればギリシャ語の「autos-(自己)」に行き着く(Frith, 2003 富田・清水・鈴木訳，2009)。カナーの報告では社会的孤立や特異なコミュニケーション，自分の持つルーチンへの没頭などが報告されており，このような特性を究極化された自己，外界を遮断した自己への没頭として表現するためにこの用語を用いたと考えられる。また，カナーの症例の子どもたちは知的障害を伴っていたことから，知的障害を伴った ASD をカナータイプと呼ぶこともある。カナーの報告の翌年にはウィーン大学のアスペルガー(Asperger, H., 1906-1980)が知的障害を伴わない ASD の症例を発表した。これは，DSM-Ⅳにおいて広汎性発達障害のサブタイプであったアスペルガー障害に該当するものである。しかしながら，アスペルガーの論文はドイツ語で書かれており，さらには第二次世界大戦の最中に発表されたため，当時はあまり注目されなかった。その後，イギリスのウィング(Wing, L.)らがアスペルガーの報告を紹介し，アスペルガーの業績が世に知られることとなった。

　カナーによる報告から1960年代頃まで，ASD の病因は母親の愛情不足によるものであるという見解が流布した。このことによって ASD をもつ子どもの母親はしばしば「冷蔵庫マザー」という，愛のない母親というレッテルを貼られ，偏見の目を向けられた苦しい時代があった。しかしながら，今では病因を母親の愛情不足に帰するのは誤りであり，脳の中枢神経系の機能障害によって引き起こされるものであるということが明らかになってきている。

### (2)　日本における自閉症スペクトラム障害の子どもたちに対する教育

　日本では1952年に鷲見たえ子によって最初の学会報告がなされたとされている。自閉症の存在が注目を浴びるようになるにつれ，教育界でも自閉症児の就学や教育

が重要な課題として取り上げられるようになった。その結果,「自閉症児親の会」や「全国情緒障害教育研究会」が発足した。そして,1969年に最初の情緒障害特殊学級(当時)が設立された(大南,2005)。それ以降,情緒障害特殊学級は,自閉症に加え,選択性かん黙,不登校などの児童生徒を対象とする学級として定着していった。このように,自閉症は現在では脳の中枢神経系の機能障害に起因するものとされているにもかかわらず,教育の中では選択性かん黙,不登校などの心因性の要因の障害と同じ「情緒障害」というカテゴリーとして扱われてきた。しかし,2009年に出された「「情緒障害者」を対象とする特別支援学級の名称について(通知)」において,学級の名称が「自閉症・情緒障害特別支援学級」と改められたり(文部科学省,2009),2006年に通級による指導の対象者が「情緒障害者」から「自閉症者」と「情緒障害者」と規定されたりというような動きもある(文部科学省,2006)。

また,1979年に養護学校義務制が実施される以前,知的障害を伴うASD児への教育は情緒障害特殊学級のほかに,精神薄弱特殊学級(当時)や精神薄弱養護学校(当時)においても行われていたようである。全国情緒障害教育研究会の「学校における自閉児指導」の中では,「養護学校教育の義務制が実施される以前,自閉児は,主として情緒障害特殊学級で教育を受けていたが,知的障害を併せもつ場合には,その程度により,精神薄弱特殊学級や精神薄弱養護学校で教育を受けている場合もあった(大南,1994,p.7)」と記述されている。また,情緒障害学級養護学校義務制の開始前には多数の就学猶予・免除者がいたが,この中にも一定数の自閉症児が含まれていたものと予想される。

## 12-3　生理・病理

前述したように,初期にはその障害を養育の問題などに帰属する考え方がされていた。しかしながら,研究の進展に伴い,ASDの症状は脳の器質的な障害に起因するものであるということがしだいに明らかとなってきた。脳のどの部位に器質的な障害があるのかについては,扁桃体や海馬などの辺縁系や内側眼窩前頭皮質や下前頭回などの前頭葉に灰白質体積の減少や細胞の縮小と密度の増加などの微細構造異常があること,右側頭頭頂接合部や上側頭溝の活動低下が見られることが報告されている(乾,2015)。

また,心理学や神経科学の分野からはASDの特性について説明を試みいくつかの有名な仮説が提唱されている。まず,サリー・アン課題(**表12-1**)に代表される誤信念課題によって測定される「心の理論(theory of mind)の障害仮説」(Baron-Cohen, Leslie, & Frith, 1985)である。心の理論の障害仮説では,ASDのある子ど

**表 12-1　サリー・アン課題のシナリオ**

サリーとアンという 2 人の女の子がいました。サリーはカゴを持っていました。アンは箱をもっていました。サリーはビー玉をもっていて，それを自分のカゴの中に入れておきました。そしてサリーはそのまま外に出かけました。アンは，サリーがいない間に，サリーのビー玉を自分の箱の中に移しました。サリーは外から戻って来て，ビー玉で遊ぼうとしました。サリーがビー玉を探すのはどこでしょう？(Frith, 2003 富田・清水・鈴木訳 2009, p.161 を参考)

もたちの他者の心情や意図の読み間違いや理解のしにくさは心の理論がうまく働いていないからであるとされる。

　表 12-1 の質問の答えは「カゴの中」である。この質問に正しく答えるためには，「他者は自分の信念とは異なった信念を持つことがあり，その信念に基づいた行動をとることがある」ということを理解する必要がある。ASD のある子どもたちの一部にはこの課題の通過に困難を示すことが知られている。ただし，これらの誤信念課題の通過には言語能力が関連してくること，すべての ASD のある子どもたちが失敗するわけではなく，通過する子どもたちがいることも報告されている。

　上述した誤信念課題で困難さが見られることが報告されている一方で，ASD のある子どもたちが得意とする課題もある。ASD のある子どもたちは，部分に注目することを得意とする傾向がある。例えば，ASD のある子どもたちは「埋め込み図形課題(Embedded Figures Test)」やウェクスラー式知能検査の「積木模様(Block Design)」などの細部への注目が必要な課題で好成績をおさめる傾向があることが知られている。ASD のある者の示すこの傾向は，細部を全体として統合することの弱さに由来するものであるとし，「弱い全体的統合(Weak Central Coherence : WCC)仮説」(Happé & Frith, 2006)が提唱された。この細部への注目の得意さは広く知られた ASD のある子どもたちの認知スタイルの特徴である。その他にも，目的の達成のために行動を計画するプランニングや必要に応じて反応や方略を変更するスイッチングなどの能力を含む実行機能の障害，共感や模倣に深く関与すると考えられるミラーニューロンの障害など様々な観点から研究が行われているが，ASD の呈する障害について完全な説明を提供する単一の理論はないのが現状である。

　また，ASD はかつて非常に稀な疾患であったにもかかわらず，近年では 20 倍に診断が増加し，全人口の 1% が診断されるようになっている(Frances, 2013 大野・中川・柳沢訳, 2014)。このことに関して，フランセス(Frances, A.)は，増加の一因はレッテルの貼りかえにあるとしている。つまり，有病率の増加は自閉症的行動を示す人口そのものが増加したというわけではなく，障害の認知度が上がるにつれて診断事例が増えたこと，軽症例も診断されるようになったことなどが一因であると推測される。

## 12-4 自閉症スペクトラム障害のある子への教育

**(1) 自閉症スペクトラム障害のある子の教育の場**

これまでも述べてきたように，ASD は非常に広範な症例を含んでいることから，様々な教育の場に含まれる可能性がある。ASD のある子どもたちの教育の場としては以下のような場所が挙げられる。

①**特別支援学校**：ASD のある子どもたちのうち，知的な障害が比較的重い子どもたちの多くは知的障害特別支援学校にて教育を受けている。知的障害を伴う子どもたちの場合，知的障害に加え，ASD 特有の困難さ（見通しの持ちにくさやこだわり，コミュニケーションや社会性の障害）も有することから，このような特性にも配慮した指導内容が求められる。

②**特別支援学級**：ASD は小・中学校の特別支援学級（「自閉症・情緒障害学級」）の対象となる。特別支援学級の教育規定は基本的には小学校・中学校の学習指導要領に基づくが，特に必要のある場合には特別の教育課程によることができる。その際には特別支援学校の学習指導要領を参考に教育課程が編成される。

③**通級指導教室**：通級による指導では，小学校・中学校に在籍している障害のある児童生徒が，ほとんどの授業を通常の学級で受けながら，障害の状態に応じた特別の指導を特別の場で受けるという形態をとる。自閉症児も通級指導教室の対象とされており，言語障害に次いで通級による指導が行われている人数が多い（文部科学省，2016）。

④**通常の学級**：通常の学級にも特別な教育的ニーズのある子どもたちがいる。文科省の 2012 年の調査によると，学習や行動面で特別な支援が必要な子どもは，通常の学級に 6.5％ の割合で在籍していると推定される（文部科学省，2012）。その中にも ASD とされる子どもたちが一定数含まれており，通常の学級に在籍する特別なニーズのある子どもたちの支援環境の整備が必要である。

**(2) 自閉症スペクトラム障害のある子への教育的支援**

ASD のある子どもたちにはこれまで紹介したような行動的・認知的特性がある。ここでは，ASD のある子どもたちに対する教育的支援を考えていく際に留意しておきたいポイントについて述べていく。

**a. 子どもを知る**

ASD のある子どもたちの実態は一人ひとり異なる。さらに，子どもが日々抱える困難さは子どもの置かれている環境にも大きく影響を受ける。子どもの持つ特性を知能検査や発達検査から把握することに加え，子どもが置かれている状況などの

環境的な要因も含め，日々の様子から子どもの持つ能力を総合的に把握することが大切である。また，学校での様子だけでなく，家庭やその他の場所での様子など，家庭や関連機関と連携し，実体把握をすることが求められる。

　日常生活で改善していきたい特定の行動がある場合には行動観察によるアセスメントを実施することが考えられる。行動分析学の知見を取り入れた ABC 分析では，ある特定の行動に先行する事象および後続する事象を考えることによって，その行動を引き起こしている先行事象，その行動を維持している結果事象を探ろうと試みる。そして，そのアセスメントの結果から具体的な行動改善の手立てを立案していく。

　図 12-1 は A くんのエピソードに基づいた ABC 分析の一例である。この事例では，難しい課題という先行事象によって離席行動が引き起こされ，課題をしなくてもよくなる，先生と関わることができる，という結果事象によって離席行動が維持されていることが推測される。このような分析を通して行動の要因を推測していくことで，具体的な行動改善の手立てを考えていくことができるようになる。例えば，「わからないので教えてください」と教師に依頼する代替行動の指導をする，課題従事率を上げるために A くんの好きなキャラクターのマグネットを用いて足し算の問題を教えるなどの手立てが考えられる。

図 12-1　ABC 分析の一例

### b. 環境を調整する

　学びの環境を整えることは，ASD のある子どもたちが力を発揮して学習する機会を提供する一助となる。まずは，教室のような学ぶ場所の環境整備である。例えば，ASD のある子どもたちが学ぶ特別支援学校や特別支援学級では，活動を示すシンボルや活動場所の写真を添えたスケジュールを使い，行うべき活動が明確に子どもに伝わるような配慮がされている。子どもが活動を理解できる形で伝えることによって情報保障をし，子どもが安心して生活できる環境を作るのである。

　また，先述したように通常の学級にも ASD をはじめとする特別なニーズをもつ子どもたちが在籍している。指導をする教師には子どもたちのための配慮や工夫をしていくことが求められる。例えば，板書の情報量を工夫したり，掲示物の配置など学級の環境を改善したりすることが考えられる。この際に心に留めておきたいことは，最初から特別なニーズのある子どもだけを支援の対象とするのではなく，まずは学級全体への支援を行い，そこで困難さが改善されない場合には小集団指導，個別指導を行うというように，段階的な支援を行っていくことである。このように，特別なニーズをもつ子どものみに焦点を当てた個別支援というよりも，学級全体の子どもたちが利益を受けるような支援を早期に工夫して行うことで，インクルージョン環境の中でクラスメイトと共に学べる環境を整備することができる。さらに，このことがクラス全体の教育の質を底上げすることにもつながると考えられる。

### c. 伝え方を工夫する

　言語表出のある ASD のある子どもたちでも，あいまいなことばの理解には困難さを示すことが多い。例えば，「ちゃんと片付けようね」という指示を教師が出しても，「ちゃんと」ということばの意味が伝わらず，何を，どこに片付ければよいのかが子どもにうまく伝わらない場合もある。また，「〇〇してはだめ」と否定的な言い方をするよりも「△△をしよう」と具体的なやるべき行動や望ましい姿を具体的に伝えることによって，子どもに否定的な声かけをすることをなくし，良好な関係を築いていくことができるだろう。

　また，実行機能の弱さなどからも示唆されるが，ASD のある子どもたちは一度に複数の情報を処理することが苦手な場合がある。さらに，一度発せられたら形に残ることのない聴覚的な手段で複数の情報を伝えられると処理が難しいことが推測される。このため，子どもの知的能力や理解度に合わせて一度に伝える情報を調整したり，絵やシンボル，文字などの反復参照可能で注目しやすい手立てを用いたりというような工夫をすることも必要である。また，ASD のある子どもたちはルーチンのようなパターン化した作業に適性を示す傾向にある。そのため，課題の流れや作業手順に統一感を出すことで学習に取り組みやすくなるだろう。

### d. 日常生活の中での学びの機会を有効に活用する

生活の中にはたくさんの学びの機会が隠されている。教師はこれらの機会を逃さず，子どもの力が伸びる機会として有効に活用していく。例えば，教師が他者への要求（「～してください」と伝える力）を伸ばしたいと思っているある子どもがいるとする。その子はブランコ遊びが大好きで，教師がその子のブランコを高く押してあげるととても喜んだ。そこで，教師はブランコを押す手を緩め，子どもが要求（「ブランコしてください」ということばや要求を表す動作）をするのを少し待つ。子どもから要求の表出が出たらまたブランコを押し始め，子どもとブランコ遊びを再開する。これは，他者の媒介によって自分の強い望みがかなうという場面を捉えた，子どもの要求行動の指導の一例である。

このように，子どもの内在的な動機づけが高まっている機会を捉えて教師が媒介することで，子どもは他者の存在を意識し，他者と関わることが楽しいという経験を積んでいくことができる。さらに，子どもとの信頼関係も育んでいくことができるだろう。このような場面を確実に捉え，学びの機会として活かしていく工夫を大事にしていきたい。

以上，一般的に言われているものも含め，ASD のある子どもたちへの指導のポイントを述べた。しかし，ASD のある子どもたちの実態は多様である。子ども一人ひとりと向き合いながら，最善の指導を考えていくことが求められる。

## 12-5 自閉症スペクトラム障害をめぐる課題

ASD とは非常に広範な概念であり，多様な実態の子どもたちを含みうる。そのため，ある子どもに効果的であった指導の手立てが他の子どもには効果が見られないことも十分に考えられる。その際に教師は子どもと向き合い，他の教師や関連機関と連携しながら，子どもに最適な手立ては何かと模索し，子どもの育ちを支えていくことが求められる。そのためには，日頃からいろいろな実践にアンテナを張り，指導の引き出しを多く持つようにしておきたい。

引用・参考文献

Baron-Cohen, S., Leslie, A. M., & Frith, U.(1985). Does the autistic child have a "theory of mind"? *Cognition, 21,* 37-46.

Frances, A.(2013). *Essentials of psychiatric diagnosis : Responding to the challenge of DSM-5®.* New York：Guilford Press.（大野　裕・中川敦夫・柳沢圭子(訳)(2014).『精神疾患診断のエッセンス：DSM-5 の上手な使い方』金剛出版）

Frith, U.(2003). *Autism：Explaining the enigma, 2nd ed.* Oxford：Blackwell Publishing.（富田真紀・

清水康夫・鈴木玲子(訳)(2009).『新訂　自閉症の謎を解き明かす』東京書籍)
Happé, F., & Frith, U. (2006). The weak coherence account: Detail-focused cognitive style in autism spectrum disorders. *Journal of Autism and Developmental Disorders,* **36**, 5-25.
乾　敏郎（2015）．発生・発達する神経ネットワークと発達障害の機序．日本発達心理学会(編)『脳の発達科学』新曜社　pp.276-290.
文部科学省（2006）．学校教育法施行規則の一部改正等について(通知)
文部科学省（2009）．「情緒障害者」を対象とする特別支援学級の名称について(通知)
文部科学省（2012）．通常の学級に在籍する発達障害の可能性のある特別な教育的支援を必要とする児童生徒に関する調査
文部科学省（2016）．平成27年度特別支援教育資料
大南英明（1994）．養護学校教育の義務化と自閉児．全国情緒障害教育研究会(編)『学校における自閉児指導』日本文化科学社, pp.7-13.
大南英明（2005）．自閉症児の教育の現状と今後の展望．帝京大学文学部教育学科紀要, **30**, 1-17.
Rieth, S. R., Stahmer, A. C., Suhrheinrich, J., & Schreibman, L.(2015). Examination of the prevalence of stimulus overselectivity in children with ASD. *Journal of Applied Behavior Analysis,* **48**, 71-84.
土岐篤史（2014）．DSM-5の改訂と自閉症理解(特集自閉症スペクトラムの特性理解の新たな視点). 障害者問題研究, **42**, 100-106.

注　本章では，Autism Spectrum Disorderを表す呼称として，「自閉症スペクトラム障害」，略称として「ASD」という呼称を用いたが，話題としている年代や文部科学省において「自閉症」の呼称を使用している場合はその呼称に従い，用いることとした．

# 13章 重度・重複障害者に対する教育的支援

大沼 直樹

[キーワード]
信頼関係
興味
実態把握
自立活動
個別の指導計画
ICF

　本章では，重度・重複障害児(者)に対する教育的支援の在り方について，背景となる基礎知識及びA児の身体意識の形成を目指した実践例に即して考える。重複障害と重度・重複障害の概念，教育的支援について，教育活動と教育環境という観点からアプローチする。そして，実態把握の基本的姿勢と方法，自立活動の要点，個別の指導計画作成の手順や実践例を紹介する。教育的支援の核心は，信頼関係の醸成を前提に，①興味(interest)，ニーズに着目した教育内容・方法の多様性の承認及び，②学校内外の関係者との協力態勢にあると結論する。最後に，今後の課題と展望について述べる。

## 13-1　今，なぜ重度・重複障害児教育なのか

　わが国の重度・重複障害児教育の先導校であった国立久里浜養護学校が，2004年，筑波大学附属久里浜養護学校と名称を変更し，いきなり自閉症児の学校に特化され幕を閉じた。開校以来30年，総括されることなく，まさに青天の霹靂に等しい出来事であった。

　周知のように，教育は「個性を促す」，医療は「病気を治す」ところに主な役割がある。学校現場では現在も脳機能障害に制限され，医療的ケアを伴う子どもの重度・重複化，多様化が叫ばれ，集団での対応が極めて困難といわれる。

　重度・重複障害児は，中枢神経系の障害を原因とする「重症の脳の発達障害」として把握できる。その起因となる基礎疾患は多種多様であり，現在の医学では治療不可能といわれている。かれらは教育と医療のはざまに存在する。かれらが，現に義務教育の学校に在籍しているのであれば，障害特性に応じた教育活動及び医療等々の教育環境・条件の整備という二つの方面から，改めて吟味検討する必要があろう。それは，日本国憲法の「生存権」をも含め広い意味における教育の原点の探求に通じる。

　教育の原点は生命に対する畏敬である。世界の人権思想の流れの中で，日本国憲法の平和主義・基本的人権の尊重・国民主権に法的根拠を持つ重度・重複障害児の教育的支援の在り方について再考することは，重要な今日的課題といえよう。

## 13-2 重複障害と重度・重複障害の概念

　1956年の「公立養護学校整備特別措置法」の成立に伴い，従来の盲学校や聾学校のみならず，養護学校でも重複障害のある子どもを対象とした教育実践が行われるようになった(特殊教育，養護学校等，用語は当時の表記にしたがった)。

　重複障害とは，その原因や種類・程度の如何を問わず，単一障害を2つ以上併せ有する状態をいう。また，重複障害を有する子どもを「重複障害児」または「重複障害者」と呼ぶ。本格的に重複障害児教育が取り上げられたのは，1969年の「特殊教育の基本的な施策の在り方について」においてであった。

　本報告は「第1に，障害を二つ以上併せ有する心身障害児の教育については，…略…。第2に，児童福祉施設および医療機関内に入所している重複障害児の教育については…略…。第3に，重度の障害を二つ以上併せ有する盲聾唖の重複障害児については，…略…，国の段階において教育機関を設けるなど適切な措置を講ずること」と述べている。

　「特殊教育の基本的な施策の在り方について」を受けて，1971年に国立特殊教育総合研究所が創設され重複障害研究部が誕生した。同研究所と相互協力して教育研究を行うという目的のもと，1973年に国立久里浜養護学校が設置され，重度・重複障害児に対する実践が組織的に実施されるようになった。

　重度・重複障害児という用語が使用されるようになったのは，1975年「特殊教育の改善に関する調査研究会」(会長辻村泰男)が文部省初等中等教育局長に提出した「重度・重複障害児に対する学校教育の在り方について(報告)」においてであった。以下，原文のまま紹介する。

　「本報告でいう『重度・重複障害児』には，これまで『公立義務教育諸学校の学級編制及び教職員定数の標準に関する法律』等で定められている重複障害児(学校教育法施行令第22条の2に規定する―盲・聾・精神薄弱・肢体不自由・病弱―を2つ以上併せ有する者)のほかに，発達的側面からみて，『精神発達の遅れが著しく，ほとんど言語を持たず，自他の意思の交換及び環境への適応が著しく困難であって日常生活において常時介護を必要とする程度』の者，行動的側面からみて，『破壊的行動，多動傾向，異常な習慣，自傷行為，自閉症，その他の問題行動が著しく，常時介護を必要とする程度』の者を加えて考えた」(下線筆者)。

　このように，重度・重複障害とは，文字通り重度障害に重複障害をプラスしたものと解釈することができる。すなわち，標準法で規定する「重複障害」に「重度の知的障害」と「行動的障害」を加えたものと把握することができよう。

## 13-3 興味・ニーズに応じた指導・支援＝教育的支援

　常時介護を必要とし，集団生活や自力で競争社会を生き抜くことが困難な重度・重複障害児が暮らしやすい社会とはどのような社会なのか。そして，どのような指導・支援・教育的支援によって「生きる力」を育んでいけばいいのか。

　世界の人権思想を背景に，我が国の文部科学省と厚生労働省は「発達障害者支援法」(2005年)を施行し，障害の有無にかかわらず，共に学び，共に育ち，共に助け合う「共生社会」の実現を目指し，一体となって取り組むことを宣言した。そこでは，障害を社会との相対的概念と捉え直し，文化遺産の伝達や個人の可能性の開花という従来の教育的機能（教育権）に加えて，人権思想や，子どもの幸福の実現という福祉的機能（生存権）という新たな視点を提起したのである。

　確かに，明治以来の日本の教育方法において，支援(support)という発想はみられなかった。その意味において，特別支援教育における「ニーズ(needs)に応じた教育的支援」という新たな時代の幕開けを宣言したといえる。

　それではいったい指導・支援とは何か。筆者はデューイの指導論を踏襲し，指導(direction)とは，子どもの側に重心を置いた嚮導・受容(guidance)と教員の側に重心を置いた制御・ゆさぶり(control)の「弁証法的・機能的概念」として把握している（以下，「嚮導・受容」，「制御・ゆさぶり」は同義のものとして使用する）。

　現実の授業において，受容とゆさぶりの重心の置き方は，教師と子どもとの付き合いの程度（信頼関係），指導目的，内容，子どもと教師のタイプ等によって，それぞれ異なってくるものと想定される。問題は，受容と制御のどちらに重心を置いてかかわるかということである。その際，現実の指導場面での力関係において教師は権力者の立場にいるという自覚であり，同時に子ども目線に立つという謙虚な姿勢と細やかな配慮が前提となる。

　それでは，重度・重複障害児の場合，受容と制限のどちらに重心を置いたらいいのか。力関係を前提に，興味・ニーズに応じるという観点から，原則として子どもの側に重心を置いた受容的方法が適切といえる。したがって，第一に指導とは制御よりも受容に重心を置いた「弁証法的・機能的概念」と把握できる。一方，重度・重複障害児に対して，医師，看護師等々，様々な「職種・領域」の関係者が，子どもの気持ちに寄り添い，生命の安全と安心を願いながら環境的促進因子として支援する。したがって，第二に支援とは，物理的，医療的な意味における「領域的・構造的概念」と把握することができる。

　ここでは，便宜上，指導と支援を分けて説明したが，現実の問題として指導と支援を分けて論ずるのではなく，興味・ニーズに応じた「機能的概念としての指導」

と「領域的概念としての支援」との統一体，すなわち，指導・支援＝教育的支援と捉える必要がある。

一例を挙げると，教育と医療のはざまに存在する子どもに対して，かれらの立場に内在化しつつ，医療的観点から支援を展開し，かれらの健康や学力を促していく。「病気」だけではなく「病人」を診るのである。いわゆる「療育」の実体はここに存在する。単に子どもの病気の治療やお世話をするという意味ではない。たとえ超重度といわれる子どもであれ，多少なりとも「内的葛藤・思考の場」を意図的・計画的に設定してかかわるという点が重要なのである。その子なりの「内的葛藤・思考」は，「生きる力」「自己実現」「幸福」の源泉あり，教育固有の論理そのものであるからだ。

このように，子どもの可能性の開花（教育）と健康と幸福（福祉）という二つの方面から教育的支援を機能的・領域的に把握することによって，特別支援教育の目的である「一人ひとりのニーズに応じた適切な指導・支援による自立と社会参加」が達成されるのである。

## 13-4　実態把握の基本的姿勢と方法

重度・重複障害児は，医学的な診断を含め，教育的支援の手がかりが困難といわれる。教育の本質は，教師と子どものコミュニケーション（交信）にあるが，子どもが反応しなければ，教育・コミュニケーションは成立しない。

したがって，コミュニケーションのキッカケを作るためにも，教師による子どもの実態把握の基本的姿勢として，「何に興味があるか，長所は何か」という楽天的プラス思考が求められる。筆者はこれを「ピグマリオン精神」と呼ぶ。

次に，実態把握の前提として，対象児との自由な雰囲気づくりがあげられる。受容しながら出来得る限り子どもの本音を促していくのである。徐々に制御・ゆさぶりをかけながら，実態をより一層明確にしていくというわけである。

また，実態把握は，単なる子どもの観察ではなく，受容に重心を置きつつ，信頼関係の醸成に配慮した「観察指導」という側面を有している。「観察指導」は，実践の成否を左右するといっても過言ではない。対象児により異なるが，筆者は重度・重複障害児の実態把握の期間は，経験上，最低3か月を要するとみている。

重度・重複障害児の実態把握で最も注目すべきは，集団生活をするために必要な6つの基本的要素・条件である。したがって，集団生活を可能とする人間の行動の6つの基本的要素・条件（健康面，心理面，人間関係，感覚面，運動面，コミュニケーション面）という観点からの吟味検討が不可欠となる。

例えば，顔色はどうか，気持ちは安定しているか，対人関係はどうか，聞こえているか，手足の動きはどうか，言葉でのやりとりはどうか，等々。なお，6つの基本的要素は，集団生活の基盤を培う自立活動の6つの内容に符合する。

実態把握の情報の収集については，保護者や家族からの情報，医師，療法士などの専門家によって得られるものがある。子どもへの接し方，付き合いの度合いによって，異なった実態把握の結果が出てくることは当然予想される。教師は，それぞれの情報を総合的にどう判断するかが問われる。

## 13-5 自立活動のポイント

わが国の自立活動は，特別支援教育における独自の領域である。自立活動は，機能訓練→養護・訓練→自立活動といった変遷を経てきた。ちなみに，外国の学校の教育課程には，自立活動という名称は存在しない。

当時，養護・訓練という領域が新たにカリキュラムに登場して，最も喜んだのは，学校教育の対象外とされてきた重度・重複障害児の保護者とかれらを担当する教師であったという。この事実は，銘記しておいてよい。しかし，重度・重複障害児の対象が教育，医療・福祉と人間全般にわたり，自立活動の「自立」の概念が不透明であるなど課題は多い。某教育行政官は「自立活動は化け物みたいなもの」「自立活動は太平洋のようなもの」と吐露していた。

集団指導中心の知的障害教育関係者からは，個人指導に視点を当てて行う自立活動に対する疑問が噴出していたことも事実である。その他，脳機能障害との関連で，集団指導における個別の指導の位置づけ等々，課題が山積している。多くの課題について，ここでは詳しく論じる余裕はないが，以下，自立活動のポイントについて述べる。

(1) 自立活動の目標は，子どもが自立をめざし，障害による学習上または生活上の困難を主体的に改善・克服するために必要な知識，技能，態度及び習慣を養い，もって心身の調和的発達の基盤を培うところにある。

(2) 自立活動の内容は，人間の行動の基本的な6つ要素(健康の保持・心理的な安定・人間関係の形成・環境の把握・身体の動き・コミュニケーション)及び障害の状態を改善・克服するための26項目からなり，それらを分類・整理したものである。なお，26項目は，タンスの引き出しにたとえることができる。子どもの体の大きさ(実態・ニーズ)ではなく，タンスの中の着物(26項目)に合わせて指導計画を作成する傾向があり，注意を要する。

(3) 自立活動は，個人を対象として教育を行う領域である。その条件は①個々の

興味や生活体験の重視，②マンツーマンによる「個別指導(方法の個別化)」，集団指導(ティームティーチング)による「個別の指導(内容の個別化)」，③学年進行にこだわらない，という3点があげられる。ちなみに，教科の成立条件は，①系統性，②機能集団，③学年進行にあるといわれる。
(4) 自立活動には，①学校の活動全体を通じて適切に行う「自立活動の指導」，②各教科等々と密接な関連を保ち，子どもの障害の状態や発達の段階等を的確に把握して，適切な指導計画のもとに行う「時間の指導」がある。
(5) 従来，教材(interest・materials)は，教師と子どもの中間に存在するという位置づけであったが，子どもに直接かかわる治療(手当て)教育の概念が自立活動に導入された。したがって，教師は教材という位置づけも可能となる。
(6) 学校の教育課程に合わせた教育内容ではなく，個々のニーズに応じた全人的発達(心身の調和的発達の基盤を培う)を図るための教育内容を随時構成することができる(「特別支援学校小学部・中学部学習指導要領《総則》第1節教育目標　第5　重複障害者等に対する教育課程の取り扱い」参照)。
(7) 自立活動の教育内容や教育方法は，学校現場に一任される。自立活動は一人ひとりのニーズに基づいて指導・支援が行われるものであり，したがって，教師の指導能力がそのまま効果として反映される点に注目する必要がある。

## 13-6　個別の指導計画作成の手順

学習指導要領の「指導計画の作成と内容の取扱い」には，「重複障害者のうち自立活動を主として指導を行うものについては，全人的な発達を促すために必要な基本的な指導内容を，個々の児童又は生徒の実態に応じて設定」するものと明記されている。個別の指導計画作成の手順は概ね次のようになる。
(1) 子どもの実態把握
　　実態把握については，すでに述べている通りである。
(2) 本人又は保護者の願い
　　本人又は保護者の願いについて聴く。本人から願いを伝えることが困難な場合は保護者から伺う。
(3) 医療関係者等々の要望
　　子どもの担当医や療法士の先生に直接お会いして要望を聞く。難しい場合，保護者を通して情報を得るようにする。
(4) 指導目標の設定
　　指導目標は，一人ひとりの教育的ニーズを基本に，学校の目標，保護者の願

いに基づき達成可能な目標を設定する。学習レディネスや最近接領域との関連から実現可能な目標を立てることが鉄則である。現在の到達目標，長所，短所などを踏まえた上で，保護者と相談しながら目標を設定する。
(5) 指導仮説(予測・手立て・方法)
指導仮説は，教師の専門性，創造性にかかわる重要な項目である。教師の主体性が問われるという意味で，仮説という視点は特に重要である。
(6) 指導計画(指導内容・期間)
指導内容・期間は，一般的には学期毎に分けてその期間内における指導目標を達成するための具体的な指導内容を示す。重度・重複障害児の場合，大きな変容を期待することが困難なことが予想され，短期的というより，1年から3年を目処に長期的な計画をたてることが多くなる。
(7) 評価と次年度の課題
評価は，原則として学期毎に変容した点，反省を記す。そして，次の指導に繋がるような評価を明瞭に記録しておく。設定した指導内容・方法が適切であったか。次年度の課題は何か等々，具体的に明記し，引継ぎ事項とする。

## 13-7 教育的支援の実際

教師の仕事は，「子どもが良くなってナンボ」の世界である。教師が，いくら素晴らしいことを語り，書いたとしても，実際に子どもが良い方向に変容しなければ学校現場では信用されない。なぜ良い方向に変容したのか，その成功例の因果関係等々を分析し，みんなで腕を磨いていくのが授業研究といえる。筆者が本実践研究を取り上げたのは，初めて重度・重複障害児のＡ児を担当し，試行錯誤の過程で体得した成功例の一つと判断したからである。そこで，当初，自力歩行が5メートル程度だった重度・重複障害のある小学4年生のＡ児が，興味物を媒介とした立位・歩行・散歩等々による指導及医療関係者らとの連携による支援によって，9か月後には空間認知(身体意識の形成)を獲得し，1年4か月後には約100メートル歩ける(歩行の安定化)ようになった実践例を紹介する。

　　障害の状況：水頭症後遺症による脳機能障害，てんかん発作，心室中隔欠損症，胸骨奇形，核慢性扁桃腺肥大による発熱，虚弱体質などの障害を併せ有する重度・重複障害児。1日3回，デパケン等々，数種類の抗けいれん剤を服用。
　　体調の良いとき，「アー」といった喉音の発声はみられるが，音声言語(話しことば)はない。音声言語による交信は不可能。若干の身振りサインは可能。体温の調整が難しく，気温に左右されやすい。衣服の着脱，食事，排せつは全

面補助。

　ピアノ，ラジカセ，蛍光灯など，音や光るものへの興味関心が高い。学校周辺の花，木，草，虫，砂浜等々に興味関心がある。車イスでの散歩も含め，いわゆる散歩が大好きである。

　本実践研究の動機であるが，A児は教室の前庭と道路の間に植えてある1メートルほどの高さのトベラの木の前で地団太を踏んでいることがよくあった。何とか本児の行きたいところに移動できるようになってほしいと願った。

　なぜ本児が自分の目的地に行けないのか。その主な原因は，身体意識(ボディーイメージ)の低さにあるのではないか。身体意識に関する様子について述べると，身体表面からの触刺激に対する各部位の反応があるは，顔面周辺，頭，頚，下腹部周辺であった。腕，足などは反応が弱かった。口，足，手，頭は随意的に動かせるが，コントロールは難しい。身体各部位の名称は概念化されていない。身体各部位を周囲の事物に向かって動かすことはできるが，空間との関係を視知覚することは困難である。座ったり，立ったりすることは辛うじて可能。移動は，主に四つ這いで行う。

　そこで，身体意識の向上を目指して，原因，課題，指導仮説，指導内容を以下の3点に絞って整理した。

(1) 足の一部に触れられてもあまり表情に変化がないのは，身体の反応が若干弱いからではないのか。そこで，身体各部位の定位づけが課題と考え，直接的な触刺激を中心としたかかわりによって，上肢から下肢への身体各部位の定位づけの拡大・深化がある程度可能となるという指導仮説を立てた。具体的な教育的支援の内容・方法として，胸部周辺から足部への身体部位の定位づけの拡大・深化を図るため，全身の乾布まさつ，マッサージ，指圧，ハンカチ等を使用し，身体の各部位を刺激することとした。

(2) 腕や手足をうまく使えないのは，前後左右の事物との空間位置関係がうまく取れないからではないか。そこで，課題は周囲の事物との関係づけにあると考え，本児が興味物に向かう過程において，視覚と触覚を使用せざるを得ないような場面設定によって周囲の事物との空間位置関係づけが可能となるという指導仮説を立てた。周囲の事物との空間位置関係の促進には，ピアノ，ラジカセなどを活用し，目的地に辿り着くまで周辺に椅子，ボールなどを置いて，本児の「内的葛藤の場」を意図的・計画的に設定した。

(3) 身体意識が低い背景に，体幹力の弱さにあるのではないかと考え，立位や歩行時間の運動負荷を基本とし感覚運動学習による前庭器官の刺激によって歩行の安定化が多少なりとも可能となるのではないかという指導仮説を立てた。

車椅子による散歩と自力歩行による散歩，トランポリン，ブランコなどによる横ゆれ・縦ゆれ，回転を組み合わせバランス感覚や体幹の強化に努めた。学校周辺の自然環境の中での散歩は，アリストテレスの「万物はすべて教材」という考えに学び，興味・関心のある花や木，海水や砂浜等々，すべて活用した。

指導方針として，前述の内容を時間割の「健康」「運動」の中に位置づけ，毎日継続して実施した。例えば，全生活場面を通して，「オ，ミ，ミ，(耳)」「オ，ナ，カ，(腹)」といったように，触覚と聴覚と視覚に働きかけ，ボディイメージ・身体を意識するよう促した。体調不良の場合は，即座に指導を中止し，養護教諭，看護師に連絡し，指示を仰ぐこととした。

本児の教育的支援全般にわたり，自立活動における全人的発達を念頭に，5つの興味・潜在的本能(コミュニケーション，構成，探求，表現，健康)，5つの感覚(聴覚・触覚・バランス感覚・固有感覚・視覚)に目配り，心配りを忘れないよう心がけた。なお，指導形態は，主として散歩等，マンツーマンによる個別指導(方法の個別化)を中心に，朝の会等，集団内での個別の指導(内容の個別化)の2つを組み合わせ，バランスを取りながら実施した。

指導期間は，2学期の9月から翌年12月までの1年4か月。指導当初の約3か月は，観察指導(実態把握)を中心に，徹底的に受容し本児との信頼関係の醸成に努めた。困ったときは，主として母親に相談しながら進めることにした。

なお，身体意識については，「現在及び過去における体験によってつくり上げられる自分の身体についての実感的な概念であり，その後の経験によってより確かなものによって改変されていくもの」と定義した。評価については，マックス・ウエーバーの社会科学の方法を参考に，教材を媒介とした子どもとのかかわり合い(相互作用の原理)とその経過(連続性の原理)と結果，なぜそのような結果になったのか，その因果関係を分析することとした。具体的には，頭部から足部へというような運動発達段階の順序性にこだわらず，身体部位の定位能力の拡大や周囲の事物との関係づけの変化過程におくこととし，定位づけの強化，意識化にも配慮するように心がけた。

その結果，第一の身体の定位能力の向上という目的については，敏感に反応するようになり，上肢から下肢へと確実に拡大深化した。第二の周囲との関係づけという目的については，トベラの垣根を，指導開始から1年後の9月に1回，10月に3回，筆者のガイドなしで通り抜けた。このように，関係づけの萌芽が認められた。第三の歩行の安定化という目的については，ほぼ達成できた。指導当初5メートルが限界であった歩行距離が100メートルまで伸びた。ちなみに，2年後には300

メートルも歩けるようになった。

以上，受容に重心を置いたA児との信頼関係の醸成を前提とした教育的支援の妥当性は，第一に，触覚，聴覚，固有感覚，バランス感覚を刺激しつつ，徐々にゆさぶり（内的葛藤）をかけながら，目的としての「身体意識の形成，歩行の安定化」（生きる力）を育んでいくという本実践のプロセスによって示唆された。

ちなみに，一般論的には，周囲との関係づけは，視覚の方が触覚よりも有意であるといわれているが，本児にとっては，むしろ触覚の方が優位であることに気づかされた。つまり，手でトベラに触り（身分け）ながら，内的身体空間と外的身体空間の統合を本児なりに図っており，触覚的継時過程に周囲との関係づけの拠り所があったのではないかと推察された。

したがって，本児に対する周囲の事物との空間位置関係の認知の促し方は，触覚的関係づけ（身分け）から視覚的関係づけ（見分け）への過程をどのような教育的支援によってアプローチしていくか，そこに重度・重複障害児の教育支援における今後の大きな課題と重要な鍵が隠されていると推察された。

第二に，自然環境での散歩，トランポリン，ブランコ等々，本児の興味に基づいた教育的支援の多様性，そして，常に本児が努力せざるを得ないような「内的葛藤の場」を意図的・計画的に設定するという教育的支援の有効性が示唆された。

第三に，「生命の安全と安心」という観点から，体温調整が困難で，室温や着物への配慮，てんかん発作等に対する周到な配慮が求められたが，保護者，養護教諭，担当医，寄宿舎の寮母（現在の指導員），看護師らによる教育的支援が必要不可欠であることが示唆された。

## 13-8　今後の課題と展望

個々の興味やニーズを大切にした重度・重複障害児の教育的支援における永遠の課題は，生命の安全に配慮し，じっくり時間をかけ，「生きる力」を目的に，5つの感覚を活用し，意図的・計画的な場面設定によって子どもの内面にゆさぶり（内的葛藤・思考）をかけ，5つの興味・潜在的本能をいかに紡ぎだすかにある。

そのためには，できる限り恵まれた自然環境の中で，子どもへの愛情に基づいたコミュニケーションを背景に，個々の障害特性（ニーズ）に応じた指導内容・方法の多様性の承認が有効であると同時に，保護者，医師，福祉等との信頼関係に基づいた密な協力態勢が求められよう。

わが国の重度・重複障害児教育は，下山（2008）等々にみられるように，学校現場の教師によって，地道に，そして着実に成果を上げている。

日々の実践は，まさに試行錯誤の連続である。教育は生きた人間を対象としており，自然科学のような正解・法則は見当たらない。重度・重複障害児の教育は，道半ばであり，今後，数十年は事例研究の蓄積の時代が続くものと思われる。

　筆者が国立久里浜養護学校に勤務していた昭和60年前後，海外からの参観者から「オーマイゴット」ということばを何度も耳にしたことがあった。「かれらは，学校ではなく，病院の対象ではないか」というのである。

　あれから30数年。「学校(教育)か病院(医療)か」といった二者択一の時代ではない。今後，教育と医療のどちらに重心を置いて重度・障害児教育の教育支援の在り方を考えるか等々，多くの議論がなされるものと想定される。

　一方，わが国は世界の人権思想の影響もあり「改正教育基本法」や「改正学校教育法」，「ICF」「障害者の権利条約」，「インクルーシブ教育」，「障害者差別解消法」等，制度・理念は，ほぼ完成の域に達したといってよいであろう。

　したがって，今後の大きな課題は，制度や理念の中身の充実であり，それを支える財政的支援であることは論を待たない。納税者になれる可能性の少ないかれらに対して「金食い虫」と批評する人もいたことは事実である。

　しかし，人権教育という視点から，費用対効果という経済的功利性の中で，かれらを評価してはいけない。今なお，多くの「社会のバリア」が存在しており，国民的理解はまだまだである。かれらの「生きる力・幸福」の実現は，筆者をも含めた周囲の人々の「人権感覚の向上」，「ユニバーサルな社会」が期待されている。

　世界の公教育で，重度・重複障害児が通常の学校で学んでいるのはわが国だけと聞いている。かれらが，現にインクルーシブを志向する公教育の場で学び，医療・福祉等の関係者の支援を受けながら生活し呼吸していること自体，「生命への畏敬」「基本的人権の尊重」「平和の象徴」であり，わが国の重度・重複障害児教育は，世界に誇る文化といってよいように思われる。

**引用・参考文献**

藤原正人(編著)（1982）.『重度・重複障害児の教育』光文社
下山直人(編著)（2008）.『障害の重い子どものための授業づくりハンドブック』全国心身障害児福祉財団
特殊教育の改善に関する調査研究会(会長　辻村泰男)（1975）.『重度・重複障害児に対する学校教育の在り方について(報告)』文部省
大沼直樹（2013）.『ブレないための六原則』明治図書
大沼直樹（2014）.『インタレスト・メソッド』明治図書

## 14章　学習障害者に対する教育的支援

片岡　美華

[キーワード]
読み書き障害
学習支援
自己肯定感
合理的配慮
支援技術

　学習障害(LD)とは，知的な発達に遅れはないものの，聞く・話す・読む・書く・計算する・推論するなどの機能の習得と使用に著しい困難を示す障害である。教育現場では，4.5％の児童生徒が学習上困難を示すとされる。現在，LDのある子は，通常の学級に在籍し，必要に応じて通級による指導を受けているが，タイプが多様であることからも実態把握とその特性に応じた支援が欠かせない。また学校は，学習時間が大半を占めることから，学びへの自信を失わせないことや，自らの学び方がわかることが，自立に向けた支援として必要となる。今後，合理的配慮として，タブレットの使用などが広まると考えられるが，保護者と教員の共通理解に加え，周囲の子への説明，そして，何より本人が支援を受けることによって学習上の成功体験を積み，前向きに支援を活用していくことが重要であろう。

## 14-1　学習障害とは

### (1)　用語について

　学習障害は，learning disabilities としてその頭文字をとって「LD」と表記される。しかし，医学界では(specific) learning *disorder* と記されたり，教育現場では彼らのもつ生物学的な障害が捉えにくく，それよりも彼らが直面している困難性に対応することを重視して learning *difficulties* (学習困難)と呼ばれたりすることがある。また，障害があろうとも「学習できない」のではなく，彼らなりの学び方があり，それを尊重しようとして learning *differences* (学び方の違い)としての「LD」とされることもある。さらに，障害の現れ方によって，dyslexia (読字障害／読み書き障害)や dyscalculia (計算障害)，dysgraphia (書字障害)など様々な語が用いられる。これらの用語の使い方や定義については，国や考え方により異なる点も多く留意が必要であるが，本章では，主に文部科学省の表記や定義に基づき LD とする。

### (2)　定　義

　LD の定義は以下の通りである。
　「学習障害とは，基本的には全般的な知的発達に遅れはないが，聞く，話す，読む，書く，計算する又は推論する能力のうち特定のものの習得と使用に著しい困難を示す様々な状態を指すものである。

学習障害は，その原因として，中枢神経系に何らかの機能障害があると推定されるが，視覚障害，聴覚障害，知的障害，情緒障害などの障害や，環境的な要因が直接の原因となるものではない」(文部省，1999)。

**(3) 診断基準・実態把握**

LDの医学的診断基準は，ICD-10(International Classification of Disease, 10 th ed.)(WHO, 1992)とDSM-5(American Psychiatric Association, 2013；日本語翻訳版，2014)が用いられる。

まず，ICD-10では，学力(学習能力)の特異的発達障害(Specific Developmental Disorders of Scholastic Skills)として，特異的読字障害，特異的綴字［書字］障害，特異的算数能力障害，学力の混合性障害，他の学力の発達障害，特定不能のものという6つのサブタイプに分けている。

次にDSM-5では，限局性学習症／限局性学習障害(Specific Learning Disorder)として，6つの症状(表14-1)の少なくとも一つが存在し，それが6ヵ月以上持続している状態であること，さらに年齢の平均よりも明らかに成績が低く，学業や生活等で障害を引き起こしている状態としている。

表14-1 DSM-5における6つのカテゴリー

1. 不的確または速度が遅く，努力を要する読字
2. 読んでいるものの意味を理解することの困難さ
3. 綴字の困難さ
4. 書字表出の困難さ
5. 数学の概念，数値，または計算を習得することの困難さ
6. 数学的推論の困難さ

教育現場においては，2012年の調査結果により，4.5％の子どもに学習面での困難さがあるとされている(文部科学省，2012)。教員は，学習場面より困難さに気づき，実態把握を行い，支援につなげていくことになる。目安としては，全般的な知的発達の遅れがなく，国語または算数で2学年以上の遅れ(小学2年生では1学年)があるとされている(文部省，1999)。サブタイプを含めた具体的な把握には，各教育委員会等より出されているチェックリストを活用したり，「LDI-R」(上野・篁・海津，2008)の利用，見え方の確認(線が途切れたり，形と形が離れて見えている，文字が動いていて読み取れない，文字がにじんで見えるなど)，さらには種々の読み書き計算に関わる検査を用いたりして把握する。

**(4) 下位カテゴリー(タイプ)**

LDのある人の困難さは，一つの領域のみに現れる場合から，複数の領域に現れ

表 14-2 LD にみられるタイプとその特徴例

| タイプ | 特徴 |
|---|---|
| 読み書きに特徴があるタイプ | 【読み】似た文字を誤る、文章をまとまりとしてとらえられず一字ずつ読む(逐次読み)、行や特殊音節などをとばして読む(とばし読み)、文末を勝手に変えて読む(勝手読み)、形(文字)と音の一致ができないことから、あてずっぽうに読むなどが見られる。その結果、全体の意味(関係性の理解や深い意味の理解)が理解できないことが起こる。<br>【書字】ひらがな、カタカナ、漢字が書けない(想起の困難、偏と旁の入れ替え、造語、画の一部省略など)、段落のまとめ方や句読点の打ち方がわからない、視写してもまちがう、聴写できない、書いているうちに形が崩れる、などがみられる。 |
| 算数が苦手なタイプ | 数概念そのものに弱さがある(大小関係の理解など)、桁数が大きい計算が苦手、くり上がりやくり下がりを忘れる、筆算をすると位がずれるといったことがみられる。計算以外にも推論することが苦手(数学的方法を適用するのが困難)や、図形、量、時間の概念でのつまずき、読解力の苦手さと関連して文章題の意味が捉えられない、書字の苦手さから式を書くのが面倒で問題に取り組まない、という場合もある。 |
| 聞く話すことが難しいタイプ | 【聞く】聞きまちがう、聞いたことの意味が理解できない、聞いたことをすぐに忘れて同じことを聞き返す、注意の持続と関係して部分的にしか聞いていない、などがみられるために、行動が遅れたり、勘違いをして行動したり、学習が身に付かないということが起こる。<br>【話す】言いたいことをまとめられずに脈絡なく話す、ことばをすぐに思い浮かべられず話すのに時間がかかってしまうといったことがみられる。 |

る場合と様々である。**表 14-2** は教育現場でよく見られるタイプと特徴の例を大まかにまとめたものである。

　上記のほか、LD に重複して見られるタイプとして、全身運動の苦手さや手先の不器用さが見られたり(医学的には、このような症状のある人は「発達性協調運動症」と診断される場合がある)、ADHD を併せもつことからくる対人関係のトラブルや状況判断の困難さなどを抱えたりする場合がある。この場合は、学習上の劣等感と併せて自己肯定感の低下や自信のなさからくる消極的な態度が強く見られることがある。

## 14-2 発展の経緯

　LD は、いわゆる発達障害の一つとして近年になって日本の教育現場に広まった。そのため、新しい障害なのかと問われることがあるが、LD の歴史は古く、その研究は 19 世紀から始まっており(例えばヒンシュルウッド(Hinshelwood, 1885, 1917)の語盲やモーガン(Morgan, 1896)の先天性語盲の研究など)、その後、オルトン(Orton, 1937)などが指導法に応用していくような研究につなげ、発展していく。とりわけ、1960 年代以降、治療教育がさかんに行われ、1964 年には米国のカーク(Kirk, S.A.)により「learning disabilities」という言葉が提唱された。この後米国では、1975 年の全障害児教育法をはじめとして、法律が整備され、支援が提供されていった。

一方，日本では，戦後，医学分野を中心に症例が報告され（例えば1957年小尾いね子の先天語盲，1962年黒丸正四郎の発達性失読書症など），1970年代には心理学分野を中心に読み書き障害についての治療教育が行われていく。また教育現場でも，知的発達に問題がないにもかかわらず，学習面に困難を示す児童がいることが認められてきたが，彼らはしばしば「落ちこぼれ」や「学力不振児」などと混同されていた。こうした中，LDはそもそも脳に機能障害があるものの，教育上の課題ともいえることから，親の会や研究者といった医学や心理学とは異なる立場として教育サイドからの支援要望が高まった。そして，「LD元年」とも呼ばれるLDへの教育的支援の急速な発展の幕開けとなる1990年を迎える。この年の2月には，「全国学習障害児・者親の会連絡会（現在の全国LD親の会）」が設立され，同年，文部省は「通級による指導に関する調査研究協力者会議」を設置し，この中でLDについての検討が行われた。しかし本格的な議論は，1992年に発足した「学習障害及びこれに類似する学習上の困難を有する児童生徒の指導方法に関する調査研究協力者会議」に委ねられ，1995年に中間報告が，1999年7月には「学習障害児に対する指導について（報告）」が出された。この報告では，LDの定義と支援形態，そして診断・実態把握基準（試案）が示された。通級による指導については，2006年に，ようやくその対象となるが，2007年の特別支援教育制度開始に伴い，通常の学級を含めて支援を得るに至った。なお2005年度からは，発達障害者支援法が施行され，教育のみならず様々な支援（早期発見，継続的支援を含む）の対象となっている。

## 14-3 生理病理

LDは，DSM-5において神経発達症群の一つとされ，未だ明確な原因は不明であるが，生物学的起源をもつとされ，それは，認知レベルにおける異常の基盤となるようなものとされる。なお，早産，極低体重出生，妊娠中の母親の喫煙などは，要因として考えられるものである。さらに，遺伝的かつ環境的要因の相互作用により，言語や非言語情報の処理等に影響を与えると推測されるが，学習機会の不足や，不適切な教育が直接原因ではないとされる。

疫学的には，学齢期の児童の5～15%に，成人においては約4%にLDがあると推定される。性差は，2～3倍男性に多いとされている。なおLDは，言語に関わる障害であることから，文化的背景（特に母語）に留意して確認する必要がある。併存症としては，ADHDやASD，発達性協調運動症，精神疾患（不安症群，抑うつ障害群）などが報告されている（DSM-5より）。

## 14-4　LDのある子への教育的支援

### (1)　支援の枠組みと手続き

　LDのある子に対しては，特別支援教育制度の枠組みの中で，通常の学級に在籍して支援を受けている。一般的な支援の手続きは図 14-1 のような形となる。なお，通級による指導は，教育支援委員会等を経て，自校や地域にある通級指導教室に通い（巡回指導を行っている地域もある），年間 10〜280 単位時間（月 1〜週 8 単位時間程度）の自立活動や教科の補充等の指導が受けられるようになっている。

　学校で行う支援に際しては，①誰が，何に困っているのかを整理することから始める。場面を具体化させることで，より支援内容が明確になるといえる。次に，②誰が，いつ，何を行うかを明確化することが必要となる。読み書きに困難がある場合は，ほとんどの授業で支援が必要になるが，授業前に行う支援なのか，授業中，適宜行う支援なのか（その場合はどのタイミングかを明記する）を明確にすることで，授業の工夫にもつながり，また，誰が行うかを明確化することで責任の所在も明らかになる。特に重要な支援については優先順位をつけて行うなどのメリハリが必要になることもあるため，事前の支援検討は重要である。そして ③これらの支援の評価を行う。評価に際しては，その子がどれくらいできるようになったかだけでなく，どのような工夫や手立てが有効であったかを記すことや，できないことについてどのように補っているかという代替手段を記すことで，試験や受験への対応策に

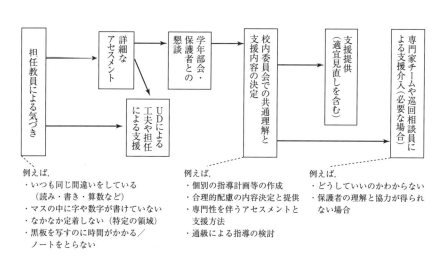

図 14-1　支援の手続き例

もつながるであろう。なお，②，③の内容については，個別の指導計画等に記し，保護者との共有や教員間での共通理解，そして，次の学年に引継ぎを行っていくことは欠かせない。

　現在，ユニバーサルデザイン(UD)による指導が広まっていることから，教室の環境整備や学習上の工夫等が支援の介入前に行われていることが多くなっている。UDは，障害の有無に関係なくわかりやすさを追求するものであり，結果的にLDのある子に対しても困難さの予防や軽減につながる。しかし，それでもうまくいかないのが彼らが抱える特異的な障害であるといえ，これに対して詳細なアセスメントの実施と，個別の支援提供が求められる。詳細なアセスメントについては，例えば，WISC-ⅣやKABC-Ⅱ，ITPA，視知覚運動検査等があるが，これらは専門的技量(資格が求められるものもある)が必要となることから，教員が行えるアセスメントを表14-3に例示した。この結果により，必要な支援へとつなげていく。

(2)　指導内容とそのポイント

　指導においては，通級指導教室などで行う個別支援と，学級で行う支援がある。前者では，学習方法の学びや，読み書きの認知レベルにおける改善，ビジョントレーニングなどによる視知覚機能の向上を並行して行うと，より効果的な場合もある。後者については，表14-4に学級で行える支援の例を示した。重要なことは，成功体験を積むことで苦手意識や自信喪失させないようにし，自己肯定感を高めることである。

(3)　支援の留意点

　LDは学習面での困難さを示すことから，その時間が大半を占める学校生活において，授業がわかるかどうか，学びが楽しいかどうかは，その子の成績や学習意欲に直結する。うまくいかない経験が続くと，勉強への意欲が下がり，学校がおもしろくなくなり，不登校にもつながりかねない。また，そうした状況がLDという障害によることに早期に気づくことができればよいが，わからないまま，怠けや勉強不足としてとらえられることがある。そしてその誤解が自己肯定感の低下を招く。こうした二次的な障害に陥らないためにも，様々なLDの特徴を知っておく必要があり，予防的介入としてのUDや早期介入が欠かせない。

　一方LDのある子への支援は，できることも増えるが，学年が上がるごとに新たな課題も現れることから，長期間にわたって支援が必要なことが多い。未だ中学校での通級による指導が受けられない状況もある中，高校での通級による指導の開始も見込まれている。このことからも，基礎的環境整備を行うことが求められよう。

表 14-3　教員が行えるアセスメントの例

【読み書き】
○初めてみるページを読ませてみる
- ひらがな, カタカナ特殊音節, 漢字(既習, 当該学習, 未習がまざっているとよい)が混じっているもの(音韻認識の確認)
○すでに学んだページを読ませてみる
- 記憶, 定着力, 視知覚運動の確認
○図を写し取る作業をさせる
- 図は単純なものとし, 意味のあるものと単なる記号を選ぶ
- コーディング, 空間認知, 形状把握, 目と手の協応の確認
○同じもの探し, 間違い探しをさせてみる
- 注意力, 知覚認識, 視知覚運動の確認
○エラー分析を行う
- 誤りの特徴を把握する
○画数の増加・減少, 枠からのはみ出し, 形のバランス, 部首の誤り, 筆圧, 形の崩れ具合
- 背景にある認知特性の検討
○①単語, ②短い文章を写し取らせてみる
- 視写と聴写によって行う
- マス目と白紙のページで行う
○連絡帳や日記帳, 作文で文章力を確かめる(文法, 時間軸による構成能力, 記憶, 伝達意欲の確認のため)
- パターン化しているのか, 話が広がらないのか, 書きたいのに表現できないのか(口頭でなら表現できるのか)
- 「覚えている」「書かなくてもわかる」「書くことがない」は, 書けないサインかもしれない
○短い本を読んだ後のストーリや内容についての確認
- 自分で読んだときと, 読み聞かせの場合(意味理解, 状況把握)
○目で見て読む, 声に出して読む

【算　数】
○数概念の獲得状況を確認
- 1対1対応, 順序性, 数知識(大小関係, 数量概念, 比較), 集合, 概量, 直感的に4までの数を数えずにわかる(小1), 1-3-5や2-4-6などのパターンがわかるかなど
○エラー分析を行う
- 算数のノートにより, 数字や筆算の書き方を確認
- 誤りの特徴を確認(繰り上がり, 繰り下がり, 位どり, 数記号の理解など)
○図形, 数量など領域(単元)による差の有無

　また支援においては試験や受験への配慮が求められることもあるが, その際には, これまでにどのような支援が(特に定期試験の際に)行われてきて, どれくらいの効果があったのかという支援歴が重要となる。受験前になって一, 二度支援をしただけでは受験の際の配慮が受けられないことが多いため, 継続的に支援を行うことに加え, それを記録し引き継ぐことが大変重要であることを強調しておきたい。

表 14-4 学級で行う支援の例

| 場　面 | 支　援　例 | 留　意　点 |
|---|---|---|
| 授業前の支援 | ・ルビをふる。<br>・あらかじめ読みを録音しておいた本文を渡す。<br>・家庭と連携し，予習できるようにする。 | |
| 授業中の支援 | ・どこを読んでいるかわかるルーラーを使う。<br>・プリントやマス目の大きさを工夫する。<br><br>・手本を近くに置く。<br>・作業時間を多めに与える。<br>・1回の作業量を減らす。<br>・難易度や量の異なる教材を用意する。<br><br>・ストーリーや音楽をつけて絵描き歌のように漢字を覚えたり，語呂合わせで年号などを覚えやすいよう工夫する。<br>・マルチセンソリーメソッド(多感覚指導法)の応用。<br><br><br><br><br>・漢字ゲーム(かるた，パズル，ビンゴ)などにより楽しく学べるように工夫する。<br>・タブレットなどの支援技術を用いる。 | <br><br>・拡大コピーやカラーコピーにするだけでも効果がある。<br>・個人用手本を作成してもよい。<br>・穴埋め式プリントにしたり，最低限書く項目を示したりする。<br>・他児も含めて選択できる課題を準備することで個への支援が目立たなくなる(自己肯定感への配慮・UD化)。<br><br><br>・机，黒板，窓，水，砂，友だちの背中，空中などに指で1度ずつ書き，最後にノートに一度書くなど，感触が異なる素材に記すことでより記憶に残る。また一度に書くのは1回なので，負担が軽減されるが，合計すると練習量を確保できる。漢字を粘土で形成する方法もある。<br><br><br>・教科書の読み上げ，板書の撮影，レコーダーでの録音，辞書機能，ワープロ機能によるノートづくり，音声入力による作文，アイデアマップの作成，計算機など，多くの支援が可能になる。使いこなせると社会自立にも役立つ。ただし，クラス全体で使用していない場合は，本人と保護者が納得して使うこと，他児や校内の教師への説明と理解が求められる。 |
| 授業後・家庭で行う支援 | ・宿題の量や内容を選択できるようにしたり，加減したりする。<br>・家庭でしてほしい支援を具体的に伝える。 | ・どこまで(何問)すればよいのか，ヒントの与え方を具体的に伝える。またノートの使い方などを学校での指導と一貫性を持たせる。家庭を休息の場として何も求めないということも支援の一つである。 |

## 14-5 LDをめぐる課題

### (1) 早期発見・対応

　LDは，その障害の特性が学習とかかわるため，就学前に気づかれることが少なく，小学校中学年になって初めて気づかれる場合もある。この場合は，すでに学習意欲が低下しており，自信が失せていることもある。そこで早期発見が欠かせないが，例えば，保育所や幼稚園での文字遊びや数遊びの中で，形のとらえや数の認識などを把握することで引継ぎが可能となる。また，LDを含む，発達障害につながるとされるようなソフトサイン（例えば，不器用，折り紙の手順が覚えられない，模倣が苦手，形がとらえられない，ワンテンポ遅れた行動など）について知っておくと注意深く観察することができ，早期発見にもつながるであろう。

　文部科学省(2012)による調査では，平均として小中学生の4.5%に学習の困難があるとの結果を得たが，内訳をみると，小1(7.3%)をピークに中3で1.4%と激減しており，筆者の臨床像とは異なっている。むろん早期に発見対応された結果，状況が改善し，困難のある子の数が減少しているのであれば良いが，現実には小学校高学年から抽象的なことばが増え，漢字の画数も多くなり，算数も難しくなる。中学生になれば，さらに板書の量も増え，聞き取りでのメモも要求されることがあることから，実際には苦しんでいるLDのある子も多いのではないかと推測する。不登校の背景に発達障害があるとも言われることからも，適切にLDが発見対応されることを強く望む。

### (2) 合理的配慮と障害理解

　2016年度より施行された障害者差別解消法により，合理的配慮の提供が求められることとなった。LDのある子に対しては，特に合理的配慮が必要かつ効果的であると考えられる。それは，学習方法の工夫や支援技術(assistive technology)の活用などによって，十分学ぶ力があるためである。合理的配慮として期待されるのが，タブレットの使用であるが，未だ，一人一台，授業中に自由に使用できない環境下では，LDのある子だけが使用することに抵抗を感じる場合も想定される。例えば，保護者や教員が手書きに強くこだわったり，「機械に頼る」ことが甘やかしているのではないかと考えたりする場合がある。しかし，一文字読み書きすることにも相当のエネルギーを消費し，1時間終わるころには疲労困憊の状態となっているにもかかわらず，6時間の授業を受け続けさせることが，本当にその子の力になるのかどうか，また，それだけ一生懸命やっても誤答したり，納得がいくまで学べていなかったりするのであれば，少しでも学べる実感を持てる方がいいのではないかと考

える。そもそも，教員は，何を学ばせたいのかの本質をとらえ，その活動が十分に行えるようにしていくことこそ，必要な支援ではないかと考える。このことからも，支援技術の使用は選択肢の一つとして検討されるものとなろう。

一方，本人が他者と異なる支援を嫌がる場合も想定される。周囲に対する理解啓発はむろん必要なことではあるが，本人にとっても障害の自己理解・受容とかかわる問題である。障害受容に至っていなくとも，自分の困難さ(苦手さ)に気づいている状態であれば，それをカバーできる方法をいくつか提示し，自分でもやってみる中で，「これならうまくできる」「このやり方なら学べる」という実感をもつことで，自分に合う支援方法を知り，自ら支援を求めていく力ともなるのではないだろうか。これらはいわゆるサバイバルスキルとして，年齢が上がるごとに，そして学校を卒業するまでに身につけさせたい力であると言える。なお，先述した障害者差別解消法では，合理的配慮の提供にあたって「意思の表明があったとき」とされており，その主体は本人に加えて家族や支援者も含まれるとされているが，自ら支援を求める力としてのセルフアドボカシー(自己権利擁護)を身に着けることは，自立に欠かせない。このことからも，本人が得意不得意なことなどを自ら理解することや，支援を相手に求めるときの表現方法を身に着けることも学校で学んでおきたい内容といえる。

## 14-6 まとめ

LDのある子どもへの教育的支援は，国内外問わず，親の会が中心となって獲得してきた。実際，日本では1990年以降，制度的な支援は少しずつ整備されつつあるが，未だ，学習怠慢と誤解されたり，筆記試験の困難さなどから，高等教育への進学や，社会的自立の上で困難さを抱えたりする人は多い。合理的配慮により，受験や進学，就職での不利益が解消されることを望むとともに，学び方の違いを尊重できるような学校がつくられていくことを期待したい。

**引用・参考文献**

石川道子・杉山登志郎・辻井正次(編著)(2000).『学習障害：発達的・精神医学的・教育的アプローチ』ブレーン出版

Kataoka, M. (2005). Perceptions of and support for students who experience difficulties in learning in Nara Prefecture, Japan. Unpublished doctoral dissertation, The University of Queensland, Australia.

窪島 務(編著)(2005).『読み書きの苦手を克服する子どもたち：「学習障害」概念の再構築』文理閣

文部科学省（2004）．小・中学校における LD（学習障害），ADHD（注意欠陥／多動性障害），高機能自閉症の児童生徒への教育支援体制の整備のためのガイドライン（試案）
文部科学省（2012）．通常の学級に在籍する発達障害の可能性のある特別な教育的支援を必要とする児童生徒に関する調査結果について
文部省（1999）．学習障害に対する指導について（報告）
日本精神神経学会日本語版用語監修（2014）．『DSM-5 精神疾患の診断・統計マニュアル』医学書院
上野一彦・花熊　暁（編著）（2006）．『軽度発達障害の教育』日本文化科学社
上野一彦・篁　倫子・海津亜希子（2008）．『LDI-R（LD 判断のための調査票）』日本文化科学社

# 15章 注意欠如・多動性障害者に対する教育的支援

小谷 裕実

[キーワード]
注意欠如・多動性障害（ADHD）
triple pathway model
併存障害
行動修正プログラム
移行支援シート

　1960年代の微細脳損傷から多動症候群を経て，現在の注意欠如・多動性障害（ADHD）の概念が確立した。ADHDは，多因子遺伝と環境要因によるエピジェネティクス発現調節機構によって生じると考えられており，実行機能・報酬系の強化・時間処理の3つの経路の障害が原因であるとするtriple pathway modelが提唱されている。診断は，複数場面での困難を前提とした行動評定によって行う。有病率は小児約5％，成人約2.5％，男女比は小児期2：1，成人期1.6：1と男性に多い。LDやASDなどの併存症や，自己評価の低下，行為障害や不安障害，不登校などの二次障害を合併しやすいのも特徴である。治療は，子ども面接，親ガイダンス，学校との連携，薬物療法を基本キットとするが，教育環境の整備や理解教育など，教育的支援が治療の中核をなす。ソーシャルスキルトレーニングやペアレントトレーニングなども適宜実施する。教育・保健・福祉を結ぶ横の連携，幼児期から成人期を結ぶ縦の連携への整備が，重要な課題である。

## 15-1　注意欠如・多動性障害とは

　医療の分野でADHDの概念が登場したのは，1902年英国小児科医のスティル（Still, G. F.）による「多動で落ち着きのない子ども」の報告が最初である。1960年頃には，軽微な脳障害があるという原因仮説に基づき，微細脳損傷（Minimal Brain Damage：MBD），微細脳機能障害（Minimal Brain Dysfunction：MBD）が診断名として登場した。しかし，原因としての脳損傷のエビデンスが特定されなかったこと，数多くの症候を含み，独立した概念とするのは困難であったことから，1970年代より使用されなくなった。これに代わり，行動特性に焦点を当てた操作性診断が行われ，チェス（Chess, S., 1960）による'hyperactive child'の報告が，米国精神医学会による診断基準DSM（Diagnostic and Statistical Manual of Mental Disorders）に引き継がれた。その後，1968年（DSM-Ⅱ）の多動症候群（Hyperkinetic Syndrome），1980年（DSM-Ⅲ）の注意欠如障害（Attention-deficit Disorder：ADD），1987年（DSM-Ⅲ-R）の注意欠陥／多動性障害（Attention-Deficit /Hyperactivity Disorder：ADHD），1994年（DSM-Ⅳ）の注意欠陥／多動性障害（Attention-Deficit /Hyperactivity Disorder：ADHD）と，改定を重ねるごとにその呼称と概念の変遷を重ねた。2013年の改定（DSM-5）では，注意欠如・多動症／注意欠如・多動性障害（Attention

–Deficit /Hyperactivity Disorder：ADHD）として「障害」を用いない診断名も併記された。また，それまでの反社会的行動障害から神経発達症（障害）群のカテゴリーに移行された。症状の発現する年齢は，7歳以前から12歳以前に引き上げられ，青年期後期および成人にみられる症状も記載するなど，青年期以降の診断を意識し

---

1. ADHDの定義と判断基準（試案）
    以下の基準に該当する場合は，教育的，心理学的，医学的な観点からの詳細な調査が必要である。
    1-1. ADHDの定義
    　ADHDとは，年齢あるいは発達に不釣り合いな注意力，及び／又は衝動性，多動性を特徴とする行動の障害で，社会的な活動や学業の機能に支障をきたすものである。
    　また，7歳以前に現れ，その状態が継続し，中枢神経系に何らかの要因による機能不全があると推定される。
    ※アメリカ精神医学会によるDSM-4（精神疾患の診断・統計マニュアル：第4版）を参考にした。
    1-2. ADHDの判断基準
    1. 以下の「不注意」「多動性」「衝動性」に関する設問に該当する項目が多く，少なくとも，その状態が6カ月以上続いている。
        ○不注意
        ・学校での勉強で，細かいところまで注意を払わなかったり，不注意な間違いをしたりする。
        ・課題や遊びの活動で注意を集中し続けることが難しい。
        ・面と向かって話しかけられているのに，聞いていないようにみえる。
        ・指示に従えず，また仕事を最後までやり遂げない。
        ・学習などの課題や活動を順序立てて行うことが難しい。
        ・気持ちを集中させて努力し続けなければならない課題を避ける。
        ・学習などの課題や活動に必要な物をなくしてしまう。
        ・気が散りやすい。
        ・日々の活動で忘れっぽい。
        ○多動性
        ・手足をそわそわ動かしたり，着席していてもじもじしたりする。
        ・授業中や座っているべき時に席を離れてしまう。
        ・きちんとしていなければならない時に，過度に走り回ったりよじ登ったりする。
        ・遊びや余暇活動におとなしく参加することが難しい。
        ・じっとしていない。または何かに駆り立てられるように活動する。
        ・過度にしゃべる。
        ○衝動性
        ・質問が終わらないうちに出し抜けに答えてしまう。
        ・順番を待つのが難しい。
        ・他の人がしていることをさえぎったり，じゃましたりする。
    2. 「不注意」「多動性」「衝動性」のうちのいくつかが7歳以前に存在し，社会生活や学校生活を営む上で支障がある。
    3. 著しい不適応が学校や家庭などの複数の場面で認められる。
    4. 知的障害（軽度を除く），自閉症などが認められない。
    ※アメリカにおけるチェックリストADHD-RS（学校用），及びDSM-4を参考にした。

**図15-1　ADHDの定義と判断基準（試案）**
出典）文部科学省（2003）

た修正が加えられている。また，自閉スペクトラム症／自閉症スペクトラム障害（ASD）との併存を認め，部分寛解や重症度が追加された。

一方教育の分野では，80年代から従来の特殊教育の対象とならない学習障害（LD）に対する問題提起が始まり，90年代から「通級による指導」の調査・検討を開始したところに，近接領域にある多動児も注目された。その後，文部科学省は「今後の特別支援教育の在り方について（最終報告）」参考資料（2003年3月）において，「ADHDとは，年齢あるいは発達に不釣り合いな注意力，及び／又は衝動性，多動性を特徴とする行動の障害で，社会的な活動や学業の機能に支障をきたすものである」と定義した（図 15-1）。

## 15-2 発展の経緯

時代を遡れば，日本でも「多動で落ち着きがなく，教師の指示を聞かずに勝手気ままにふるまう」子どもの記録が残っている。市川らは（2006），江戸の寺小屋で，数え10歳の文吉の様子を記す大野雅山の日記を紹介している。師匠が注意をしても「少しも従わず，甚だ以て困り入り候」「これ師匠の不運なり」と嘆く様子から，ADHDの特性を有する子どもたちが時代を越えて教師の気がかりであったことを示唆している。このような生徒の存在に，注目され始めたのは1980年代後半から90年代であるが，大きな旋風が巻き起こったのは2000年以降であろう。

そこで，筆者はCiNiiを用いて，教育現場で使用されるADHD関連用語をフリーワードに挿入し，論文数を検索した（図 15-2）。これをみると，60年代に微細脳損傷が先行し，70年代には学習障害，不登校と共に多動児・多動行動として注目され，90年代に多動児と入れ替わる形でADHD・注意欠陥多動性障害の論文が執筆されている。文部科学省が2002年に実施した「通常の学級に在籍する発達障害の可能性のある特別な教育的支援を必要とする児童生徒に関する調査結果」において，ADHDに相当する「行動面で著しい困難を示す生徒」は2.5％，2012年の再調査でも3.1％と報告された。改めて通常学級での対応の必然性，重要性を認識されることとなった。しかし，通常の学級あるいは特別支援学級のみでは，発達障害の疑われる児童生徒の対応に課題が残ることとなり，柔軟で中間的な支援の必要性から「通級による指導」の検討が始まる。1992年に報告された「通級による指導に関する充実方策について（審議のまとめ）」では，「学習障害児等に対する対応」の項の中で，「学習に直接関係する障害は，しばしば注意散漫，衝動性，多動を伴う」と記載され，ADHDはLDに近接した概念として情緒障害の枠組みに分類された。その後，ADHD児は2006年度から通級指導の対象として学校教育法施行規

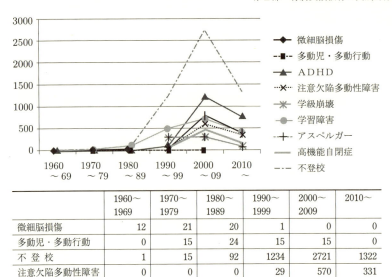

図 15-2　CiNii で検索した関連用語の論文数

則に規定され，同年 1,631 名，2014 年度には 12,213 名と激増している。

　一方，ADHD の社会的認知と正しい理解を進めるために，「親の会」や当事者活動の果たした役割は大きく，2003 年文部科学省の「今後の特別支援教育の在り方について」でも保護者との連携の重要性が掲げられている。

## 15-3　生理病理

**(1) 原　因**

　原因は，いまだ特定されてはいないものの，さまざまな生物学的知見が報告されている。

### a. 遺伝子的背景

　家族研究により，ADHD は遺伝が強く関与している。ただ，単一の遺伝子変異によって生じるものではなく，複数のドーパミン関連遺伝子に加え，数十の遺伝子も関与する多因子遺伝である。これに，胎児期の母親のアルコール摂取，喫煙，周

産期脳障害，種々の感染症，虐待などの成育環境といった環境因子が組み合わさって発症のリスクが上がると報告されている。近年は，遺伝子背景が疾患のなりやすさを決め，環境要因が発症のスイッチを入れるという，エピジェネティックス発現調節機構の概念が注目されている。

### b. 脳の画像研究

MRI(Magnetic Resonance Imaging)を用いた脳の構造的画像研究から，小脳，尾状核，右前頭前野灰白質，左後頭領域で優位に低容積であるとの報告がある。また，脳の機能活動を評価する PET(Positron Emission Tomography)，SPECT(Single Photon Emission Computed Tomography)，Functional MRI などを用いた研究でも，前頭部，大脳基底核(尾状核)，帯状回などの活性低下が報告されている。

### c. 神経心理学的障害

バークレイ(Barkley, R. A.)は，実行機能障害に着目した自己制御モデルを提唱したものの，これだけで ADHD の臨床症状をとらえることは困難であった。これに対して，バーク(Barke, S. E.)らは実行機能と報酬系の強化に障害があるとする dual pathway model を，さらに時間処理障害を加えた triple pathway model を提唱した(Barkley, 1997)。

### (2) 疫学

人口調査によると，ほとんどの文化圏における有病率は，子どもで約5％，成人で約2.5％であると報告されている。また，女性より男性に多く，小児期で2:1，成人期で1.6:1と性差がある。女性は男性よりも，主に不注意の特性を示す傾向にある。

### (3) 予後

ADHD の経過は，多動は小学校高学年，衝動性は中学生時に軽快する傾向にあるが，不注意は成人まで持続することが多い。ADHD の子どもの約50％は成人までいずれかの症状が継続し，約35％は診断基準を満たす。

### (4) 医療機関における子どもの診断・治療ガイドライン

#### a. 診断ガイドライン

診断は，① 受理面接⇒ ② 半構造化面接⇒ ③ 医学的・神経学的検査⇒ ④ 知能・学習能力・人格評価⇒ ⑤ 包括的 ADHD 診断・評価の順に行う。また，保護者及び本人への面接では，聞き漏らしのないように，主訴，家族歴，既往歴，現病歴，成育発達状況，併存症状(ASD，反抗挑戦性障害，素行障害)などからなる臨床面接

表 15-1　ADHD の併存障害

| | |
|---|---|
| ・強迫性障害 | ・チック障害 |
| ・分離不安障害 | ・吃音 |
| ・全般性不安障害 | ・抜毛症 |
| ・社会不安障害 | ・気分障害 |
| ・その他の不安障害　（PTSD, パニック障害など） | ・睡眠障害　・物質関連障害 |
| ・適応障害 | ・パーソナリティ障害　ほか |

フォームを作成しておき，併存障害(**表 15-1**)が疑われる場合は，続けて併存障害診断・評価用オプションフォームを用いる。

　現在の状態は，DSM-5 の診断アルゴリズムに沿って以下の基準「7 歳(12 歳)以下から症状が存在していた，適応上の問題が 2 カ所以上でみられる，社会的・学業的・職業的機能に著しく支障をきたしている証拠がある，他の精神疾患，気分障害等によるものではない」に合致するかどうかを確認する。ADHD は，LD, ASD 等の他の発達障害と合併することも多いため，読み書き・算数などの学習や，社会性の評価も併せて実施しておくとよい。一旦 ADHD と診断されても，年齢が長ずるに従い多動・衝動性が減じていくと，ASD の症状が顕在化することがある。また，知的障害との鑑別，認知機能の偏りの評価のために WISC-Ⅳ などの知能検査を行う。書字の困難，不器用などが見られれば，作業療法士によるアセスメントも望ましい。二次障害の要因となるストレス源を特定し，環境調整を図るため，子どもの行動や表情，発言のみならず，作文やノート，工作なども参考とし，担任からは学校での居場所や学習意欲，友人関係，家族関係などの情報を集めて対応する。

### b. 治療ガイドライン(図 15-3)

　①**基本キット**：治療は ADHD の確定診断を前提とし，親ガイダンス，学校との連携，子どもとの面接，薬物療法を組み合わせて行う。薬物療法は，数カ月間に渡る心理社会的支援によって効果が得られないときに，子どもへのリスクとベネフィットを検討し，実施する。

　②**行動修正プログラム**：応用行動分析や行動療法を基盤としたもので，子ども本人への集団療法であるソーシャルスキルトレーニング(SST)，子どもの行動修正技能を獲得するための，保護者へのペアレントトレーニング，教師へのティーチャートレーニングなどがある。実施機関は，大学などの教育研究機関，親の会，NPO 法人，保健センターなどの福祉機関など，様々な場所で実施している。

　③**他機関との連携**：学校，医療，福祉機関は互いに連携し，情報共有を図り，目標を同じくして支援にあたる。また，保護者のエンパワメントとピアカウンセリング効果を期待して，親の会を紹介する。しかし，保護者が集団を苦手とする場合，

15章　注意欠如・多動性障害者に対する教育的支援

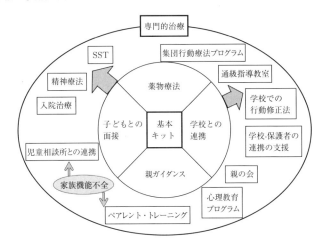

**図15-3　ADHDの治療構造**
出典）ADHDの診断・治療指針に関する研究会他編集（2008）を一部改変

子どもの特性を受け止め切れない場合などは，個別面談から始めるのが望ましい。

④**個人精神療法**：子どもが周囲からの過度の叱責，いじめ・孤立など集団からの阻害，併存する学習障害などによって自信を喪失している場合は，まず自尊心の回復を目的とした遊戯療法など，個人精神療法が有効となることがある。しかし，単に受容的な治療は行動の統制がきかなくなるため，治療初期の枠組みの明確化が必須である。

⑤**薬物療法**　国内における小児のADHD治療剤は，メチルフェニデート（コンサータ®）とアトモキセチン（ストラテラ®），グアンファシン（インチュニブ®）であり，作用機序が異なりそれぞれ特徴があるため，子どもの状況に合わせて選択する。

コンサータ®は徐放性の中枢神経刺激剤であり，脳の前頭前野および基底核領域に作用して神経伝達を賦活化する。18 mg，27 mg，36 mgの3種類のカプセルがある。1日1回朝食後に服用すると，効果が約12時間持続する。副作用には，食欲不振（42.1％），睡眠障害（18.5％），体重減少（12.0％），頭痛（8.3％）などがあり，服用時間や身長体重の変化に注意する。適応年齢は6歳以上である。流通が厳重に管理されている。

ストラテラ®は選択的ノルアドレナリン再取り込み阻害剤であり，脳の前頭前野におけるドパミン，ノルアドレナリンの神経伝達調整による効果とされる。5 mg，10 mg，25 mg，40 mgの4種類のカプセルと内用液があり，1日2回朝夕に服用する。効果は2週目から見られ，6週間目で十分な効果に至る。副作用は，頭痛（22.3

%），食欲減退（18.3%），傾眠（14.0%）などがある。適応年齢は6歳以上である。

インチュニブ®はアドレナリン受容体に作用し，脳の前頭前野，基底核におけるノルアドレナリンの神経伝達調整による効果とされる。1 mg，3 mgの錠剤があり，1日1回服用する。効果は1週間目から表れ，およそ1か月後には安定する。副作用は，傾眠（57.5%），血圧低下（15.4%），頭痛（12.2%）などが報告されている。適応年齢は6歳以上18歳未満（継続の場合のみ18歳以上でも慎重に投与可）である。

いずれも，少量より開始して副作用や効果等を確認の上，ゆっくり増量する。原則的に単剤で治療されるが，場合によっては併用することもある。また，漫然と使用することのないよう，効果の有無を長期休暇中などに休薬して確認する必要がある。

## 15-4　ADHDのある子への教育的支援

### (1)　教育的ニーズへの気づき

#### a. 早期からの教育的対応

保育所や幼稚園など，初めての集団生活で，いわゆる問題行動をみせるため，大人から行動を強く規制され，叱責を受ける場面が多くなる。"自分は何をやっても叱られる" "やりたいことは何でも大人に禁止される" と無力感に陥る恐れがあるため，まずは周囲がADHDの可能性に気づくことが重要である。やみくもに後追いで叱るのではなく，望ましい行動を具体的に示す，良い行動をすかさずほめる，特性を生かした役割を与えるなど，先手の対応が有効である。

#### b. 保護者支援

子どもの問題行動は，保護者の育て方に原因があると考えられがちである。担任が困っている以上に，保護者は子どもを叱責し疲弊していたり，お手上げ状態で放任しているかに見えることがある。子育てに自信をなくし，先の見えない不安を抱えているところに，「お宅のお子さんに問題があります」「障害が疑われます」と担任が指摘すれば，両者の関係がぎくしゃくする。まずは，保護者のこれまでの子育ての労をねぎらい，家庭での悩みを尋ね，学校で見せる良い面も十分伝えて，信頼関係を気づくことに力を注ぎたい。あくまで，共に悩み考えるというスタンスで，保護者も支援する気持ちが求められる。

通常学級での個別支援や，通級指導教室の活用については，制度や箱モノを押し付けるのではなく，子どもの特性を把握した上で，教育者として何を伸ばしたいのか，どのような効果が期待できるか，いつまで実施するか，という見通しを明確に伝える必要がある。「障害は軽度で大丈夫だと思うが念のために」といったあいまいな説明は，逆に保護者の不安を煽ることがある。

## (2) 子どもへの指導内容

### a. 不注意への対応

同じミスでも，同じ場所を注視できないのか，拙速に答えを出す早とちりか，他の事に気を取られたのか，その要因を探る必要がある。ある小学生はバランスボールに座って揺れながら宿題をすると，集中できると教えてくれた。大人の側が，子どもに良い姿勢を期待するのか，問題を解くことを期待するのか，問われるケースであった。

### b. 集中し続けるための対応

一つの課題に集中できる時間，教科や教材，指導法による違いをアセスメントする。視覚的情報に影響を受けやすいため，教室の壁の貼物を最小限に減らす，席から担任や黒板を結ぶ視野に気が散るもの（例えば気になる同級生）が入らぬよう環境を調整する。大判のプリントにたくさんの課題が書かれていれば，見通しが持てずにやる気を失う。ラインマーカーで区切る，分割して提示するなど，ショートゴールを明確にして心理的負担を減らす。

### c. 最後まで課題をやり遂げるための対応

課題の提出ができないことが多々ある。不真面目と決めつけず，提出できなかった原因のアセスメントが必要である。そもそも指示を聞いていなかった，出された指示が理解できなかった，他の事に気を取られ課題を忘れていた，段取りが悪くやり遂げられなかった，持ってきていたが提出するのを忘れた，などいくつもの要因が考えられる。課題を出せなかったことを注意しても効果は薄く，原因に応じた対応を行う。

### d. 忘れ物への対応

給食袋，体操服，鍵盤ハーモニカなど，複数の物の管理は忘れるリスクが大きくなる。忘れてきたら学習に参加させない，家に取りに帰らせる，などの対応は疑問である。忘れないようにメモを与えても，メモを忘れる，メモを取ることを忘れる，取ったメモを見るのを忘れる，メモを失くすなど，うまくいかない。目につくところに持ち物リストを書いたホワイトボードを掛ける，その場で付箋に書いて決まったところに貼る，自己点検の習慣をつける，自己管理できる最小限のものを与える，など対応に工夫を要する。重度な場合は，教科書，筆記用具の「置き勉」も選択肢として必要かもしれない。

### e. 学校のルールを守るための対応

学校には，先生の話を聞く，人が話していると口を挟まない，思った通りのことを口にしない，立ち歩かない，順番を守る，廊下を走らないなど，ADHDの特性の真逆をいく不文律が多くある。ルールの見える化，担任との個別の約束，トーク

ンを活用した動機づけなど，できた自分を意識できる取り組みが有効であろう。

## 15-5　ADHDをめぐる課題

**(1)　早期発見対応**

　ADHDは，保育所や幼稚園で集団生活が始まってから，保護者や保育士が育てにくさや，指示の入りにくさを感じて気づかれることが多い。これらの気づきを支援に結びつけ，過度な叱責を防ぎ，適切な関わり方を修得する契機となる早期診断は重要である。すでに一部地域では，いわゆる5歳児健診を実施し，就学前から専門職(作業療法士，言語聴覚士，臨床心理士，保健師等)の介入がなされている。京都府は，2008年度より年中児スクリーニングを実施しており，事後指導の充実も図っている。2013年度は京都府内全市町村319園の約6割が実施し，問診票と集団観察合わせて約3,800名のスクリーニングを実施した。その結果，問題なし66.8％，園のみでの対応19.2％，要支援7.8％，管理中6.2％と，計33.2％が何らの支援を受けている。支援内容は，発達相談・発達検査につなげる(177名)，学校教育機関・通級指導教室につなげる(72名)，育児相談(62名)，療育機関(18名)，フォロー教室(PT・SST)(10名)，医療機関受診(7名)という内訳であった。

**(2)　連携・継続支援**

　①**幼児期―学齢期**：一貫した相談・支援を行うために，教育・保健・福祉を結ぶ支援の方策として，支援ファイル・移行支援シートの作成と保護者への配布が行われている。いかに浸透させるかが，今後の課題である。また，教育委員会が行う教育支援委員会では，教育・医学・心理学の専門職の意見を参考に，保護者の意向も重視して，就学後の支援方法について検討している。

　②**青年期後期―成人期**：この時期の支援の要となるのは，本人の自己理解である。自分の特性と有効な支援を知り，自分を受け止める力，適切な支援者につながり，自分の思いを伝えられることが，自己実現の一歩となろう。高校から高等教育機関への連携では，高校及び大学における特別支援教育の整備，及び高大連携が進められている。また就労支援も，障害者雇用促進の取り組みの中で，就業サポートセンター，障害者就業・生活支援センター，高等技術専門校，NPO法人などが，発達障害に特化した相談事業，就労準備講座，職業訓練，企業実習などを実施している。今後，企業側の理解を進めることが喫緊の課題である。

## 15-6 まとめ

ADHDのある子どもたちへの支援は,医療と教育の分野においてほぼ同時期に始まり,全国各地に作られた親の会を加えて三者が同じ方向を目指し,行政をも巻き込み整備されてきた。この四半世紀の激動は,心身機能・身体構造の問題を,環境因子及び個人因子への調整介入により,活動・参加を可能にするという障害の定義(国際生活機能分類 ICF 2001)の具現化に他ならないと思われる。2016年4月より障害者差別解消法が施行され,ADHDへの合理的配慮の解釈を巡っても議論が白熱している。当事者の自己実現,自立には,まだまだ課題は残されていよう。障害のある人もない人も住みよい社会の実現を目指して,今後も更なる改善を目指したい。

### 引用・参考文献

ADHDの診断・治療指針に関する研究会・齊藤万比古・渡部京太(編集)(2008).『第3版 注意欠如・多動性障害—ADHDの診断・治療ガイドライン』じほう

Barkley, R.A.(1997). Behavioral inhibition, sustained attention and executive functions: Constructing a unifying theory of ADHD. *Psychological Bulletin,* **121**(1), 65-94.

Biederman, J. et al. (2011). Predictors of persistent ADHD: an 11-year follow-up study. *Journal of Psychiatric Research*, **45**, 150-155

Chess S. Diagnosis and treatment of the hyperactive child. New York State journal of medicine, 1960 Aug 1, 60, 2379-2385.

樋口輝彦・齊藤万比古(監修)(2015).『成人期ADHD診療ガイドブック』じほう

市川寛明・石山秀和(2006).『図説 江戸の学び』河出書房新社

治徳大介・吉川武男(2011). 自閉性障害・注意欠陥/多動性障害のゲノムワイド関連研究(GWAS). 医学のあゆみ, **239**(6), 721-727.

三宅邦夫・久保田健夫(2015). 発達障害のエピジェネティクス病態の最新理解. 日本生物学的精神医学会誌, **26**(1), 21-25.

文部科学省(2003). 今後の特別支援教育の在り方について(最終報告) 参考資料3. ADHD及び高機能自閉症の定義と判別基準(試案)等

小野次郎・小枝達也(編著)(2011).『ADHDの理解と援助』ミネルヴァ書房

Sonuga-Barke, E. et al. (2010). Beyond the dual pathway model: evidence for the dissociation of timing, inhibitory, and delay-related impairments in attention-deficit/hyperactivity disorder. *Journal of the American Academy of Child and Adolescent Psychiatry*, **49**(4), 345-355.

高橋三郎・大野 裕(監訳)(2014).『DSM-5精神疾患の診断・統計マニュアル』医学書院

山形崇倫(2010). ADHDの遺伝学. *Pharma Medica*, **28**(11), 13-16.

注 ADHDは,文部科学省の通知や行政文書では,現在「注意欠如多動性障害」とされているが,DSM-5の日本語版(2014)では,「注意欠如・多動性/注意欠如・多動性障害」と翻訳されているため,本章ではこの表記を用いた。

## 第 Ⅲ 部

## 特別支援教育を推進する条件の整備
―― 学校・学級経営の課題と展望 ――

16章　特別支援教育コーディネーターの役割と課題
17章　特別支援学校のセンター的機能の活用と課題
18章　個別の指導計画と個別の教育支援計画の実際
19章　障害のある子どもの授業づくりの視点
20章　障害のある子どものためのICTの活用
21章　障害のある子どものための自己肯定感の育成
22章　障害のある子どものための家族支援の展開
23章　障害のある子どもの放課後保障

# 16章 特別支援教育コーディネーターの役割と課題

石橋 由紀子・末吉 哲大

[キーワード]
特別支援教育
　コーディネーター
校内委員会
センター的機能
地域支援

　本章では，全国の幼稚園・小学校・中学校・高等学校・特別支援学校において指名されている特別支援教育コーディネーターの役割と課題について整理する。小学校のコーディネーターの活動例として，①校内委員会，②校内研修，③関係諸機関との連絡・調整，④学校との連絡・調整，⑤保護者からの相談窓口等の具体的内容について，留意点とともに述べる。また，特別支援学校のコーディネーターの活動例として，センター的機能の6項目から記述する。最後に，コーディネーターの課題として，活動時間の保障，研修の必要性等について述べる。

## 16-1　特別支援教育コーディネーターとは

　2007年に特別支援教育が本格的に実施されてから，おおよそ10年が経過する。この特別支援教育の推進において中心的な役割を担うものとして全国すべての幼稚園・小学校・中学校・高等学校・特別支援学校において指名されることとなったのが，特別支援教育コーディネーターである。特別な教育的ニーズのある子どもたちを学校全体として，さらには地域全体として支援していく上で，その役割はとりわけ重要なものである。

　特別支援教育コーディネーターに求められる役割は小中学校等と特別支援学校では異なるものとなっている。小中学校等における特別支援教育コーディネーターは，校内の特別支援教育の推進に向け，特別支援教育に関する校内の方針を立てるとともに，校内委員会を運営し，子どもへの支援が実現されるために担任への支援を実施したり，校内研修の企画・運営を行ったりする。また，外部の関係機関との連絡調整などの役割も担っており，保護者からの相談を適切な外部機関につないだり，外部機関のアドバイスを校内で活かしていくための連絡調整等が求められる。

　一方，特別支援学校の特別支援教育コーディネーターは，小中学校等の特別支援教育コーディネーターと連携しながら，各校がニーズのある子どもへの支援を実現できるよう，巡回教育相談を実施して支援方法についてのアドバイスを行ったり，障害の理解や支援方法の習得のために研修会を開催したり，小学校と中学校との移行が円滑に進むよう，移行支援に際してのアドバイスを行うなど，支援ネットワークの構築に寄与するなどの地域支援も求められている。

本章では，小学校及び特別支援学校の特別支援教育コーディネーターについて，法的位置づけについて把握した上で，活動について項目ごとに紹介する。

## 16-2 小学校における特別支援教育コーディネーターの活動

### (1) 法的位置づけ

小学校，中学校，高等学校，中等教育学校及び幼稚園の「各学校の校長は，特別支援教育のコーディネーター的な役割を担う教員を特別支援教育コーディネーターに指名し，校務分掌に明確に位置付けること」とされている（特別支援教育の推進について（通知））。つまり，小学校を含む各学校園の特別支援教育コーディネーターは，各校の特別支援教育の中心的な役割として位置づけられている。

### (2) 小学校における特別支援教育コーディネーターの活動例

特別支援教育コーディネーターは，「校内委員会・校内研修の企画・運営，関係諸機関・学校との連絡・調整，保護者からの相談窓口などの役割を担う」とされている（特別支援教育の推進について（通知））。これらの各項目について，それぞれ例示していく。

#### a. 校内委員会

校内委員会とは，校長，教頭，特別支援教育コーディネーター，教務主任，生徒指導担当，通級指導教室担当，特別支援学級担任，対象の児童の学級担任等から構成される，校内における支援体制の要となる組織である。教育的ニーズのある児童に対する支援を学校全体でチームとなって行うために組織されている。構成メンバーや人員は必要に応じて変更されることが考えられ，例えば外部から関係者や専門家を招聘する場合もある。

「小・中学校におけるLD（学習障害），ADHD（注意欠陥／多動性障害），高機能自閉症の児童生徒への教育支援体制の整備のためのガイドライン（試案）」（文部科学省，2004）においては，校内委員会の役割は，「学習面や行動面で特別な教育的支援が必要な児童生徒に早期に気付く・特別な教育的支援が必要な児童生徒の実態把握を行い，学級担任の指導への支援方策を具体化する・保護者や関係機関と連携して，特別な教育的支援を必要とする児童生徒に対する個別の教育支援計画を作成する・校内関係者と連携して，特別な教育的支援を必要とする児童生徒に対する個別の指導計画を作成する・特別な教育的支援が必要な児童生徒への指導とその保護者との連携について，全教職員の共通理解を図る。また，そのための校内研修を推進する・専門家チームに判断を求めるかどうかを検討する・保護者相談の窓口となると

ともに、理解推進の中心となる」とされている。

特に、2016年4月より施行された、「障害を理由とする差別の解消の推進に関する法律」（いわゆる「障害者差別解消法」）により義務付けられた教育的ニーズのある児童に対する合理的配慮の提供についての相談、決定を行うことが、これからの校内委員会の大きな役割の一つとなると考えられる。特別支援教育コーディネーターは、充実した校内委員会のための情報収集や、日程等の調整・準備を行う。対象児の情報収集は、主に学級担任が行うが、特別支援教育コーディネーターは、その際の視点や記録の取り方を助言したり、対象児の資料として、教科テストや作文、ノート、図工の作品など学習の成果物を準備するよう求めたりすると、校内委員会において、合理的配慮を含む効果的な支援を考える上で有効である。

### b. 校内研修

特別支援教育を推進していくために、教職員の資質向上は必須である。

特別支援教育コーディネーターは、児童や教職員の実態を踏まえ、研修計画を練る必要がある。その際に、教職員一人ひとりが「自分のこと」として、特別支援教育に対して考えられるような、実感を伴った研修を進めていくことが肝要である。また、研修会だけでなく、校内通信のような形で、教職員に対して啓発や情報提供していくことも有効であるだろう。

また、教職員全体に対してだけでなく、教職員個人との何気ない会話の中でも、気づきや新しい視点をもたらすことは多い。特別支援教育コーディネーターは、あらゆる機会を捉えて、特別支援教育の啓発、推進に取り組まなくてはならない。

### c. 関係諸機関との連絡・調整

ここでいう関係諸機関とは、地域内の幼稚園や保育所、小・中・特別支援学校、行政機関、病院、放課後等デイサービス等の事業所、療育施設等、自校以外で児童が関わる外部機関全般を指している。

特別支援教育コーディネーターの役割の特徴の一つとして、他の教職員に比べ、格段に外部機関との関わりが多いことが挙げられる。教育的ニーズのある児童の中には、通院しながら服薬や療育を受けている児童も少なくなく、それらの機関と協働しながら学校教育を実践していくことで教育効果を高めることができる。特別支援教育コーディネーターは、それら外部機関との窓口となり、協働を実現させるために、自らが接着剤、潤滑油として機能することが望ましい。

病院・療育施設との関わり方では、主治医等との情報交換を行うために、保護者と相談し、面談が行えるよう日程等の調整を行うことがある。また、病院等で受ける発達検査の結果は、数値や文言など、そのまま指導に活かすことが難しい場合が少なくない。特別支援教育コーディネーターは、それらの数値や所見を、教育的に

「翻訳」して，担任等，児童が関係する教職員に伝えたり，支援を考えたりする役割を担う。

地域内の学校とは，小学校であれば幼稚園・保育所や中学校など，進学に向けた関わりがある。特に幼稚園・保育所は，来年度の1年生を迎える準備として，入学の前年度から実態把握のため，訪問する場合がある。必要に応じて，保護者との面談を行い，早期に適切な支援が行えるよう相談を進めていく。

行政機関との関わりには，教育委員会や市役所の各課との連絡が含まれる。教育委員会に対し，巡回相談員の派遣依頼等行うこともあるが，特に，福祉や保健の業務を担当する課との関係が深い。その中でも保健師は，病院や関係施設等の近隣の地域リソースに詳しく，外部機関との連携という意味でも，特別支援教育を推進していく上で，キーパーソンとなる。

最近は，放課後等デイサービスを行う事業所が急激に増えてきていることもあり，学校と事業所の関わりも以前に比べて増加している。事業所独自に個別の支援計画を作成しているところもあり，連携を行いながら，同一目線で児童への支援を行うことが望ましい。また，送迎のサービスを行っているところも多いため，学校から事業所へ児童を引き渡す際のルール作りも急務となっている。

#### d. 学校との連絡・調整

特別支援学校は，地域の学校園等に対して地域支援を実施しており，必要に応じて特別支援学校の特別支援教育コーディネーターと連携したり，助言を得ながら支援の調整や見直しを行うことが望ましい。しかし，特別支援学校がセンター的機能を担う地域は広く，近隣の学校から寄せられる相談件数が多くなっており，頻繁に訪問相談を行ってもらうことは難しくなってきている。そのため，特別支援学校のコーディネーターの訪問が確定した際には，事前の綿密な打ち合わせ，及び対象児童のアセスメントに有用と考えられる資料の準備を行い，効果的な訪問相談となるよう配慮する必要がある。

また，自校の校区内に居住している児童で，特別支援学校に在籍している児童は，居住地校交流を希望されている場合がある。特別支援教育コーディネーターは，その際の特別支援学校職員，及び保護者との打合せ，自校交流学級の準備等も中心となって進めていく。

#### e. 保護者からの相談窓口

特別支援教育コーディネーターは保護者からの教育相談を受ける場合もある。相談は，必要に応じて管理職や主治医等外部の関係者が参加する場合も考えられるが，基本は学級担任と特別支援教育コーディネーターが行う。

相談内容は，保護者が現在直面している我が子の問題に関するものであるため，

相談を受ける際には，どのようなことで相談したいのかについて，予め概要を把握しておくことが望ましい。学級担任には，その内容に応じて，校内委員会の項で述べたような準備物を依頼し，特別支援教育コーディネーターも実際に，対象児の授業中や生活の様子を観察しておく方が，より実際的な相談が可能になる。

いずれにせよ，保護者との教育相談は，合理的配慮の提供に直結する機会である。保護者の直面している問題に対し，どのような支援や配慮が行えるのかについて相談を進めていく。特別支援教育コーディネーターは，保護者や本人の要望と，本人のアセスメント（発達検査等客観的なデータ，学習成果物，担任が捉えた実態等々）を踏まえ，教育的ニーズを見定めることが肝要である。ただ，合理的配慮の決定に際しては，提供可能であるかどうかも含めて，諸問題が絡んでくることも少なくないため，校内委員会と連携して進める等，慎重に学校と保護者や本人の意向の擦り合わせを重ねていくことが重要である。

また，教育相談は，特別支援教育に関する情報の提供に非常に適した機会である。特別支援学級や通級指導教室，指導補助教員の存在，個別の教育支援計画の作成など，校内の特別支援教育に関連するリソースや，発達障害に対応できる病院や療育施設，放課後等デイサービス等の事業所，保健課，福祉課等の行政の相談窓口など，外部のリソースの情報提供を行うことで，支援の提供の幅が広がり，保護者支援として効果があることも少なくない。

相談を希望する保護者は，大きな不安を抱え，助けを求めて来校される場合が多い。まずは，保護者の話を傾聴し，問題の核を見定めるとともに，保護者の不安に対するケアの視点にも留意して，相談を進めることが必要となる。

## 16-3　特別支援学校における特別支援教育コーディネーターの活動

### (1)　法的位置づけ

2007年4月1日に施行された学校教育法の一部改正において，「幼稚園，小学校，中学校，高等学校又は中等教育学校の要請に応じて，教育上特別の支援を必要とする児童，生徒又は幼児の教育に関し必要な助言又は援助を行うよう努める」（第71条の3）旨が規定され，法律上明確に位置づけられた。

また，学習指導要領においては1996年に告示された「盲学校，聾学校及び養護学校学習指導要領」において盲・聾・養護学校は「地域における特殊教育に関する相談のセンターとしての役割を果たすよう努めること」と記されて以来，現行の学習指導要領にも引き継がれている。

具体的には，総則において以下のように記されている。「小学校又は中学校等の

要請により，障害のある児童，生徒又は当該児童若しくは生徒の教育を担当する教師等に対して必要な助言又は援助を行ったり，地域の実態や家庭の要請等により保護者等に対して教育相談を行ったりするなど，各学校の教師の専門性や施設・設備を生かした地域における特別支援教育のセンターとしての役割を果たすよう努めること。その際，学校として組織的に取り組むことができるよう校内体制を整備するとともに，他の特別支援学校や地域の小学校又は中学校等との連携を図ること。」

このように，センター的機能は，法的に裏付けのある機能であり，この推進における中心を担うのが特別支援教育コーディネーターである。もっとも，すべての特別支援教育コーディネーターが地域支援を担当しているわけではなく，校内のコーディネート活動を担当するコーディネーターもおり，活動と指名の状況は必ずしも対応的に考えることはできない。

**(2) 特別支援教育コーディネーターによるセンター的機能の活動例**

センター的機能の具体的内容として，「特別支援教育を推進するための制度の在り方について（答申）」（2005年）において挙げられている項目それぞれについて，例示をしていく。なお，以下の項目をすべての学校がすべてにわたって実施しているというわけではなく，各学校等が実情に応じて実施している。

例えば障害種別により活動内容や範囲は多様であり，視覚障害・聴覚障害を主たる対象とする特別支援学校では，都道府県内全域を視野に入れることが求められる。また，地域におけるリソースの多寡により，関係機関との密接な連携が求められる場合や，特別支援教育に関する相談は「何でも」引き受けることが期待される場合もある。

**a. 小・中学校等の教員への支援機能**

学校等からの要請に応じて，特別支援学校のコーディネーター等が担任，相手校のコーディネーター等に対してアドバイスをする形態である。学校からの要請が，担任個人ではなく学校として行われるように，学校長を通じた依頼文書を送付するよう求めたり，アドバイスの際には学年団及びコーディネーター，管理職の同席を求めている学校もある。また，より的確なアドバイスを実施するために，授業見学の後にケース会議を設定する，支援のための文書を作成するなど，アドバイスが校内において活かされるような工夫がなされている。

**b. 特別支援教育等に関する相談・情報提供機能**

保護者等からの相談に対して，特別支援学校がもつ指導のノウハウ，情報等を提供する機能である。相談の形態としては，電話相談，来校相談等がある。また，口頭での回答と合わせて，基本的な障害理解に関するリーフレットを配布する等の工

夫を行っている学校もある。さらに，進路に関する情報提供の要請が中学校から寄せられた場合には，特別支援学校における進路担当者から直接情報提供を行うなど，より的確で豊富な情報を提供できるよう工夫する学校も見られる。

#### c. 障害のある幼児児童生徒への指導・支援機能

障害のある児童生徒等への直接指導を指す。就学先を選択する際に体験入学のような形で行われる場合や，ニーズに共通性のある子どもたちに対して，ソーシャルスキル等のグループでのセッションを実施している学校もある。障害の重い子どもたちの指導の専門性は特別支援学校に豊富に蓄積されており，地域の小中学校等に在籍する児童生徒に対し，その専門性を活かした指導が今後いっそう求められるだろう。

#### d. 医療，福祉，労働などの関係機関等との連絡・調整機能

例えば依頼のあった相談が，特別支援学校のみで適切な回答を示すことができないこともある。また，例えば3歳児健診や5歳児発達相談・健診において，地域の保健師，保育士等とともに特別支援学校のコーディネーターが面談や子どもの観察に加わることもある。また，特別支援学校同士が連携し，特別支援学校に在籍する重複障害の児童生徒の的確な指導を行うことをねらいとした連携も始まっている。

#### e. 小・中学校等の教員に対する研修協力機能

学校等からの依頼に応じて，研修会の講師を務めたり，特別支援学校等で開催する研修会を小中学校等にも開くこと等が考えられる。最近では，研修会等に関する情報を特別支援学校同士で共有し，案内するような取り組みも浸透している。

#### f. 地域の障害のある幼児児童生徒への施設設備等の提供機能

学校施設や設備を貸し出したりすることである。車いすを貸し出して近隣小学校の障害理解教育の際に利用してもらったり，同窓会の会場として教室等を貸し出すこともある。

## 16-4　現状の課題

これまで述べたことからも推察されるように，特別支援教育コーディネーターの対象は，児童・保護者を中心に全教職員，全関係者であり，その業務も多岐にわたる。本来であれば，専任が望ましいことは間違いないが，実際は学級担任と兼務していることが少なくない。兼務の場合は，通常の担任業務を行いつつ，特別支援教育コーディネーターとしての責務も担うことになる。通常の学校の特別支援教育コーディネーターが，「多忙さ」や「力量不足」について悩みを深めているという指摘もある(宮木，2015)。

先にも述べたが，校内外には様々なリソースが存在している。特別支援教育に関する最新の知識や技能を磨くことはもちろん必要であるが，関係者と共に支え合える関係を構築・維持していくことも，特別支援教育コーディネーターにとって，必要な資質の一つである。

また，特別支援教育コーディネーターは，研修の受講を修了した者や専門性を有した者が指名されるわけではなく，指名されてから初めて市町等により開催される研修会に参加しスキルを高めていく場合も多い。コーディネーターに必要なスキルを習得した後に指名される体制づくりや数年でコーディネーターが交代するのではなく，継続的に指名される仕組みを構築し，ニーズのある子どもにより適切な支援が提供されるようバックアップすることが求められよう。

**引用・参考文献**

石橋由紀子・椎森京子(2015)．特別支援学校のセンター的機能―具体的な機能と今後の役割の変化．拓殖雅義(監修)『キーワードでわかるはじめての特別支援教育』学研，pp.106-117．
宮木秀雄（2015)．通常の学校の特別支援教育コーディネーターの悩みに関する調査研究―調査時期による変化と校種による差異の検討―．LD 研究，**24**(2)，275-291．
文部科学省（2004)．小・中学校における LD(学習障害)，ADHD(注意欠陥／多動性障害)，高機能自閉症の児童生徒への教育支援体制の整備のためのガイドライン(試案)
文部科学省（2006)．特別支援教育の推進のための学校教育法等の一部改正について(通知)
文部科学省（2007)．特別支援教育の推進について(通知)
中央教育審議会（2005)．特別支援教育を推進するための制度の在り方について(答申)

# 17章 特別支援学校のセンター的機能の活用と課題

渡辺 実

[キーワード]
センター的機能
地域連携
相談・支援

2006年に学校教育法が改正され，特別支援教育の改革が進む中で，特別支援学校の役割として，特別支援学校のセンター的機能が新たに法律で明記された。センター的機能は一見，特別支援学校の本来の仕事とは違うように思われるが，地域の中における障害児への支援や相談の中核的な存在として大きな役割がある。法律改正前の盲・聾・養護学校の時代からも，現在のセンター的機能の一部は行われていたが，特別支援教育として障害児教育が大きく変わる中で，特別支援学校のセンター的機能がめざすものは何であるのか。障害児教育のこれまでの経過を踏まえ，特別支援教育への法改正から10年を迎え，センター的機能設立の理念や実践を再点検しながらセンター的機能の基本的な在り方を考え，同時に特別支援教育の在り方も考えていく。

## 17-1 特別支援学校の総合化の中でのセンター的機能

2005年に中央教育審議会(以下，中教審)は，「特別支援教育を推進するための制度の在り方について(答申)」を出した。その第3章では，「盲・聾・養護学校の制度の見直しについて」が取り上げられ，「1.障害種別を超えた学校制度について」及び「2.特別支援教育のセンター的機能について」の2点が述べられている。この答申は，特別支援教育を推進するにあたっての盲・聾・養護学校改革の主要な方針が示されており，この方針にそって，学校教育法の改正を柱に特別支援教育への改革が行われてきた。

2006年6月に学校教育法が改正され，第1条は，「この法律で，学校とは，小学校，中学校，高等学校，中等教育学校，大学，高等専門学校，特別支援学校，及び幼稚園とする」と改められ，従来の盲・聾・養護学校は法的な名称ではなくなり，新たに特別支援学校という名称に変更された。

中教審の答申における，「障害種別を超えた学校制度について」の項目では，特別支援学校においては「可能な限り複数の障害に対応できるようにするべき」として，障害種にかかわらず，一人ひとりのニーズに応じた総合的な特別支援学校をめざすことを促し，「地域の身近な場で教育を受けられるようにするべき」と示している。具体的には，従来の制度では知的障害児が近隣の盲学校には視覚障害ではないので就学することはできなかったが，新制度では，盲学校への知的障害児の就学も可能になった。逆に視覚障害児が近隣の特別支援学校に就学することも可能であ

る。これは，特別支援学校が地域の障害児の教育や支援を総合的に行うことを意味しており，同時に特別支援学校が地域の幼稚園，小中学校や高等学校に通う障害児に関しても，相談や支援を行うことを意図している。

特別支援学校の総合化の方向性として，特別支援学校が地域の様々な障害のある幼児児童生徒のニーズに応じた教育方法や支援を提供し，その子の就学前から卒業後の進路を含めた，生涯にわたる支援を継続的に行う地域の中核としての存在が期待されている。その支援のひとつが，特別支援学校のセンター的機能であり，センターが中心となり，地域の障害児の個別の支援計画や個別の教育支援計画作成の支援や相談を行い，教育だけではなく，医療や福祉，地域社会との連携の中核として，その子の生涯にわたる支援や援助を行うことが求められている。

## 17-2 特別支援学校におけるセンター的機能付与への経過とその内容

### (1) 調査研究協力者会議の報告と政府施策としてのセンター的機能

2001年に，21世紀の特殊教育の在り方に関する調査研究協力者会議から「21世紀の特殊教育の在り方について(最終報告)」が出された。その報告書の第3章2の1では，「地域の特殊教育のセンターとしての盲・聾・養護学校の機能の充実」という見出しがあげられ，「盲・聾・養護学校は，その専門性や障害に応じた施設・設備を生かして，早期からの教育相談や幼児の指導など，地域の特殊教育の教育相談センターとしての役割を果たすこと。地域の小・中学校や幼稚園等に対して，求めに応じて教材・教具の貸し出しや情報提供など小・中学校の教員に対して支援の役割を果たすこと」と記されている。地域の保護者への教育相談と幼小中学校の教員への支援の必要性が述べられ，特別支援学校のセンター的機能としての「相談と支援」の役割が明示された。

2002年に閣議決定された障害者基本計画においても，「4 教育・育成(2)②専門機関の機能の充実と多様化」という項目があげられ，学校教育について，「盲・聾・養護学校については，その在籍する児童生徒等への教育や指導に加えて，地域の保護者等への相談支援や小・中学校等における障害のある児童生徒等への計画的な教育的支援等を行う地域の障害のある子どもの教育のセンター的な役割も果たす学校への転換を図る」と述べられ，ここでも地域の障害児者に対するセンター的機能を担うことが求められている。

この基本計画の具体的な実施を促す「重点施策5か年計画」では，「6 教育・育成」において，「(1)一貫した相談支援体制の整備，地域において一貫して効果的な相談支援体制を行う体制を整備するためのガイドラインを2004年度までに策定す

る」そして,「(3)指導力の向上と研究の推進,盲・聾・養護学校に関して地域における教育のセンター的役割を果たす学校についての制度的検討を行い,平成15年度中には結論を得るともに,その検討状況も踏まえて特殊教育に係る免許制度についても改善を図る」とされ,センター的機能を具体的に実施するためのガイドライン等の策定時期が明記され,早急な対策を促した。

この重点施策を受けて,2004年1月に「小・中学校におけるLD(学習障害),ADHD(注意欠陥/多動性障害),高機能自閉症の児童生徒への教育的支援体制の整備のためのガイドライン(試案)」が公表され,通常学級における発達障害児への支援が本格化していくことになった。

各省庁から出された行政施策の整合性から,文部科学省の調査協力者会議の報告と厚生労働省の障害者基本計画等の施策は連動する必要がある。特別支援教育が単に学校教育の範疇だけではなく,生涯を通じて福祉・医療・労働資源等との連携の中で,障害者に一貫した相談・支援を提供できる体制を整えることが求められている。その中で特別支援学校とそのセンター的機能が中核となり,一人ひとりの個別の支援計画の作成や具体的な支援が求められることになる。

### (2) 中教審答申から学校教育法改正へ

2003年には,特別支援教育の在り方に関する調査研究協力者会議から「今後の特別支援教育の在り方について(最終報告)」が出された。その第3章3には,「地域の特別支援教育センター的機能を有する学校へ」としてセンター的機能の具体的な内容が述べられている。また,前述した2005年に出された中教審答申の「特別支援教育を推進するための制度の在り方について」の第3章の2では,「特別支援教育のセンター的機能について」という項目があげられ,センター的機能の方向性と具体例が示され,この内容については次節で述べたい。

上記の経過を経て,2006年6月に学校教育法が改正され,特別支援学校のセンター的機能については,第6章の特別支援教育の項目に第71条の3が新設され,「特別支援学校においては,第71条の目的を実現するための教育を行うほか,幼稚園,小学校,中学校,高等学校又は中等教育学校の要請に応じて,第75条第1項に規定する児童,生徒又は幼児の教育に関し必要な助言又は援助を行うよう努めるものとする」と明記され,2007年4月から実施された。このセンター的機能の法制化は,特別支援教育改革の重要な柱だと言える。

### (3) 学習指導要領にみるセンター的機能

特別支援学校以前の盲・聾・養護学校の時代でも,養護学校学習指導要領の規定

にあるように，地域の特殊教育のセンターとして就学相談や教育相談，就学後の継続相談といった，現在のセンター的機能の一部を養護学校は行っていた。養護学校での地域支援が行われている中で，第15期中教審の第2次答申(1996年)では，「障害等に配慮した教育の充実(第2次答申第2部第1章(2)の8)」の項目の中で，高等部の拡充，交流教育の推進，LD児への指導内容の研究が提言され，養護学校における保護者からの相談，正確な情報提供や幼稚部の設置が述べられている。

その中教審答申を受けて，1999年に改訂された盲・聾・養護学校学習指導要領には，「第7. 指導計画の作成等に当たって配慮すべき事項」の「2. 以上のほか，配慮すべき事項」の(12)では，「地域の実態や家庭の要請等により，障害のある児童若しくは生徒又はその保護者に対して教育相談を行うなど，各学校の教師の専門性や施設・設備を生かした地域における特殊教育に関する相談のセンターとしての役割を果たすように努めること」と述べられ，教師の専門性や施設・設備を活用したセンター的機能の役割が求められている。

2006年の学校教育法改正後の2009年に改訂された「特別支援学校学習指導要領」では，より明確に役割が示された。第1章総則第4指導計画の作成等に当たって配慮すべき事項の2の(16)には，「小学校又は中学校等の要請により，障害のある児童，生徒又は当該児童若しくは生徒の教育を担当する教師等に対して必要な助言又は援助を行ったり，地域の実態や家庭の要請等により保護者等に対して教育相談を行ったりするなど，各学校の教師の専門性や施設・設備を生かした地域における特別支援教育センターとしての役割を果たすように努めること。その際，学校として組織的に取り組むことができるよう校内体制を整備するとともに，他の特別支援学校や地域の小学校又は中学校との連携をはかること」と述べられ，今後の特別支援学校の在り方として，地域の特別支援教育の拠点となることが求められている。しかし，法的に明記されたにもかかわらず，センター的機能を担う人材の育成や予算が十分とは言えず，特別支援学校内での人材や経費をやりくりして，センター機能を維持しているが現状である。

その一方で，この同じ総則第4の1の(6)には，「学校がその目的を達成するため，地域や学校の実情に応じて，家庭や地域の協力を得るなど家庭や地域社会との連携を深めること。また，学校相互の連携や交流を図ることにも努めること。特に，児童又は生徒の経験を広めて積極的な態度を養い，社会性や豊かな人間性をはぐくむために，学校の教育活動全体を通じて，小学校の児童または中学校の生徒などとの交流及び共同学習を計画的，組織的に行うとともに，地域の人々などと活動を共にする機会を積極的に設けること」との記述がある。これは，特別支援学校の総合化をめざす中で，特別支援学校が地域と連携して，特に小中学校との交流及び共同

学習によって，障害のある子どもたちが地域社会の中で豊かな人間性を育むことの重要性を指摘している。

特別支援学校の役割が，単に地域の教職員や保護者への相談・支援だけではなく，特別支援学校の児童生徒が，地域社会で生きるための学習活動のひとつとして，地域の学校との交流及び共同学習や連携が必要なことは当然のことである。特別支援学校の児童生徒も逆に，地域からの支援を受けることであり，これは，特別支援学校のセンター的機能が，地域への一方的な支援ではなく，特別支援学校と地域の学校との双方の橋渡しをするという重要な役割を担っていることも意味している。

このような地域での交流及び共同学習の大切さは，同じく，特別支援学校学習指導要領の第5章の総合的な学習の時間や第6章の特別活動でも示されている。交流及び共同学習は，センター的機能を下支えする活動であり，センター担当の先生だけが地域支援を担うことではない。特別支援学校全体と地域の学校が，お互いに支え合う意識を育てることもセンター的機能の目指す在り方であり，地域で共に生きる子どもたちを支える力になると考える。

## 17-3　特別支援学校のセンター的機能の内容

### (1)　報告や答申におけるセンター的機能の内容

前述した21世紀の特殊教育の在り方に関する調査協力者会議から2003年3月に出された，「今後の特別支援教育の在り方について（最終報告）」の第3章の3には，「地域の特別支援教育のセンター的機能を有する学校へ」として，センター的機能の役割が示された。そこでは，児童や保護者への相談機能と教員や学校への支援機能が述べられており，その内容について考えてみたい。

この項目では，これまでの特別支援学校の専門的な教育課程や指導法を認めつつ，特別支援学校の教育的知見を生かして小中学校の支援を行うことで，「地域における障害のある子どもの中核的機関として機能すること」を求めている。

具体的な活動として，「その学校に在籍する児童生徒の指導やその保護者の相談に加えて」とあり，初めに自校の特別支援学校の児童生徒とその保護者への相談が求められ，次に「地域の小・中学校等に在籍する児童生徒やその保護者からの相談」に応じることが述べられている。つまり，自校の児童生徒の相談や援助を行うことが地域での支援に繋がるという相談援助の自然な流れだと言える。

その上で，個別の指導計画の作成や具体的な指導方法など，地域の先生からの相談に対して，「地域の小・中学校等への教育的支援を積極的に行うこと」が示され，教材・教具の貸し出しや施設・設備の提供などの支援も求められている。ここでも

「相談と支援」がセンター的機能の主要な役割となる。その役割の形態や運営について,「例えば専門の部署の設置等による相談支援体制の充実」を述べ,センター的機能の実施に向けた校内体制の整備を促している。現在では,これらの方針に則って,特別支援学校でのセンター的機能が実施されている。

しかしながら,センター的機能の実施において注意すべきこともある。第3章3のはじめには,「…今後,小・中学校等において専門性に根ざしたより質の高い教育が行われるようにするためには,盲・聾・養護学校は,これまで蓄積した教育上の経験やノウハウを活かして地域の小・中学校等における教育について支援を行うなどにより,地域における障害のある子どもの教育の中核的機関として機能することが必要である」と書かれている。前述したように,自校の相談援助に加えてと言いつつも,この文章には,地域の小中学校教育の質の高さが述べられ,そのための小中学校への相談・援助という,一方向だけに力点が置かれていないかという危惧がある。センター的機能は,特別支援学校自身も指導のノウハウを蓄積することが必要であり,その蓄積された教育資源を生かした小中学校の教育の質の高さが求められているのであり,特別支援学校と共に地域の小中学校も特別支援教育の実践力をあげることが重要である。逆に小中学校での指導のノウハウを特別支援学校で生かすことも必要であり,特別支援学校と地域の学校のそれぞれの良さを出し合うことが双方にとって必要なことなのである。

**(2) センター的機能の具体的役割**

2005年に出された中教審答申では,センター的機能について次の6点を例示した。また,文部科学省(2009)は特別支援教育の推進に関する調査研究協力者会議(第17回)において,センター的機能での支援の具体例をあげている。

①**小・中学校等の教員への支援機能**:地域内の特別支援学級担任への巡回による支援,特別支援学級担任への継続的な支援,高等学校教員からの要請に応じ支援などがある。実践例として,特別支援学校(視覚障害)の支援担当者が,視覚障害児の在籍する小学校への巡回相談を行っている。

②**特別支援教育等に関する相談・情報提供機能**:児童生徒,保護者,教員を対象とした支援,関係機関と連携した相談会の実施,小・中学校等教員に対する情報提供等が考えられる。

③**障害のある幼児児童生徒への指導・支援機能**:特別支援学校が行う通級による指導があげられ,実践例として,特別支援学校に通級指導教室を設置し20名の児童生徒が週1〜2回通級している。

④**福祉・医療・就労等の関係諸機関との連絡・調整機能**:医療機関との連携,福

祉・労働関係機関等との連携による就労移行支援，広域にわたる関係機関の連携などがあり，センターとしての集約的役割が求められている。

⑤**小・中学校等の教員に対する研修協力機能**：校内研修会の講師や，発達障害等の研修会の開催，ケース会におけるアドバイザーとしての協力等があげられ，現在もセンターとしての主要な業務となっている。

⑥**障害のある幼児児童生徒への施設設備等の提供機能**：教材・教具の提供や施設・設備の提供だけでなく，障害のある人同士や一般の地域住民との交流の場の提供も有効である。

センター的機能が打ち出された時は，各校や地域の試行錯誤が続いたと言える。当時の京都府教育委員会のセンター的機能の紹介（京都府教育委員会，2007）では，「相談活動としては『相談支援チームの設置』『教育・巡回相談』『地域生活支援の相談』があげられ，支援としては『研修会等への講師派遣』『研修講座の開催』があげられていた。この他にも，最終報告にもあるように『教材・教具の貸し出し』『情報提供機能』『施設・設備の開放』等が考えられる」と述べ，センターとして必要な機能をあげており，今後もこの方向性は変わらないと言える。

今後は，特別支援学校の教職員はもとより，地域の小中学校の先生方が，LDなど発達障害児の特性や指導法をより理解しておくことと同時に，特別支援学校の児童生徒の特性や教育内容も理解しておく必要がある。

**(3) センター的機能における実際の運用と内容**

文部科学省の報告（文部科学省，2015）によれば，公立の特別支援学校では96％の学校がセンター的機能を主として担当する分掌や組織（例えば地域支援部等）を設置している。

この報告による小中学校などへの校種別の相談件数とその内容は，各校種の合計相談数は130,284件で，その内小学校が63,956件で全体の49.1％を占める（この報告は国立，公立，私立学校別に数が表示されているが，公立の特別支援学校の報告数が圧倒的に多いので，ここでは公立学校のデータを示す）。その中で，教員からの相談内容は，小中学校等の全校種において，のべ5,354件の相談件数の内，「指導・支援についての相談・助言」が878件で17.2％，続いて「障害の状況などの実態把握・評価等」が806件で15％，「就学や転学等についての相談・助言」，「進路や就労についての相談・助言」と続き，児童生徒に関わる相談が多い。

地域での相談事例として京都府を例にあげると，京都府内すべての特別支援学校に地域支援センターがあり，そのセンターのスーパーバイザー的な存在として京都府スーパーサポートセンターという組織がある。センター的機能を持つ特別支援学

表 17-1 京都府立丹波特別支援学校の支援センターにおける相談内容

| 相談内容 | 件数 | 割合 |
|---|---|---|
| 研修に関する相談・支援 | 29 | 36% |
| コミュニケーションや生活面に関する相談 | 16 | 19% |
| 学習内容や支援の手立てに関する相談 | 13 | 17% |
| 就学相談，進路指導に関する相談 | 12 | 14% |
| 学校の支援体制に関する相談 | 12 | 14% |

校の一例として，京都府立丹波支援学校地域支援センターにおける2014年度の相談内容を見てみたい(京都府立丹波支援学校，2016)。小学校からの相談が全体の40％を占め，相談の内訳(**表17-1**)は，研修に関する相談や支援が36％ある。実際の障害児への指導支援の相談としては，コミュニケーションや生活面，学習内容や支援の手立て，就学相談等の項目を合わせると50％となり，実際の障害児への指導や支援のあり方への相談が多いと言える。

個々のセンター的機能を有する特別支援学校への相談も，文部科学省の統計と同様に小学校からの相談が多く，障害児への指導や支援の方法についての相談や研修に関する相談が多くを占めている。

## 17-4 特別支援学校のセンター的機能の課題と展望

**(1) センター的機能が運用される中で見いだされた課題**

学校教育法の改正後，センター的機能は各地域や学校において特色ある取り組みが数多くなされている(柘植他，2012；石川県教育委員会，2011)。センター的機能に関する研究も数多くなされ，センター的機能の運用や役割の研究(井坂他，2012；大坪，2012)，小中学校のニーズからセンター的機能を考える研究(佐藤，2009；横塚他，2010)，センターで活動するコーディネーターの研究(清水他，2008)など，多様な研究が行われている。センター的機能への関心の高まりと同時に，今後の在り方についても模索や改善が続けられているといえる。

一方で，センターに対して研修の依頼や個々の児童の発達相談等のニーズが求められているにもかかわらず，課題も浮かび上がっている。前述の文部科学省統計(2015)によるセンター的機能実施上の課題として，特別支援学校では次の2点があげられている。①地域の相談ニーズへ答えるための人材を校内で確保すること，②多様な障害に対応する教員の専門性を確保すること，である。

小中学校等の課題は次の3点である。①特別支援教育実施のための校内体制を構築すること，②特別支援教育のコーディネーターの専門性の向上を図ること，③す

べての教員が特別支援教育の重要性について理解していること，があげられる。

それぞれの学校の課題は，特別支援教育の根本的な課題でもある。特別支援学校では特別支援教育に熟知していて，児童生徒の発達相談や，授業改善の指導や支援を行える心理面教育面双方に精通した応用力の高い人材が求められる。

小中学校においては，「特別支援教育とは何か」という根本的な問題を問われている。例えば，不登校の児童生徒に対する指導が，生徒指導的な側面から本人の怠けを不登校の主たる原因とするのではなく，不登校児の半数は何らかの発達障害があり，授業がわからない，友人との関係が上手くいかない等の原因も考慮する必要がある。従来の生徒指導的な学級経営では，クラスの子どもを掌握することに限界があると言える。センターの担当者は，特別支援教育の基本理念である「一人ひとりのニーズに応じた教育」を伝え，小中学校の先生は，一人ひとりの能力特性を大切にする特別支援教育の理念を学級経営の根本に据えることが求められる。「子どもが主人公」という授業の主体である子ども一人ひとりを考えることが，インクルーシブ教育の基本理念であり，特別支援教育のめざす方向でもある。

言い換えると，センター的機能を生かすためには，通常の学級が特別支援教育を受け入れなければならない。特別支援教育の課題は，一般の学校や通常の学級の課題なのである。特別支援教育が，特別支援学校や特別支援学級だけで語られている状況では，特別支援教育のめざすインクルーシブな社会はいつまでたっても実現しない。その現状を変えるためにも，センター的機能は地域との結びつきを基盤にした重要な地位にある。インクルーシブ教育はゴールが大切なのではなく，インクルーシブ教育に向かおうとする過程（プロセス）が大切なのである。インクルーシブ教育は，共に生き共に育ち，そして誰も排除されないという学校や社会を作ろうとするプロセスそのものが重要なのである。そのための原動力となるセンター的機能は，地域の障害児にとって心強い支援の道具なのである。

そして，文部科学省は2020年の学習指導要領の改訂に合わせて，従来の「個別の教育支援計画」や「個別の指導計画」を，小学校から高校まで障害児の一貫した支援のための「個別カルテ」として作成して，各学校間で引き継ぐことを義務づける方向性を打ち出した（朝日新聞，2016）。ここでも，特別支援学校のセンター的機能は，「個別のカルテ」の作成支援など，地域で果たしていく役割は益々大きくなっていく。センター的機能のさらなる発展と充実が，地域のインクルーシブな共生社会と特別支援教育を支えると言っても過言ではない。

## 引用・参考文献

朝日新聞（2016）．障害ある子の学校カルテ　朝日新聞　大阪版朝刊　2016 年 5 月 16 日
井坂行男・佐々木千春・池谷航介（2012）．特別支援学校におけるセンター的機能の発展性に関する検討．大阪教育大学紀要　第Ⅳ部門，第 61 巻，第 1 号，1-18.
石川県教育委員会（2011）．地域の特別支援教育のセンター的機能
　　http://www.nier.go.jp/shisetsu/pdf/shienjirei2.pdf/2016/5/5
京都府教育委員会特別支援教育課（2007）．特別支援教育のセンター的機能の発揮　京都府教育委員会　http://www.kyoto-be.ne.jp/kyoto-be/2007/5/1
京都府教育委員会特別支援教育体制推進事業調査研究運営会議（2007）．特別支援教育充実ガイド　京都府教育委員会
京都府立丹波支援学校（2016）．たんば地域支援センター教育相談のまとめ．h 26 相談グラフ
　　http://www1.kyoto-be.ne.jp/tanba-s/menu/asc/23nenmator2016/5/5
文部科学省中央教育審議会（2005）．特別支援教育を推進するための制度の在り方について(答申)　文部科学省
文部科学省（2009）．特別支援学校のセンター的機能の具体例特別支援教育の推進に関する調査研究協力者会議(第 17 回)配付資料
　　http://www.mext.go.jp/b_menu/shingi/chousa/shotou/054/shiryo/attach/1285260.htm/2016/5/5
文部科学省（2015）．平成 25 年度特別支援学校のセンター的機能の取組に関する状況調査について
　　http://www.mext.go.jp/a_menu/shotou/tokubetu/material/1354780.htm/2016/5/5
大坪浩恵（2012）．特別支援学校におけるセンター的役割の実際　広島大学大学院教育学研究科所属特別支援教育実践センター研究紀要，第 10 巻，65-72．
清水　潤・内海　淳（2008）．特別支援学校のセンター的機能における特別支援学校支援教育コーディネーターの実践．秋田大学教育文化学部教育実践研究紀要，第 30 号，103-112．
柘植雅義・田中裕一・石橋由紀子・宮﨑英憲（2012）．『特別支援学校のセンター的機能―全国の特色ある 30 校の実践事例集』ジアース教育新社
渡辺　実（2011）．特別支援学校と地域性―総合化とセンター的機能の充実．大沼直樹・吉利宗久（共編著）『特別支援教育の基礎と動向(改訂版)―新しい障害児教育のかたち』培風館，pp.177-186．

# 18章 個別の指導計画と個別の教育支援計画の実際

中川 宣子

[キーワード]
情報共有
教育支援連携
教育共生

本章では、「個別の指導計画」と「個別の教育支援計画」とは何かについて解説し、その関係について整理する。また「個別の指導計画」と「個別の教育支援計画」の実践に際しての「個別の指導計画」作成手順、「個別の教育支援計画」の策定手順について示す。

「個別の指導計画」や「個別の教育支援計画」による指導、教育支援の実践には、教師や保護者を基点とした子どもたちの関与者が、子どもたちの情報を共有し合い、十分に協議・検討しながら、互いに協力、連携し合って指導、教育支援を実践展開する中に教育共生の姿がある。子どもたちの関与者が繋がり、教育支援連携が強化され、子どもたちの生活全体をより豊かなものへと導く指導、教育支援ができるように、「個別の指導計画」や「個別の教育支援計画」を有効活用し、長期的・継続的・組織的な実践に取り組むことが重要である。

## 18-1 「個別の指導計画」、「個別の教育支援計画」とは

「個別の指導計画」とは、幼児児童生徒一人ひとりの障害の状態等に応じたきめ細かな指導が行えるよう、教育的ニーズ、学習指導要領、学校目標、学校全体の教育課程や指導計画、「個別の教育支援計画」等を踏まえて、より具体的に、指導目標や指導内容・方法、配慮事項等を示した計画である。「個別の指導計画」は、学校が実際の指導を行うために作成する計画であり、学校の責任において作成するものである。

一方「個別の教育支援計画」は、学校、福祉、医療、保健、労働、家庭等の関係機関との連携を図りつつ、乳幼児期から学校卒業後までの長期的な視点に立って一貫して的確な教育的支援を行うために、障害のある幼児児童生徒一人ひとりについて支援の内容等を学校や教育委員会が中心となって作成した計画である。具体的内容については後述する。

特別支援学校の学習指導要領(2009年3月)では、一人ひとりの実態に応じた指導を充実するため、すべての幼児児童生徒に「個別の指導計画」の作成を義務づけ、また、学校、福祉、医療、保健、労働、家庭等の関係機関が連携し、一人ひとりのニーズに応じた支援を行うため、すべての幼児児童生徒に「個別の教育支援計画」を策定することが義務づけられている。

## 18-2 「個別の指導計画」と「個別の教育支援計画」の関係

「個別の指導計画」は，特別支援学校や特別支援学級等，学校が作成する計画である。これに対して，「個別の教育支援計画」は，教育機関（学校や教育委員会）が中心となって，学校，福祉，医療，保健，労働，家庭等の関係機関が相互に連携しながら，障害のある子どもたちのニーズに応じた支援を効果的に実施するために長期的な視点に立って作成した計画である。

このように「個別の指導計画」と「個別の教育支援計画」の関係は，視野の広さや内容において次元の違う計画といえる。教育を取り巻く学校，福祉，医療，保健，労働などの様々な分野の支援内容を含め，乳幼児から就労までを見据え一貫した支援について記述された「個別の教育支援計画」に基づいて，より効果的で適切な指導を行うために「個別の指導計画」が作成されるという関係になる（図18-1）。また「個別の支援計画」と「個別の教育支援計画」の関係についてふれておくと「個別の支援計画」を関係機関等が連携協力して策定するときに，学校や教育委員会などの教育機関等が中心となって作成した場合に，「個別の教育支援計画」と呼称しているもので，概念としては同じものである。

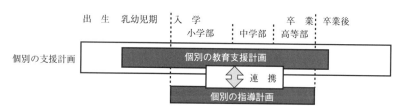

図 18-1 「個別の指導計画」と「個別の教育支援計画」の関係

「個別の指導計画」や「個別の教育支援計画」は，作成，策定することが目的ではなく，これらを活用して，どのように指導，教育支援を実践し，成果に結びつけるかが重要である。日々の指導や教育支援の実践が，子どもの成長・発達に効果的に行われるように，指導・教育支援に携わる保護者や教師，複数の関与者が情報を共有し合い，指導・教育支援の一貫性や統一性を図り，継続的な指導・教育支援を実践することが大切である。

## 18-3 「個別の指導計画」と「個別の教育支援計画」の実際

### (1) 「個別の指導計画」の作成

「個別の指導計画」の書式や記載内容について，文部科学省では特に定めてはいない(様式例，図 **18-2**)。そこで，学校ごとに書式が決められている場合が多く，必要な部分だけを書きとめた比較的簡便なものから，児童生徒の情報が詳細に記されたものまで様々な書式のものが使用されている。学習面や行動面等の領域で整理したもの，教科ごとに計画したもの，指導時間で分けたもの等，それぞれの学校におけるいろいろな工夫が見られる。

| | | | | | | |
|---|---|---|---|---|---|---|
| | | 作成日 | 年　月　日 | 記入者 | | |
| 氏　名 | | 生年月日 | 年　月　日　歳 | 第　学年　組 | | |
| 諸検査 | | | | | | |
| 実態 | 子ども保護者の願い | | | | | |
| | 健康面 | | | | | |
| | 運動面 | | | | | |
| | 学習態度 | | | | | |
| | 学習 | 国語 | | | | |
| | | 算数・数学 | | | | |
| | | その他の教科 | | | | |
| | 社会性　情緒面 | | | | | |
| 実態の分析と指導の方向性 | | | | | | |

| | 今年度の目標（長期目標） | 主な指導の場 |
|---|---|---|
| 学習面 | | |
| 生活面 | | |
| 社会性・対人面 | | |
| | | |
| (　　)学期の取り組み | | |
| 指導計画 | | 指導結果 |
| 学習面・生活面・社会性・対人関係 | | 変化と課題 |
| 具体的手立て | | 手立てについての評価 |
| 評価の観点 | | 来学期の方向 |

図 **18-2** 「個別の指導計画」の実際(様式例)

作成に当たって基本的な手順は，学級担任や教科担任が，実施予定の指導・支援の工夫や配慮をまず書き込み，足りない情報等を校内委員会や特別支援教育コーディネーター等において話し合い，付け足していく方法が進めやすい。記載内容については，教育的ニーズの把握のための「実態把握」，目標や指導内容，手立て，指導方法等を記した「指導計画」，そして「指導実践の記録」と「評価」までが入る。指導経過の中での児童生徒の変容に合わせて随時修正を行い，担当する複数の教師間で共通理解を図りながら，また保護者とも情報を共有しながら進めていく。

「個別の指導計画」の具体的な作成手順は，次のように考えることができる。ここでは，特別支援学校での実際の「個別の指導計画」の作成をもとに説明する(図 **18-3**)。

**①実態の把握・教育的ニーズの把握**：「個別の指導計画」を作成するにあたって，幼児児童生徒の情報を正確に把握することが特に重要である。指導要録，通知表，連絡帳，行動観察記録，諸検査結果等から，家庭・学校生活での実態情報を収集する。また本人・保護者の教育的ニーズを聴取し把握する。昨今ではこれらの情報収

集・整理においてICTの利活用が有効とされ，タブレットPCを使った「デジタル連絡帳アプリ（特別支援ICT研究会）」による日々の家庭・学校生活の情報活用の

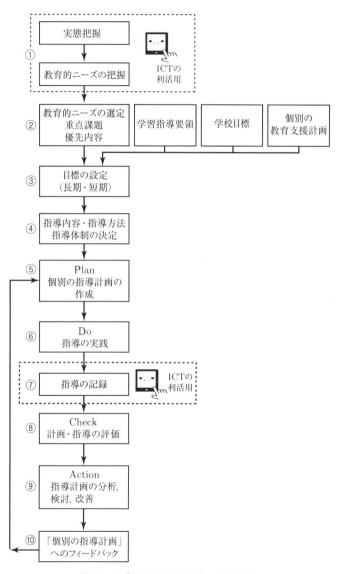

図18-3 「個別の指導計画」の作成手順

実践事例も報告されている(中川, 2015)。

　②**教育的ニーズの選定**：実態把握・教育的ニーズから，児童生徒の情報を把握した上で，子どもにとっての重点課題は何か，今優先する内容は何か，について検討し，教育的ニーズを選定する。

　③**目標の設定**：選定した教育的ニーズと個別の教育支援計画，学習指導要領，学校目標(学部・学年・学級目標含む)を照合し検討して，具体的に達成可能な目標を設定する。設定した目標を，個々のニーズや生活条件などから長期と短期に設定する。長期目標は1年間，短期目標は学期を目安とする。「このようになってほしい」と子どもに期待する姿を具体的に思い浮かべると設定しやすくなる。

　④**指導内容・指導方法・指導体制の決定**：設定した目標を達成するために，5W1H，何を(指導内容)，どのような方法で(指導方法)，誰がいつ指導するのか(指導体制)を決定する。

　⑤**「個別の指導計画」の作成(Plan)**：①から④までの情報を分析，検討し，「個別の指導計画」として整理し，作成する。実態，目標，指導内容等は，校内委員会，特別支援教育コーディネーター，保護者にも説明し，要望や意見を聞き，指導計画に反映すると共に，協力要請をする。

　⑥**指導計画の実践(Do)**：「個別の指導計画」に基づいて，個に応じた授業やティーム・ティーチングによる指導を工夫して，計画通り実践する。

　⑦**指導の記録**：記録用紙やICTを活用して，その日の指導後の評価を記録する。目標や指導内容，指導方法を授業の担当者間で共通理解し合うことが大切である。

　⑧**計画・指導の評価(Check)**：指導計画通り実施したか，個別の指導計画が達成されたか，指導内容・指導方法・指導体制等は適切であったか否かについて評価を行う。児童生徒の学習の成果や変容を具体的に・客観的に捉え，評価する。評価結果は，校内委員会，特別支援教育コーディネーター，保護者にも具体的な報告として，連絡帳(「デジタル連絡帳」)，学級通信，個人面談，通知表などを通して伝え，情報を共有し，協力を要請する。

　⑨**指導の分析，検討，改善(Action)**：評価結果を分析，検討して，改善する。

　⑩**「個別の指導計画」へのフィードバック**：「個別の指導計画」の評価結果を分析，検討した改善対策を「個別の指導計画」へフィードバックし，P-D-C-Aサイクルを展開，実施して目標を達成する。

**(2) 「個別の教育支援計画」の策定**

　「個別の教育支援計画」は，一人ひとりのニーズを把握し，長期スパンと関係機関との教育支援ネットワークを構築して，教育機関が検討，作成した教育支援計画

18章　個別の指導計画と個別の教育支援計画の実際

| 個別の教育支援計画 | | | | |
|---|---|---|---|---|
| | 記入日　　年　　月　　日 | | | 記入者 |
| 所属学校 | 学　級 | | 氏　名 | |
| ○○○特別支援学校 | ○学部 | | | |
| 支援目標 | | | | |

| | | 支援期間・支援者 | 支援内容 | 結果・引継ぎ |
|---|---|---|---|---|
| 具体的な支援 | 家庭生活 | | | |
| | 余暇・地域生活 | | | |
| | 学校生活 | | | |
| | 医療 | | | |
| | 福祉 | | | |
| 評価 | | | | |

上記の情報を「○○施設」「△△施設」に開示することに同意します。
　　平成　年　月　日　　　　保護者氏名　　　　　　　　　印

**図 18-4**　「個別の教育支援計画」の実際（様式例）

である。そのため，策定に関する支援会議(ケース会議)を実施し，児童生徒にかかわる関係機関や地域との連携を図ることが重要である。また保護者は支援者の一人としての役割を担っていることから，策定・実施・評価のすべてに参画することが基本となり，その意向を反映させていく必要がある。具体的には，乳幼児期から就学するまでの様子，諸検査の結果，これまでの指導の経過，地域での活動・生活の様子，進路等についての希望等の情報を保護者から提供してもらい，計画作成時においては，ニーズの整理・調整，支援の目標・内容・方法の決定を，必要に応じては関係機関等の意見も聞きながら，保護者と話し合いながら進めていく。また支援の実施，評価や計画の見直し・修正等についても，学校の担当者と保護者とが中心になって行いながら，必要に応じて関係諸機関の意見を聞き，校内委員会，特別支援教育コーディネーター等での協議に入って検討し策定することが大切である（様式例図 **18-4**）。

「個別の教育支援計画」の策定の手順は，次のように考えることができる（図 **18-5**）。

①気づき・相談：「個別の教育支援計画」の策定においては，日々の教師の気づきや保護者からの相談事による子ども・保護者情報をまず重要視する。

②実態把握・ニーズの把握：「個別の教育支援計画」策定において，子どもの実態やニーズに関する正確な情報の把握は，特に重要である。ここでいうニーズとは，障害のある子ども一人ひとりが，障害があるために遭遇している日常生活や学校生活等における制約や困難を改善・克服しようとするための，学校，福祉，医療，保健，労働，家庭等の様々な支援関係分野から見たニーズのことである。

③問題の抽出，問題の原因分析：実態やニーズを把握した上で，何が問題なのか（問題の抽出），そしてその問題が起こっている原因は何なのか（問題の原因分析）に

ついて，子どもの置かれている問題状況に関する情報の収集と分析を丁寧に進めていく。

④**支援目標の設定**：障害のある子どものニーズは，学校，福祉，医療，保健，労働，家庭等の様々な観点から生じうるものであり，これらのニーズに対応するために，一人ひとりを取り巻く関係機関，関与者等と協力し合って，生活全般を含めた的確な支援を実施するための問題と原因を共通理解し，適切な目標を設定する必要がある。この際，保護者は重要な支援者の一人であることから，積極的な参画を促し，その意見を聞いて話し合いながら，支援の目標を設定していくことが重要であ

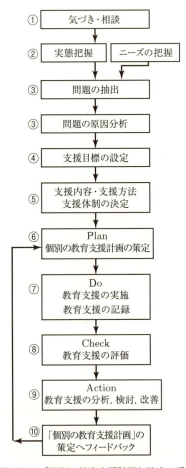

図18-5　「個別の教育支援計画」策定の手順

る。また就学前の医療，保健，福祉等の関係機関・関与者等を中心とする支援から，学校を中心とする支援へ移行する段階では，既に早期療育等において実施されている「個別の支援計画」を引き継いで，分析，検討し，個別ニーズに対応した適切な支援目標等を設定することが重要である。

　⑤**支援内容，支援方法，支援体制の決定**：支援の目標を達成するために，どのような支援を(支援内容)，どのような方法で(支援方法)，関係機関の誰がいつまでに(支援体制)行うかについて，具体的に決定する。直接かかわる学校，福祉，医療，保健，労働等の各関与者，関係機関が，本人及び保護者の意向を十分踏まえて，一人ひとりのニーズに応える形で，共に検討する必要がある。

　⑥**「個別の教育支援計画」の策定(Plan)**：①～⑤までの情報をもとに協議，検討して，具体的に「個別の教育支援計画」を策定する。

　⑦**教育支援の実施，教育支援の記録(Do)**：策定した「個別の教育支援計画」に従って教育支援を計画通り実施し，随時，教育支援の実施状況を記録して，関与者間で情報を共有する。

　⑧**教育支援の評価(Check)**：支援目標が達成されたか，計画通りに実施したか，支援内容・方法，支援体制等は適切であったか，効果的であったか否かについて評価を行う。

　⑨**教育支援の分析，検討，改善(Action)**：教育支援評価の分析，検討を行い，支援計画が達成できていない場合には，その問題の所在を明らかにした上で原因を分析し，検討，改善を行う。

　⑩**「個別の教育支援計画」の策定へフィードバック**：教育支援の分析，検討，改善したことを，「個別の教育支援計画」の策定へフィードバックする。

　以上のようなプロセスで，「個別の教育支援計画」の作成，実施，評価，改善を行い，適切な支援を継続的に実施する。また，それぞれの支援内容を支援関与者が情報共有することで教育支援のネットワークを構築する。そしてこのようなP-D-C-Aサイクルを展開することで，「個別の教育支援計画」が質的に向上し，効果的な運営がなされ，支援目標が達成される。また，対象となる幼児児童生徒の在籍する場所や支援にかかわる機関や担当者が変わったとしても，「個別の教育支援計画」を活用すれば，支援関係機関及び教育関係者から，適切な支援と配慮すべき個人情報が引き継がれ，長期スパンにわたって，継続的に支援を一貫して続けることが可能になる。

## 18-4 おわりに

「個別の指導計画」と「個別の教育支援計画」について述べてきたが，各々の共通した特徴について述べておわりとする。

(1) 幼児児童生徒のめざす姿，自立目標が明確になる。
(2) 目標や指導・教育支援内容，実態等，幼児児童生徒について，保護者や教師等関与者が情報を共有して，支援連携できる。
(3) 一人ひとりの障害の状態に応じたきめ細やかな一人ひとりのニーズに適応した指導・教育支援が行える。
(4) 個別的な指導・教育支援だけでなく，集団の中での個別的な配慮・支援ができ，組織的・計画的に取り組める。
(5) 指導・教育支援を定期的に評価，分析，検討することにより，より適切な指導・教育支援の改善が行われ，効果的・効率的な「個別の指導計画」及び「個別の教育支援計画」の達成ができる。
(6) 保護者・教師・学校内の教職員の情報の共有化により，共通理解や連携した指導体制づくりができ，保護者・教師・学校の三位一体の連携支援体制が構築できる。
(7) 「個別の指導計画」及び「個別の教育支援計画」が教育支援関与者の引き継ぎ資料となり，長期にわたって一貫性のある指導・教育支援が継続できる。

ここまで述べてきた「個別の指導計画」や「個別の教育支援計画」による指導，教育支援の実践方法は，教師や保護者を基点とした子どもの直接関与者が，子どもの情報をリアルタイムに共有し合い，十分に協議・検討しながら，互いに連携・協力し合って指導，教育支援を実践展開していくことが重要である。ここでは，障害のある一人ひとりの子どもの自立と社会参加を目指した成長・発達のために，子どもの生活全体をより豊かなものにしていくという観点が大切である。そしてこのような指導，教育支援の原理・原則は，日々の教育現場，生活現場の中にあることを，教師や保護者，また関与者は自覚し，学校，家庭，地域全体として，障害のある子どもの指導，教育支援を連携しながら実践展開していくことが必要である。こうした個別の具体的な指導，教育支援の地道な取り組みを継続し，子ども情報を共有して，互いに連携・協力し合っていくことは，指導，教育支援に対する意欲を高め，教育観・支援観の共有を促進し，それぞれの専門性や役割を質的・効果的に向上させていくことになるであろう。まさに，子どもの成長・発達と共に，教師も保護者も関与者も教え教えられ共に育ち，共に学ぶ教育共生の姿に繋がっていくこととなる。「個別の指導計画」や「個別の教育支援計画」による指導，教育支援の実践は，

教育支援関与者が，教育共生の輪を繋ぎ広げていくこととなり，また，組織的・計画的な取り組みは，子どもの生活全体をより豊かなものへと導き，一人ひとりの子どもの自立と社会参加に大きく貢献できるであろう。

**引用・参考文献**

独立行政法人　国立特殊教育総合研究所（2006）．「小・中学校に在籍する特別な配慮を必要とする児童生徒の指導に関する研究」

文部科学省（2009）．「特別支援学校幼稚部教育要領」「特別支援学校小学部・中学部学習指導要領」「特別支援学校高等部学習指導要領」（平成21年3月告示）

中川宣子・髙岸正司（2015）．特別支援教育における家庭・学校間の連携システムの構築―特別支援学校における「デジタル連絡帳」活用実践の効果―京都教育大学教育実践研究紀要，第16号，pp.97-105.

全国知的障害養護学校長会（2000）．『個別の指導計画と指導の実際』東洋館出版社

## 19章 障害のある子どもの授業づくりの視点

尾之上 高哉

[キーワード]
通常の学級
授業づくり
授業の(学びの)ユニバーサルデザイン
問題行動
随伴性マネジメント

本章の目標は,「特別な教育的支援を必要とする児童生徒」が在籍する通常の学級での授業づくりの視点を浮き彫りにすることである。まず,授業づくりの基本的な考え方として,授業の(学びの)ユニバーサルデザインに着目し,わが国で発展してきている考え方と,米国で発展してきている考え方を整理した。授業づくりでは,「どの学習者もわかる・できる」という視点と,「学習者を自律的な学習者に育てる」という視点を持ち,それらを実現するための手立てを施していくことが重要であることがわかった。次に,授業づくりを困難にする要因として,授業中の問題行動に着目し,その捉え方と対処法を整理した。問題行動を改善するには,競合行動(問題行動とは同時に遂行することができないポジティブな行動)への介入を視野に入れた上で,子どもによる随伴性マネジメントを中核に据えた対応が有望であることことがわかった。

## 19-1 はじめに

あなたは,本章のタイトルである「障害のある子どもの授業づくり」ということばから,どのような場面での授業をイメージするだろうか。それは,特別支援学校や特別支援学級での授業だろうか。それとも,小中高等学校の通常の学級での授業だろうか。特別支援学校や特別支援学級には,障害のある子どもたちが在籍している。そこでは,彼らのニーズに合わせた授業をつくることが求められる。一方,小中高等学校の通常の学級にも,障害のある子どもが在籍することがある。特に,その対象を,障害の有無ではなく,学習面や行動面で特別な教育的支援を必要とする子どもとした場合には,小中学校では約6.5%(40人学級の場合は2〜3名)がそれに該当することが報告されている(文部科学省,2012)。このように通常の学級でも,障害のある子ども,もしくは特別な教育的支援を必要とする子どものニーズに合わせた授業をつくることが求められているのである。

本章では,特別な教育的支援を必要とする児童生徒が在籍する通常の学級での授業場面に焦点を当てて,どのような視点で授業づくりに臨めばよいのか,という問題に答えることを目標とする。それは,通常の学級での授業づくりに関しては,どのように,特別な教育的支援を必要とする子どもを含めた学級全体への指導を行い,授業を進めていくか,という点に多くの教師が困難を極めている実態があるからである(e.g., 本田・佐々木,2008;関戸・安田,2011)。すべての児童生徒が主体的

に学べる授業づくりの視点を整理することは，そのような教師の困難を軽減・緩和することに貢献するだろう。なお，特別支援学校や特別支援学級での授業づくりの視点については，本書の第Ⅱ部が参考になる。

　授業づくりの基本については，授業の(学びの)ユニバーサルデザインという考え方を理解しておくことが有益である。授業の(学びの)ユニバーサルデザインとは，授業の(学びの)環境を，すべての児童生徒がアクセスしやすい(参加し，理解し，習得できる)ものにしようとする試みを指す(柘植，2014)。そのポイントは，バリアフリーとユニバーサルデザインの違いを理解するとわかりやすい。バリアフリーは，特定のハンディキャップのある人々への特別な環境設計を意味する。一方，ユニバーサルデザインは，特定のハンディキャップの有無に関わらず誰もが使用しやすい環境設計を意味する。つまり，そのポイントは，特別な教育的支援を必要とする児童生徒の困難が生まれてくる度にその困難を解消する手立てを打つのではなく，予め，彼らの困難が表面化しないような授業(学び)の環境を考え，それを実践する点にある。この考え方は，どの学年の，どの学級の，どの授業であっても，それを応用できる，という利点をもつものであると言える。

　授業の(学びの)ユニバーサルデザインの考え方を理解しておくことに加えて，授業中の問題行動への対処法について理解を深めておくことも重要である。特別な教育的支援を必要とする児童生徒の中には，例えば，「席を離れる」「指示に従わず，課題をやらない」「他人の妨害をしたり，邪魔をする」といった行動を示す者がいる(文部科学省，2012)。また，いわゆる学級の荒れと呼ばれる現象のように，特別な教育的支援を必要とする児童生徒以外の者が，その種の行動を示すことも珍しくない(教育調査研究所，2009)。その種の行動は，授業の進行を妨げ，授業の成立を困難にすることが知られている(e.g., 深谷，2000；尾木，1999)。問題行動を改善する方法を理解しておくことで，授業の(学びの)ユニバーサルデザインを安定的に実践することが可能になると言えよう。

　以上を踏まえて，本章では，まず，授業の(学びの)ユニバーサルデザインに関する知見を，次に，授業中の問題行動への対処法に関する知見を整理していく。

## 19-2　授業の(学びの)ユニバーサルデザイン

　授業の(学びの)ユニバーサルデザインの考え方は，日本で発展してきているもの(以下，「授業のUD」と表記する)と，米国で発展してきているもの(以下，「UDL[注1]」と表記する)に大別できる(川俣，2014)。以下では，それらを概観する。

## (1) 日本で発展してきている授業のユニバーサルデザイン(授業のUD)

　日本で発展してきている授業のユニバーサルデザインをみると，その目標が，「どの児童生徒もわかる・できる」という点に設定されていることを確認できる。例えば，授業のUDに関して，日本授業UD学会は，「特別な支援が必要な子を含めて，通常学級の全員の子が，楽しく学び合い『わかる・できる』ことを目指す授業デザイン」と定義している。涌井(2014)は，「ユニバーサルデザインな授業とは，すべての子どもがわかる・できることを目指した授業であり，一人一人の学び方の違いに応じて，いろいろな学び方が選べる授業である」と定義している。阿部(2014)は，ユニバーサルデザインな授業の特徴として，「その授業には，「引きつける」「むすびつける」「方向づける」「そろえる」，そして「『わかった』『できた』と実感させる」という特徴があることを指摘している。

　授業のUDを具現化するための手立てとして，小貫・桂(2014)は，児童生徒の学習過程に対応づけたアイデアを提示している(図19-1)。彼らは，児童生徒の学習を，参加，理解，習得，活用の4過程に分解し，それをピラミッド型の階層で表している。この階層には順序性があり，下の層が上の層を支える構造となっている。そして，4つの層ごとに，児童生徒が当該の層でつまずく原因を整理した上で，そのつまずきが発生しないようにするための手立て示している(図19-1の「授業で

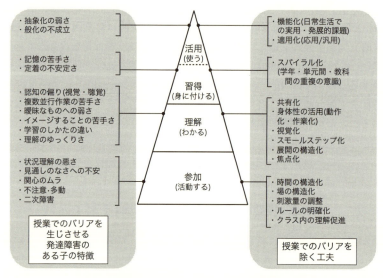

図19-1　授業のユニバーサルデザインのモデル図
出典）小貫・桂(2014)

のバリアを生じさせる発達障害のある子の特徴」に，つまずく原因が，「授業でのバリアを除く工夫」に，手立てが，それぞれ示されている）。そこで示された14の手立ては，そのまま授業をつくる際の視点になるという。例えば，理解の層では，「曖昧なものへの弱さ」「イメージすることの苦手さ」が原因で，理解につまずく可能性があるため，予め，「視覚化」や「身体性の活用（動作化／作業化）」等の手立てを組み込んで授業を実施する。それにより，彼らは，つまずくことなく，学習内容を理解できる，と考えるのである。

　涌井（2014）は，小貫・桂（2014）とは違った角度から，つまり，協同学習と学び方の省察という角度から，授業のUD化を図るアイデアを提示している。協同学習では，子どもたちは目標を共有した上で，役割分担し，互いに協力しながら学習を進める。学習課題や役割分担を個々の子どものニーズに合わせて設定できることや，チーム内での協力（助け合い）によって学習が進展することによって，子どもの学習上の困難が表面化しにくくなるという。それに加えて，自分がどのように学んだか（あるいは，どんな力を使って学んだか）を振り返らせることで，自分に合った学び方で学べるようになり，そのことは授業への適応をより高めることに繋がるという。このアイデアは，子どもたちの持つ力を引き出し，それを借りながら，どの子もアクセス可能な授業をつくるものだと言える。

## （2）　米国で発展してきている学びのユニバーサルデザイン（UDL）

　米国で発展してきている学びのユニバーサルデザインをみると，その目標が「授業のUD」の目標とは異なり，「学習者を学びのエキスパート（expert learner）に育てること」に設定されていることを確認できる（CAST, 2011）。学びのエキスパートとは，次の3つの資質を有する学習者のことである。その3つとは，資質1が「学習リソースが豊富で，知識を活用できる」，資質2が「方略的で，目的に向けて学べる」，資質3が「目的を持ち，やる気がある」である。UDLの目標がこのような観点から設定されていることには，UDLの教育観，つまり，「21世紀の教育は，単に知識や技術を習得するだけでなく，学びのプロセスそのものを習得するものでなければならない」が強く関係している。UDLは，教師に単に児童生徒が授業にアクセスできるようになるだけでなく，児童生徒が授業を通して学びのエキスパートになることを求めているのである。

　UDLを具現化するためのガイドライン[注2]には，教師が，学習者を学びのエキスパートに育てるための枠組みが整理されている（図19-2）。つまり，先に述べた3つの資質を育むには，教師がどのような手立てを施し授業を組み立てていけば良いかが示されている。その概要を順に説明すると，資質1「学習リソースが豊富で，

| I. 提示に関する多様な方法の提供 | II. 行動と表出に関する多様な方法の提供 | III. 取り組みに関する多様な方法の提供 |
|---|---|---|
| 1：知覚するための多様なオプションを提供する<br>1.1 情報の表し方をカスタマイズする多様な方法を提供する<br>1.2 聴覚的に提示される情報を、代替の方法でも提供する<br>1.3 視覚的に提示される情報を、代替の方法でも提供する | 4：身体動作のためのオプションを提供する<br>4.1 応答様式や学習を進める方法を変える<br>4.2 教具や支援テクノロジーへのアクセスを最適にする | 7：興味を引くために多様なオプションを提供する<br>7.1 個々人の選択や自主自律性を最適な状態で活用する<br>7.2 課題の自分との関連性・価値・真実味を高める<br>7.3 不安材料や気を散らすものを軽減させる |
| 2：言語、数式、記号のためのオプションを提供する<br>2.1 語彙や記号をわかりやすく説明する<br>2.2 構文や構造をわかりやすく説明する<br>2.3 文や数式や記号の読み下し方をサポートする<br>2.4 別の言語でも理解を促す<br>2.5 様々なメディアを使って図解する | 5：表出やコミュニケーションに関するオプションを提供する<br>5.1 コミュニケーションに多様な手段を使う<br>5.2 制作や作文に多様なツールを使う<br>5.3 支援のレベルを段階的に調節して流暢性を伸ばす | 8：努力やがんばりを継続させるためのオプションを提供する<br>8.1 目標や目的を目立たせる<br>8.2 チャレンジのレベルが最適となるよう求める（課題の）レベルやリソースを変える<br>8.3 協働と仲間集団を育む<br>8.4 習熟を助けるフィードバックを増大させる |
| 3：理解のためのオプションを提供する<br>3.1 背景となる知識を提供または活性化させる<br>3.2. パターン、重要事項、全体像、関係を目立たせる<br>3.3 情報処理、視覚化、操作の過程をガイドする<br>3.4 学習の転移と般化を最大限にする | 6：実行機能のためのオプションを提供する<br>6.1 適切な目標を設定できるようにガイドする<br>6.2 プランニングと方略開発を支援する<br>6.3 情報やリソースのマネジメントを促す<br>6.4 進捗をモニタする力を高める | 9：自己調整のためのオプションを提供する<br>9.1 モチベーションを高める期待や信念を持てるよう促す<br>9.2 対処のスキルや方略を促進する<br>9.3 自己評価と内省を伸ばす |
| 学習リソースが豊富で、知識を活用できる学習者 | 方略的で、目的に向けて学べる学習者 | 目的を持ち、やる気のある学習者 |

図19-2　学びのユニバーサルデザイン・ガイドライン
出典）CAST（2011）

知識を活用できる」を育むために，教師は，「Ⅰ．提示に関する多様な方法の提供」を，つまり，学習者が提示される主要な情報を，正しく認識，理解できるように多様な方法を提供する。資質2「方略的で，目的に向けて学べる」を育むために，教師は，「Ⅱ．行動と表出に関する多様な方法の提供」を，つまり，学習者が提示された情報に応答し，行動，表現できるように多様な方法を提供する。資質3「目的を持ち，やる気のある」を育むために，教師は，「Ⅲ．取り組みに関する多様な方法の提供」を，つまり，学習者が意欲を持って，主体的に，学習に取り組めるように多様な方法を提供するのである。

　このガイドラインで強調されているのは，学習者の多様なニーズに応じるために，図19-2の1～9の各ガイドラインに含まれるチェックポイント毎に，オプション（複数の方法）を提供しながら，授業を進めることにある。実際にどのようにオプションを提供すればよいかについては，その具体例が，ガイドラインに詳述されている[注2]。例えば，ガイドライン「3：理解のためのオプションを提供する」の，チェックポイント「3.1背景となる知識を活性化または提供する」では，そのオプションの例として，「先行オーガナイザーを使用する」「前もって理解しておくべ

重要な概念を，事前に教える」「関連するアナロジー（類比）やメタファー（隠喩）を用いて概念同士の橋渡しをする」等があげられている。このように，UDLでは，教師が，チェックポイント毎にオプションを提供していけば，児童生徒の授業へのアクセスが高まり，学びのエキスパートの要件である3つの資質を育むことができると考えているのである。

### (3) 日本の「授業のUD」と米国の「UDL」の比較からみえてくるもの

先述してきた「授業のUD」と「UDL」の目標の違いは，授業をつくる際の手立ての差異，すなわち，その手立ての中に「児童生徒が自律的に学習を進めることができるようになるための手立て」が含まれているか否かという点に表れている。両者の手立てを対照させた表が**表19-1**である。**表19-1**からは，授業のUDでは，UDLでいうところの「実行機能のためのオプションを提供する」，「自己調整のためのオプションを提供する」に該当する手立てが含まれていないことを確認できる。「実行機能のためのオプションを提供する」では，学習者が自分で目標を設定して計画的に学習を進めることや，その中で自分の進歩を自覚しそれを頼りに学習や努力の仕方を変更できるようになることを支える手立てを施す。「自己調整のためのオプションを提供する」では，学習者が自分の感情や意欲を調整しながら学習を進められるようになることを支える手立てを施す。この2つに共通しているのは，学習者を自律的な学習者に育てるという視点であると言える。

児童生徒を自律的な学習者に育てるという視点は，わが国の実践においても重要視される必要があるかもしれない。なぜなら，現在，わが国の学校や教師は，児童生徒に「確かな学力」を育むことを強く求められているが，「確かな学力」とは「知識や技能はもちろんのこと，これに加えて，学ぶ意欲や自分で課題を見付け，自ら学び，主体的に判断し，行動し，よりよく問題解決する資質や能力」を指しているからである（中央教育審議会，2003）。

そう考えると，授業づくりでは次の2つの視点，つまり「どの学習者もわかる・できる」という視点と，「学習者を自律的な学習者に育てる」という視点を持ち，それらを実現するための手立てを施していくことが重要になると言えよう。

## 19-3 授業中の問題行動への対処法

### (1) 問題行動を捉える視点

あなたは，どのような行動を問題行動として，すなわち，改善すべき行動として捉えているだろうか。これまでの研究を統合すると，授業中の問題行動は，6つの

表19-1 米国で発展してきている「UDL」と，日本で発展してきている「授業のUD」の手立ての比較

| 「UDL」 | 「授業のUD」 |
|---|---|
| 1：知覚するための多様なオプションを提供する | 視覚化 |
| 2：言語，数式，記号のためのオプションを提供する | 展開の構造化，スモールステップ化，焦点化(視覚化) |
| 3：理解のためのオプションを提供する | スパイラル化，適用化，機能化(焦点化，展開の構造化，スモールステップ化) |
| 4：身体動作のためのオプションを提供する | 身体性の活用，学び方の省察* |
| 5：表出やコミュニケーションに関するオプションを提供する | (身体性の活用，学び方の省察*) |
| 6：実行機能のためのオプションを提供する | |
| 7：興味を引くために多様なオプションを提供する | クラス内の理解促進，ルールの明確化，刺激量の調整，場の構造化，時間の構造化 |
| 8：努力やがんばりを継続させるためのオプションを提供する | 共有化，協同学習* |
| 9：自己調整のためのオプションを提供する | |

(注) UDLの方が手立てが多いため，UDLの手立てに授業のUDの手立てを位置づける形で対照表を作成した。授業のUDの手立ての中には，UDLの手立ての複数と関連していると推測されるものがあったため，それらについては，2回目以降の表記をカッコ書きとした。なお，授業のUDの手立てのうち，アスタリスク(*)がついているものは涌井(2011)が示す手立てであり，それ以外は小貫・桂(2014)が示す手立てである。

観点から捉えることが可能と言える。その6観点は，行動の「類型」の3観点と，行動の「性質」の2観点の組み合わせである。類型の3観点は，行動を，verbal(ことば)に関するもの(例えば，私語や鼻歌)，motor(運動や動き)に関するもの(例えば，離席や手遊び)，passive(不活発な行動)に関するもの(例えば，居眠りやボーっとする)で区別している(Shapiro, 1996)。一方，性質の2観点は，行動を，それが教師や他児の授業従事を妨害するものか否かという観点から区別している(Kerr, Nelson, & Lambert., 1978)。この2つのアイデアを統合すると，問題行動は，verbal, motor, passive に関するものがあり，それぞれの中に妨害系のものと非妨害系のものがある，と捉えることができよう。

問題行動がみられる際には，常に，問題行動を，その競合行動とセットで捉える視点を持っておくことが重要である。競合行動とは，ある行動とは同時に遂行することができない(同時に遂行するのが難しい)行動のことである。例えば，「教師に言われたことに取り組まず，友だちに話しかける」という問題行動がみられる場合は，その競合行動は「教師に言われたことにすぐに取り組む」となる。競合行動を視野に入れることが重要なのは，第一に，それにより，問題行動の種類にとらわれない介入が可能となるからである(竹内・園山，2008)。竹内・園山(2008)は，その

問題行動の明確な定義や，記録や評価が困難である場合には，問題行動の低減には執着せず，競合行動を増加させることに発想を転換すればよいと指摘している。第二に，競合行動への介入によって，問題行動の低減と授業参加行動の増加を同時に図ることができるからである（関戸・安田，2011）。関戸・安田（2011）では，「席を離れる」という問題行動がみられる事例で，問題行動には何も介入せず，競合行動（ノートに写す・プリントに記入する）にのみ介入した結果，問題行動は低減し，授業参加行動（競合行動）も増加したことが報告されている。競合行動を視野に入れることで，柔軟でかつ効果の高い介入が可能になると言えよう。

### (2) 授業中の問題行動を改善する方法

問題行動への介入としてよく用いられるのは，教師による，あるいは子どもによる随伴性マネジメントである（e.g., 本田・佐々木，2008；五味・大久保・野呂，2009[注3]）。随伴性マネジメントでは，まず，児童生徒の行動を先行事象（行動が起こる前の事象）と，後続事象（行動が起こった後の事象）との関係で捉える（これは三項随伴性とよばれる）。次に，ある行動を減らしたり，増やしたりするために，先行事象と後続事象を操作する。この操作のことを随伴性マネジメントという。随伴性マネジメントには，教師によるマネジメントと，子どもによるマネジメントがある。例えば，友だちに話しかける行動が問題になっているケースで，その競合行動に介入する場合，教師が，「先生に言われたことにすぐに取り組む」と書いた掲示物を黒板に貼り（先行事象の操作），実際にそれができていたらそのことを称賛する（後続事象の操作）ことは，教師によるマネジメントに該当する。一方，子どもが，「先生に言われたことにすぐに取り組む」に関する目標を設定し（先行事象の操作），そして，その目標が達成できたか否かを自己評価する（後続事象の操作）ことは，子どもによるマネジメントに該当する。

子どもによる随伴性マネジメントは，教師による随伴性マネジメントよりも，それを用いる利点が大きいため，それを中核に据えた介入法の考え方を理解しておくことが重要である（e.g., Briesch & Chafouleas, 2009）。その利点としては，例えば，子どもの自立や主体性を促進できる，介入指導した行動が汎化する可能性が高い，また，教師の負担が減る，教師は教授活動に専念する時間を確保できる等があげられる。実際の介入法については，竹内・園山（2008）が示す枠組みが参考になる（図19-3）。竹内・園山（2008）によれば，介入は図19-3の最も内側の点線の円から順に実施することが望ましい。具体的には，①最初は「標的行動の定義」「弁別刺激の整備」，「自己記録」からなる第一の円を実施し，②次に「目標やルールの設定」と「自己評価」からなる第二の円を実施し，③最後に「強化子と弱化子の選択・準

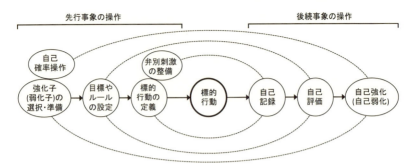

図19-3 子どもによる随伴性マネジメントの考え方
出典) 竹内・園山 (2008)

備」と「自己確立操作」「結果事象の自己提示」からなる第三の円を実施するのである。各円の手続きの効果を評価しながら，必要に応じて次の段階に進んでいけば良いという[注4]。

　なお，子どもによる随伴性マネジメントは万能ではないため，その限界も理解しておく必要がある (e.g., Shapiro & Kratochwill, 2002)。第一に，子どもによっては，その特性のために(例えば，注意力が散漫であるために)，随伴性マネジメントの手続きを，適切かつ正確に実行できないことがある。その際には，適切性や正確性を高める訓練を行う，教師による随伴性マネジメントを部分的に取り入れる等が必要である。第二に，その問題の程度が重い場合には，子どもによる随伴性マネジメントだけでは問題がうまく改善されないことがある。その際には，教師による随伴性マネジメントを組み込むことや，それ以外の介入技法(例えば，スキルトレーニングや機能的アセスメント等)を組み合わせることが必要である。第三に，反抗的な子どもや非従順な子どもの場合には，随伴性マネジメントへの協力が得られないことがある。この種の問題では，その子どもとの信頼関係を構築することや，その子のやる気を引き出すための働きかけ等にも力点を置きながら，問題改善のためのより良い方法をその子どもと一緒に考えていく必要がある。

　最後に，教師として教壇に立つ上では，上述してきたような随伴性マネジメントによる介入技法を理解しておくことに加えて，「問題行動を示す子どもは，そもそも，どういう思いで授業に臨んでいるのだろうか」と，一度，立ち止まって考える習慣を持つようにしておくことも重要である。子どもが問題行動を示す背景は多様だからである。例えば，その子は授業がつまらない(授業に魅力を感じない)，授業に参加する意味(価値)を実感できていないのかもしれない。勉強したい気持ちはあるが，基礎学力が十分に獲得されておらず，「やればできる」という期待を持てて

いないのかもしれない．あるいは，単に教師の注意をひきたい，教師に注目して欲しいだけかもしれない．子どもに問題行動が見られる時，ほんの数分でもその子の気持ちに思いを馳せ，可能ならばその子と対話し，その子の気持ちを踏まえた対応を，一緒に考えていく姿勢が重要ではないかと思う．そのような教師の姿勢が子どもに伝わった時にこそ，随伴性マネジメントによる介入も威力を発揮するのだろう．

**引用・参考文献**

阿部利彦（2014）．教科教育における「授業のユニバーサルデザイン」．柘植雅義（編著）『ユニバーサルデザインの視点を活かした指導と学級づくり』金子書房，pp 29-40．

Briesch, A, M., & Chafouleas, S, M. (2009). Review and analysis of literature on self-management interventions to promote appropriate classroom behaviors(1988-2008). *School Psychology Quarterly*, 24, 106-118.

CAST (2011). *Universal design for learning guidelines version 2.0.* Wakefield, MA: Author. バーンズ亀山静子・金子晴恵(訳) (2011). 学びのユニバーサルデザイン・ガイドライン ver. 2.0. 2011/05/10 翻訳版)

深谷昌志（2000）．『徹底解剖「学級の荒れ」』学文社

五味洋一・大久保賢一・野呂文行（2009）．アスペルガー障害児童の授業参加行動への自己管理手続きを用いた学級内介入．行動療法研究，35, 97-115．

本田ゆか・佐々木和義（2008）．担任教師から児童への個別的行動介入の効果：小学校1年生の授業場面における問題エピソードの分析．教育心理学研究，56, 278-291．

川俣智路（2014）．国内外の「ユニバーサルデザイン教育」の実践．柘植雅義（編著）『ユニバーサルデザインの視点を活かした指導と学級づくり』金子書房，pp 8-19．

小貫　悟・桂　聖（2014）．『授業のユニバーサルデザイン入門』東洋館出版社

教育調査研究所（2009）『学級崩壊・授業崩壊の予防と対策』教育調査研究所

中央教育審議会（2003）．初等中等教育における当面の教育課程及び指導の充実・改善方策について（答申）

文部科学省（2012）．通常の学級に在籍する発達障害の可能性のある特別な教育的支援を必要とする児童生徒に関する調査結果について

尾木直樹（1999）．『「学級崩壊」をどうみるか』日本放送出版協会

関戸英紀・安田知枝子（2011）．通常学級に在籍する5名の授業参加に困難を示す児童に対する支援―クラスワイドな支援から個別支援へ．特殊教育学研究，49, 145-156．

Shapiro, E. S. (1996). *Academic Skills Problems Workbook*. The Guilford Press.

Kerr, M. M., Nelson, C. M., & Lambert, D. L. (1978). *Helping Adolescents With Learning and Behavior Problems*. Merrill Pub Co.

Shapiro, E. S., & Kratochwill, T. R. (2002). *Conducting School-Based Assessments of Child and Adolescent Behavior*. The Guilford School Practitioner Series.

竹内康二・園山繁樹（2008）．発達障害児者における自己管理スキル支援システムの構築に関する理論的検討．行動分析学研究，20, 88-100．

柘植雅義（2014）．誰もが学びやすい授業のデザインとは？　―「ユニバーサルデザイン」という考え方と手法．柘植雅義（編著）『ユニバーサルデザインの視点を活かした指導と学級づくり』金子書房，pp 2-7．

涌井　恵（2014）．協同学習で取り組むユニバーサルデザインな学び．柘植雅義（編著）『ユニバーサルデザインの視点を活かした指導と学級づくり』金子書房，pp 20-28.

注1　UDL は Universal Design for Learning (CAST, 2011) の略表記である。
注2　このガイドラインは日本語に訳されており，ウェブサイトで自由に閲覧することができる（http://www.andante-nishiogi.com/udl/）。
注3　本田・佐々木(2008)は教師による随伴性マネジメントを，五味・大久保・野呂(2009)は子どもによる随伴性マネジメントを中核に据えた介入を行っている。
注4　実際の介入の事例については，五味ら(2009)が参考になる。

# 20章　障害のある子どものためのICTの活用

熊井　正之

[キーワード]
ICT活用
教育の情報化
21世紀型能力
特性にあわせた
　自作
情報モラル

　ICTは私たちの生活・社会に浸透し，その活用は，家庭でも職場でも日常的な事柄となった。こうした社会の情報化に対応するため，指導におけるICT活用といった教育の情報化が進められてきた。ICT活用教育が国をあげて推進される中で，ICT活用への否定的意見を耳にすることもあるが，子どもたちが社会に出る頃に生活がICTと無縁なものになっている可能性はとても低い。ICT・情報を活用する力は，情報スキル，ICTリテラシー等と呼ばれ，これからの時代を生きるために必要な21世紀型能力等の一部として教育上重視されるようになっている。本章では，こうした背景に簡単にふれた上で，障害のある子どものための状態・特性に応じたICT活用の例，情報の校内共有へのICT活用の例を紹介する。さらに，ICT活用に関連する留意点として，特性にあわせた自作・カスタマイズやアクセス可能性，情報モラルの必要性について解説した。

## 20-1　教育におけるICT活用の背景

（1）　私たちの生活・社会へのICTの浸透

　パソコン，携帯電話，インターネット，電子メールといったICT(情報通信技術)は私たちの生活・社会に浸透し，その活用は，家庭においても職場においても日常的な事柄となった。総務省の調査によると，パソコンは78%の世帯が保有，携帯電話(スマートフォン，PHS等も含む)は94%以上の世帯が保有(総務省，2015 a)するまでに普及した。また，パソコン利用者の83%以上，スマートフォン等を含む携帯電話利用者の65%以上が，利用目的のひとつに電子メールの送受信を挙げている(総務省，2015 b，2015 c)。インターネットについては，13歳から59歳までの年齢では90%以上が，80歳以上まで含む全年齢の平均でも82%以上が，また，建設，製造，運輸，卸売・小売，金融・保険，サービス等の全ての業種で98%以上の企業が利用している(総務省，2015 a，2015 d)。

（2）　教育の情報化の始まり

　社会の情報化に対応するため，教育の情報化も進められてきた。日本における教育の情報化は，古くは1950年代の高等教育に始まり，続いて1969年の文部省(当時)による「情報処理教育振興に関する当面の施策(中間報告)」以降は，「情報化時

代においては、はん濫状態にある各分野の情報を整理圧縮し、必要に応じて検討する知識・技術が日常生活においても必須のものとなると考えられるし、そのような知識・技術なくしては、主体的に生活できないと思われる」(文部省, 1969)として、初等中等教育、特に後期中等教育でも少しずつ試験的に始められていった。さらに1985年の学校教育設備整備費等補助金(教育方法開発特別設備)創設、臨時教育審議会第一次答申、「情報化社会に対応する初等中等教育の在り方に関する調査研究協力者会議」第一次審議取りまとめ以降には、本格的に情報化が推進されていった(文部省, 1992；東原, 2008；堀田・木原, 2008)。

## 20-2　教育におけるICT活用の推進

### (1)　整備の進む学校・教育のICT環境

最近では、情報教育や教科指導におけるICT活用といった教育の情報化に関わる内容の充実が図られた学習指導要領のもとで教育の情報化を円滑・確実に推進するため、文部科学省(以下、文科省)が、教員・学校・教育委員会にとっての参考資料として「教育の情報化に関する手引き」(文科省, 2010)を作成した。また、「新たな情報通信技術戦略」(高度情報通信ネットワーク社会推進戦略本部, 2010)といった政府の動向や文科省が設置した「学校教育の情報化に関する懇談会」の議論等を踏まえ、2020年度に向けた総合的な教育の情報化推進方策として「教育の情報化ビジョン」(文科省, 2011)が示された。さらに、ICT活用教育の推進を具体的取り組みのひとつとして明示し、また、教育用コンピュータ1台当たりの児童生徒数、超高速インターネット接続率、無線LAN整備率、校務用コンピュータ教員1人当たりの台数といった数値目標まで示した第2期の教育振興基本計画が2013年に閣議決定された。2014年には、この基本計画で掲げられた目標を達成するための「教育のIT化に向けた環境整備4か年計画」が策定され、教育の情報化、教育におけるICT活用がますます強力に推進されている。

### (2)　教育へのICT活用の是非

ICT活用教育が国を挙げて推進される状況の中で、「パソコンなどなかった時代からしっかり教育できている。ICTが嫌いなので使いたくない」「授業でタブレットを使ったというだけで満足している先生がいる。私はICT活用には反対だ」と、ICT活用への否定的意見を耳にすることもある。確かに、目的を見失った安易なICT使用だけでは、効果的な教育・学習は実現せず、教員がICT環境の整備だけに時間と労力を費やすことになってしまっては、本末転倒と言わざるを得ない。

「ICTそのものが児童生徒の学力を向上させるのではなく，ICT活用が教員の指導力に組み込まれることによって児童生徒の学力向上につながる」(文科省，2010)のである。しかし，現代の高度に情報化された社会が，今後，ICTと無関係に発展する可能性は，また私たちの前にいる子どもたちが社会に出ていく頃に私たちの生活がICTと無縁なものになっている可能性はあるのだろうか。そうした可能性はとても低く，子どもたちの将来を推し量れば，「嫌いだから，なくても教育できるからICTを使わない」で済ませることなく子どもがICTをも生活の一部として安全に活用できるよう教育することが私たちに求められていると考えるのが自然であろう。実際，ICT・情報を活用する力は，情報スキル，ICTリテラシー，ICT能力などと呼ばれ，日本だけでなく，海外においても，これからの時代を生きるために必要な21世紀型能力(勝野，2013a)，21世紀型スキル(Griffin, McGaw, & Care, 2012)，汎用的能力(勝野，2013b；梅澤，2016)等の一部として位置づけられ，教育上重視されるようになっている。

しかし，残念ながら日本の学校におけるICT活用教育の実践率は，海外と比較して顕著に低い。OECD(経済協力開発機構)の2013年の調査によると，アメリカ，イングランド，フランス，イタリア，シンガポール，韓国，マレーシア等の調査参加国・地域の中で日本は最低水準にあり(OECD, 2014)，今後，ICT活用教育のさらなる推進策が待たれるところである。

## 20-3　障害のある子どものためのICTの活用

### (1)　障害の状態・特性に応じた活用

「教育の情報化に関する手引き」(文科省，2010)，「教育の情報化ビジョン」(文科省，2011)は，特別支援教育における教育の情報化として，情報活用能力を育成する情報教育，障害の状態・特性等に応じた各教科や自立活動の指導でのICT活用等を挙げ，その意義や方策について解説している。ICT活用を促す情報教育の受講の有無が，年齢や所得と並ぶ，障害者のデジタルデバイド(情報格差)に影響する要因の一つである可能性が示唆されている(李・森・泉山・熊井，2013)ことからも，こうした教育の重要性がわかる。

表20-1は，障害の状態・特性に応じたICT活用の可能性の例を，金森(2012；2013；2014)，国立特別支援教育総合研究所(2011；2012；2014a；2014b；2014c)，兵庫教育大学(2014)，宮城教育大学(2014)，筑波大学(2014)から抜粋し，障害種別に整理したものである。支援技術も含めて，状態・特性に応じた多様な利用の可能性があることがわかる。

表 20-1　障害種別にみた ICT 活用の可能性の例

| 障害種 | ICT 活用の可能性 |
|---|---|
| 発達障害（学習障害，注意欠如多動性障害等） | ・文字の読みに困難さがある場合，機器の画面上で適した文字の大きさに変えたり適切な行間の幅にしたり，文字を読み上げたりできる。<br>・機器やソフトウェアを使用することで，興味関心が高まり意欲をもって学習に取り組むことができる場合がある。<br>・時間的な見通しが立たないと不安になる場合，残り時間を数字ではなく円グラフのように視覚的に表示するタブレット端末用ソフトウェアを使用することで，安心して課題に取り組めるようになる，等。 |
| 自閉症 | ・抽象的な意味理解や物事の因果関係をつかむことの困難さがある場合，タブレット端末等の画面上に視覚的な手がかりをおくことにより，学習活動が円滑に行われることがある。<br>・言語でのコミュニケーションに困難さがある場合，タブレット端末用の VOCA（音声出力コミュニケーション補助装置，携帯型会話補助装置）ソフトを使用することでシンボルや写真でのコミュニケーションが可能となることがある，等。 |
| 視覚障害 | ・文字情報を，画面読み上げソフト等を使用することで音声情報として提供することができる。<br>・文字情報を，画面上やピンディスプレイ等の触知盤で，見やすいように，触りやすいように加工して表示させることができる。<br>・点図を作成・編集・印刷するソフトウェアを使用することで触察教材を自作することができる。<br>・弱視の児童生徒は書字速度が遅くなることがあるが，キーボードのタッチタイピングによる文字入力を習得することにより，晴眼の児童生徒と遜色なく文書等の作成を行うことが可能となる，等。 |
| 知的障害 | ・キーボードやマウスでの操作の理解に困難さがある場合，タッチパネルやタブレット端末等を使用することで直感的操作が可能になる。<br>・自発音声言語でのコミュニケーションに困難さがある場合，タブレット端末等用の VOCA ソフトを使用することでシンボルや写真でのコミュニケーションが可能となることがある，等。 |
| 肢体不自由 | ・これまでできなかった活動，特に表現活動などの主体的な学習を可能にしたり，多くの人々と接点をもたせることができる。<br>・社会参加に向けてのスキルを大きく伸ばす指導も可能となる，等。 |
| 病弱・身体虚弱 | ・テレビ会議システム，ビデオ通話機能を用いて，前籍校や同学年クラスと交流をする。<br>・ベッドにいても，タブレット端末用ソフトウェア等を使用することで，楽器演奏，理科実験等を疑似体験できる。<br>・全国的に稀少な疾患等で同じ病院内に仲間を見つけることが難しい場合，ICT 活用によって，全国的なネットワークを形成することも可能となる，等。 |

### (2)　情報共有のための活用

「教育の情報化ビジョン」(文科省，2011)では「特別支援教育においては，一人一人の学習の目標・状況等を教員間で共有することや，学校と家庭，地域や，医療，福祉，保健，労働等の関係機関との連携を密にすることが求められ，その際には情報通信技術を活用することが有効である」とされている。情報の校内共有への ICT 活用の試みとしては，永森・長澤・植野(2010)，菅原(2010)，菅原・橋本・松浦・熊井(2015)などがある。

菅原ら(2015)の全国調査によると，特別支援教育において蓄積される，指導要録，出席簿，通信表，個別の教育支援計画，個別の指導計画，個別の移行支援計画，学級経営案，週案，単元計画，指導案，日案，教材・ワークシート，日々の記録，保護者との連絡帳，映像・写真記録，相談記録，気になる子対応記録，引継資料のうち，手書きの多い指導要録，出席簿，日々の記録，保護者との連絡帳以外の14項目については85％以上の学校で電子化されているが，校内サーバ等の共有フォルダでの共有は，映像・写真記録(80％で共有)以外は，個別の指導計画(59％)，個別の教育支援計画(56％)，指導案(56％)と，半数程度にとどまっているという。また，電子化された情報を必要に応じて検索・参照・抽出しやすくするために菅原(2010)が開発した「特別支援教育データベース」を試験的に運用し，使用効果を検討したところ，「データベースの校内共有は職員の共通理解に有効である」「データベースの校内共有は情報活用を効率化する」「指導の振り返りに有効である」と良好な評価を得たという(菅原ら，2015)。このことから，教員間でのICTを活用した情報共有は校務上有効であるが，その実現のためには，情報の単なる電子化にとどまらず，そのデータベース化等のさらに進んだ取り組みが必要とされていることがわかる。

## 20-4　ICT活用に関連する留意点

### (1)　特性にあわせた自作・カスタマイズ可能性

「教育の情報化に関する手引き」(文科省，2010)では，知的障害のある子どものためのICT活用の意義と課題について「双方向的な関わりがしやすく(インタラクティブ性)，視覚的，聴覚的にも多様な表現ができるため，児童生徒が関心をもちやすく，活用を工夫することで有効な教材・教具となる」「知的障害者である児童生徒の学習を目的とした学習用ソフトウェアが極めて少なく，また，学習特性が様々であることから，市販の学習用ソフトウェアではうまく適合しないことがあり，教員の創意工夫による自作教材も積極的に取り入れていくことが必要」と指摘されている。インタラクティブな教材を自作する際には，JavaやJavaScript，Adobe社のFlash(2016年にAnimateと名称変更された)などが使われることが多い(中村，2009；金子，2009；金山・浅野・西野・若月，2013)が，いずれも一定の知識と技能が必要であるため，こうした教材の自作やカスタマイズは誰にでもできる事柄とは言い難い。

そこで，佐藤・森・泉山・森・熊井(2015)は，プログラミング言語等の専門的な知識・技能がない子どもでも簡単に習得できる(阿部，2013；石原，2014)と言われ

ているScratchを使った教材の自作を試みた。Scratchとは，マサチューセッツ工科大学メディアラボのライフロング・キンダーガーテン・グループによって2006年に開発されたプログラミング言語である。佐藤ら(2015)は，タブレット端末上で動作する，発話速度の調整やモーラ意識を促すための教材をScratchで作成し，知的障害児への発音指導を実施した。その結果，教材の有効性が確認されると同時に，子どもでも習得できるScratchを使っても効果的な教材の自作が可能であることも確認された。

また，森・熊井(2013)は，いわゆるホームページ作成ソフトを使って，パソコンのウェブブラウザ上で動作する，構音練習用の教材を自作し，知的障害を伴う自閉症児の家庭での学習用に提供した。その結果，教材の有効性が確認され，また，習得が比較的容易なホームページ作成ソフトでも効果的な教材の自作が可能であることが確認された。

矢島(2012)は，広く普及しているプレゼンテーションソフトウェアであるMicrosoft社のPowerPointを使って，タッチパネル式スライドVOCAを自作して音声言語のない自閉症児のコミュニケーション指導を，また，スキャン式スライドVOCAを自作して肢体不自由児のコミュニケーション指導を実施し，効果をあげている。

このように，教員が無理なく教材を自作・カスタマイズできるICTもある点に留意し，指導・学習の効果向上に注力することが肝要といえる。

### (2) アクセス可能性

(1)で紹介した，担当の子どものためにその子の特性にあわせて個別に自作，あるいはカスタマイズされた教材は，その子にとってアクセス可能なものになるが，デジタル教科書のような汎用教材の場合には，ある特性をもっている子どもにはアクセスできないものになる可能性もある。そこで，そうした問題を防ぐために「デジタル教科書ガイドライン(試案)」が国立特別支援教育総合研究所(2012，2014 d)によって提案されている。**表20-2**はその抜粋である。なお，デジタル教科書ガイドライン(試案)には「見ることに困難のある場合」「聞くことに困難のある場合」等の障害別の具体的な対応も示されている。

### (3) 情報モラルの必要性

「教育の情報化に関する手引き」(文科省，2010)は，障害のある子どもにとって「インターネットや携帯電話の活用は情報保障の点や自立した生活を行うための支援機器として有効なものとなり得る。(中略)しかし，それと同時に，どのように情報を扱えばよいかという情報モラルの問題も多く生じてきている」と，情報モラル

## 表20-2 デジタル教科書ガイドライン(試案)

**原則1 知覚可能**
- [1.1] 絵や写真などには代替テキストを付加することによって，拡大印刷，点字，音声，シンボル，平易な言葉などのような，児童生徒が必要とする形式に変換できるようにする。
- [1.2] 動画などの時間の経過に伴って変化するメディアには字幕などの代替コンテンツを提供する。
- [1.3] 教科書の内容や構造を損なうことなく，さまざまな方法(例えば，よりシンプルなレイアウト)で提供できるように，教科書を制作する。
- [1.4] 児童生徒が，教科書を見やすくしたり，聞きやすくしたりする。これには，前景と背景を区別することも含む。

**原則2 操作可能**
- [2.1] (国立特別支援教育総合研究所(2014 d)にて変更された)キーボードインターフェース，マウス互換機器など多様な入力方法が用意されている。
- [2.2] 児童生徒がデジタル教科書を読んだり使用したりするのに十分な時間を提供する。
- [2.3] (国立特別支援教育総合研究所(2014 d)にて削除された)
- [2.4] 児童生徒がデジタル教科書を操作したり，必要な情報を探し出したり，現在位置を確認するのを手助けする手段を提供する。

**原則3 理解可能**
- [3.1] テキストのコンテンツを読みやすく理解可能にする。
- [3.2] 背景となる知識を提供または活性化するオプションを提供する。
- [3.3] 重要事項，全体像，関係を目立たせるオプションを提供する。
- [3.4] デジタル教科書の表示や動作が理解しやすいように一貫した識別性をもたせるなど予測可能にする。
- [3.5] 児童生徒が間違えないようにしたり，間違いを修正したりするのを助ける。

**原則4 互換性・堅牢性**
- [4.1] 画面拡大や入力装置などの支援技術が利用できるようになっており，その方法について将来的に大きく変更されない。

にも留意すべきであることを指摘している。ここで情報モラルとは「情報社会で適正に活動するための基となる考え方や態度」のことであり，「他者への影響を考え，人権，知的財産権など自他の権利を尊重し情報社会での行動に責任をもつこと」「危険回避など情報を正しく安全に利用できること」「コンピュータなどの情報機器の使用による健康とのかかわりを理解すること」等，多岐にわたるとされている。

この情報モラルを身につけさせるため，初等中等教育においては「情報社会の倫理」「法の理解と遵守」「安全への配慮」「情報セキュリティ」「公共的なネットワーク社会の構築」に関する指導を行う必要があるとされている(国立教育政策研究所，2011；情報通信総合研究所，2014)。これらの指導を，特別支援教育において実施する際の課題を，江田(2012)から抜粋したものが**表20-3**である。

## 20-5　ICT 活用関連の参考になる情報が得られる Web サイト

最後に，障害のある子どものための ICT 活用関連の参考になる情報が得られる Web サイトの一部を表 20-4 に列挙した。

**表 20-3　特別支援教育において特に指導が必要な情報モラルの課題**

(1) プライバシーへの意識を高めること
・プライバシーについて知り，自他のプライバシーを守ろうとする意識を育てる。
(2) 著作権や肖像権など個人の権利について知識を深めること
・人の著作物や発言，発案にはそれぞれ個人の権利があることを知り，それを尊重しようとする意識を育てる。また肖像権のような固有の権利があることも知る。
(3) ネットワークの公共性を理解すること
・ネットワークで公開される情報の影響を知り，個人や特定の組織への誹謗中傷や，宣伝行為などの問題を理解する。
(4) ID やパスワードの管理に関すること
・情報化社会の中で個人を識別する ID やパスワードの重要性を理解し，その保守や管理への意識を高める。
(5) コミュニケーション能力を高めること
・自分の意思や感情の適切な表現の仕方を身につけるとともに，他者の快・不快の受けとめ方や，相手の発言の意図を理解し，適切に応じられるようになる。
(6) 情報の多面性を理解すること
・情報内容の的確な解釈と，有用な情報と不要な情報，確かな情報と疑わしい情報を，自ら取捨選択できる力を高める。
(7) ネットワーク上の問題への対処スキルを身につけること
・振り込め詐欺，サイト勧誘，迷惑メール，チェーンメール，コンピュータウィルスといった問題を理解し，具体的な対処方法を身につける。

**表 20-4　参考になる Web サイト（最終アクセス確認 2016 年 8 月 1 日）**

(1) 支援教材ポータル(http://kyozai.nise.go.jp/)
(2) インクルーシブ教育システム構築支援データベース(http://inclusive.nise.go.jp/)
(3) 発達障害教育情報センター(http://icedd.nise.go.jp/)
(4) AT2ED エイティーエスクウェアード(http://at2ed.jp/)
(5) 障害者関係 app の広場(https://ja-jp.facebook.com/dappinfo)
(6) 魔法のプロジェクト(https://maho-prj.org/)の成果報告公開資料やアプリレビューページ
(7) NPO 法人支援機器普及促進協会(http://npo-atds.org/)
(8) 東京都障害者 IT 地域支援センター(http://www.tokyo-itcenter.com/index.html)の展示支援ソフト一覧(http://www.tokyo-itcenter.com/600setubi/tenji-soft-10.html)，iPhone・iPad 用・障害のある人に便利なアプリ一覧(http://www.tokyo-itcenter.com/700 link/sm-iphon4.html)，Android 携帯用・障害のある人に便利なアプリ一覧(http://www.tokyo-itcenter.com/700link/sm-and 1.html)
(9) kinta のブログ(http://magicaltoybox.org/kinta/)
(10) キートン・コム Blog(http://blog.keaton.com/)

20章　障害のある子どものためのICTの活用

**引用・参考文献**

阿部和広（2013）．『小学生からはじめるわくわくプログラミング』日経BP社
江田裕介（2012）．特別支援教育における情報モラルとコミュニケーションの指導．情報教育実践研究会
Griffin, P., McGaw, B., & Care, E.（2012）．*Assessment and Teaching of 21 st Century Skills*. Springer.
東原義訓（2008）．我が国における学力向上を目指したICT活用の系譜．日本教育工学会論文誌，**32**，241-252.
堀田龍也・木原俊行（2008）．我が国における学力向上を目指したICT活用の現状と課題．日本教育工学会論文誌，**32**，253-263.
兵庫教育大学（2014）．『発達障害のある子どもたちのためのICT活用ハンドブック特別支援学級編』兵庫教育大学
石原正雄（2014）．『スクラッチではじめるプログラミング』カットシステム
情報通信総合研究所（2014）．『情報化社会の新たな問題を考えるための教材―安全なインターネットの使い方を考える―指導の手引き』情報通信総合研究所
金森克浩（2012）．『〔実践〕特別支援教育とAT第1集』明治図書
金森克浩（2013）．『〔実践〕特別支援教育とAT第2集』明治図書
金森克浩（2014）．『〔実践〕特別支援教育とAT第4集』明治図書
金子尚弘（2009）．特別支援教育とFlash教材．白梅学園大学・短期大学情報教育研究，**12**，4-8.
金山貴泰・浅野久美子・西野哲朗・若月光夫（2013）．学習ゲームを用いた発達障害児向け文字学習支援システム．情報処理学会数理モデル化と問題解決研究報告，2013-MPS-93(8)，1-6.
勝野頼彦（2013a）．教育課程の編成に関する基礎的研究報告書5 社会の変化に対応する資質や能力を育成する教育課程編成の基本原理．国立教育政策研究所
勝野頼彦（2013b）．教育課程の編成に関する基礎的研究報告書6 諸外国の教育課程と資質・能力―重視する資質・能力に焦点を当てて―．国立教育政策研究所
国立教育政策研究所（2011）．情報モラル教育実践ガイダンス―すべての小・中学校で，すべての先生が指導するために―．国立教育政策研究所
国立特別支援教育総合研究所（2011）．専門研究A障害の重度化と多様化に対応するアシスティブ・テクノロジーの活用と評価に関する研究平成21年度～22年度研究成果報告書(研究代表：棟方哲弥)．国立特別支援教育総合研究所
国立特別支援教育総合研究所（2012）．専門研究A(重点推進研究)デジタル教科書・教材及びICTの活用に関する基礎調査・研究平成23年度研究成果報告書(研究代表：金森克浩)．国立特別支援教育総合研究所
国立特別支援教育総合研究所（2014a）．専門研究B特別支援学校(肢体不自由)のAT・ICT活用の促進に関する研究―小・中学校等への支援を目指して―平成24年度～25年度研究成果報告書(研究代表：長沼俊夫)．国立特別支援教育総合研究所
国立特別支援教育総合研究所（2014b）．専門研究B特別支援学校(視覚障害)における教材・教具の活用及び情報の共有化に関する研究―ICTの役割を重視しながら―平成24年度～25年度研究成果報告書(研究代表：金子健)．国立特別支援教育総合研究所
国立特別支援教育総合研究所（2014c）．専門研究A, Bにつなげることを目指して実施する予備的，準備的研究聴覚障害教育における教科指導等の充実に資する教材活用に関する研究―専門性の継承，共有を目指して―平成25年度研究成果報告書(研究代表：庄司美千代)．国立特別支援教育総合研究所
国立特別支援教育総合研究所（2014d）．専門研究Aデジタル教科書・教材の試作を通じたガイドラ

インの検証―アクセシブルなデジタル教科書の作成を目指して―平成24年度～25年度研究成果報告書(研究代表:金森克浩).国立特別支援教育総合研究所
高度情報通信ネットワーク社会推進戦略本部(2010).「新たな情報通信技術戦略」
李璿熙・森浩平・泉山靖人・熊井正之(2013).韓国における障害者の質的デジタルデバイドに影響する要因と課題.*Asian Journal of Human Services*, 5, 78-90.
宮城教育大学(2014).発達障害のある子どもたちのためのICT活用ハンドブック通級指導教室編.宮城教育大学
文部科学省(2010).教育の情報化に関する手引
文部科学省(2011).教育の情報化ビジョン
文部省(1969).情報処理教育振興に関する当面の施策(中間報告).学術月報, 22, 62-65.
文部省(1992).『学制百二十年史』ぎょうせい
森つくり・熊井正之(2013).重度知的障害を伴う自閉症高等部生徒への構音指導について―構音練習用デジタル教材を用いた1症例についての検討―.音声言語医学, 54, 259-267.
永森正仁・長澤正樹・植野真臣(2010).Webカメラを用いた特別支援教育における突発的な児童問題行動の記録・共有システム.日本教育工学会論文誌, 34, 1-12.
中村好則(2009).携帯電話で学べる数学教材の試作と聴覚障害生徒を対象とした教材の評価.日本教育工学会論文誌, 33, 41-44.
OECD (2014). TALIS 2013 Results, An International Perspective on Teaching and Learning, TALIS, OECD Publishing.
佐藤友香・森 浩平・泉山靖人・森つくり・熊井正之(2015).タッピングと発話速度の調整を用いたダウン症児への構音指導の検討.日本特殊教育学会第53回大会発表論文集, 9-7.
総務省(2015 a).平成26年通信利用動向調査報告書(世帯編)
総務省(2015 b).平成27年版情報通信白書
総務省(2015 c).社会課題解決のための新たなICTサービス・技術への人々の意識に関する調査研究―報告書
総務省(2015 d).平成26年通信利用動向調査報告書(企業編)
菅原 弘(2010).自閉症指導・支援のための情報データ活用実践―「伝え合う関係」を大切にした取り組み―.明治図書
菅原 弘・橋本陽介・松浦 淳・熊井正之(2015).データベース化した指導記録の校内共有による主体的な職員研修.教育情報学研究, 14, 59-71.
筑波大学(2014).発達障害のある子どもたちのためのICT活用ハンドブック通常の学級編.筑波大学
梅澤 敦(2016).資質・能力を育成する教育課程の在り方に関する研究報告書2 諸外国の教育課程と学習活動.国立教育政策研究所
矢島 悟(2012).パソコンを使った簡単スライドVOCAの作り方.金森克浩(編),『〔実践〕特別支援教育とAT(第1集)』明治図書, 42-45.

# 21章 障害のある子どものための自己肯定感の育成 ——発達障害・知的障害を中心に

小島 道生

[キーワード]
自己肯定感
自尊感情
自己評価

　自己肯定感とは、「自分自身に対して抱く、肯定的な感情」とされる。発達障害や知的障害のある子どもは、失敗経験や他者との比較により自信を失い、自己肯定感が低いことが予想される。しかし、自己肯定感に関連する自尊感情などの研究からは、必ずしも同年代の子どもに比べて低いとは言えず、領域によって違いがあり、自尊感情に影響を与える心理的メカニズムにも特徴が報告されている。また、通常学級の研究からは、学級集団に対して自己肯定感やセルフ・エスティームの変容をめざした授業を行うことで、その効果を検証した成果が示されており、こうした心理教育的なアプローチが重要になると考えられる。自己肯定感は、他者とのかかわりの中で育まれていく。したがって、周囲の人々に対するアプローチを行うことで、本人の自己肯定感も変化していく可能性がある。発達障害・知的障害のある子どもの自己肯定感の育成のためには、個へのアプローチと集団へのアプローチの両方を含んだ総合的な支援が重要である。

## 21-1 自己肯定感とは

　自己肯定感ということばは、しばしば教育現場においてもきかれるようになった。子どもの自己肯定感を巡って、日本の子どもが欧米諸国に比べて低いことなどが指摘されることもある。発達障害や知的障害のある子どもにとっても、自己肯定感が大切であると実感している人は多いのではないだろうか。

　さて、自己肯定感とは、そもそもどのように定義されるのか。わが国の心理学の研究においては、類似した概念として、従来から自尊感情(self-esteem)が使用されてきた。自尊感情は、自分のことを価値ある存在と認識することと定義され、主には青年期以降を対象として研究が進められている。

　ただ、近年では自己肯定感という用語が教育現場などにおいて広く普及してきている。肯定感という表現が、自分に対するポジティブな側面を端的に表しており、多くの人にとっては、やや専門的な概念である自尊感情よりも、なじみやすいのかもしれない。

　自己肯定感の定義については、様々な見解がある。高垣(2004)は、自己肯定感を「自分が自分であって大丈夫」と感じるものとしている。また、東京都教職員研修センター(2010)では自己肯定感を「自分に対する評価を行う際に、自分のよさを肯

定的に認める感情」と定義している。さらに，宇野(2013)は「自己肯定感は，自尊感情という構成概念の中核を担っており，一般的に言えば，自分のことが好きということである」と述べている。

このように，自己肯定感を巡る概念定義は様々であるが，概して「自分自身に対して抱く，肯定的な感情」と言えよう。自尊感情が，全般的な自分に対する価値を指すのに対して，自己肯定感は自分への好感度的なポジティブな側面が強調される。

## 21-2 発達障害・知的障害のある子どもの自尊感情——日本の研究から

日本における発達障害・知的障害児を対象として，自己肯定感に関する研究は乏しい。その理由は，そもそも自己肯定感が比較的新しい概念であるためである。また，先にも述べたように，心理学においては従来から類似する概念である自尊感情の研究が盛んに取り組まれてきた。

そこで，本章では自己肯定感に近い概念である自尊感情などを取り上げる。発達障害・知的障害児の自尊感情に関する研究は，主に障害種別に報告され，障害特性や支援の在り方などが示されつつある。

### (1) 高機能広汎性発達障害(以下，HFPDD)児を対象とした研究

小島・納富(2013)は，HFPDDの男児の自尊感情，自己評価，ソーシャルサポートについて同年代の子どもと比較を行いながら検討した。その結果，自尊感情に違いは認められなかったものの，自己評価は対照群に比べて運動，外見，友人の領域は低かった。また，同年代の障害のない子ども(対照群)では全ての自己評価やソーシャルサポートの領域が，同程度自尊感情に影響を与えているのに対して，HFPDD児では，自己評価では学業と外見，ソーシャルサポートでは先生といった特定の領域がより強く影響を与えていることを示唆している。そして，HFPDD児においては，一つの領域だけでも肯定的な評価を行っていくことが，自尊感情にとっては大切であると指摘している。また，HFPDD児では，教員からのサポートが自尊感情に影響を与えていることが報告されていた。したがって，本人が教員からサポートを実感できるように支援することが，自尊感情の低下予防につながると言えよう。

また，同じくHFPDD児の自尊感情，自己評価と抑うつ傾向について検討した研究(宮地・小島，2013)では，やはり自尊感情については，同年代の障害のない対照群と違いはなかった。しかし，抑うつ傾向は対照群に比べて高かった。また，対照群では自尊感情と抑うつ傾向に相関が認められたものの，HFPDD児では相関はなかった。さらに，HFPDD児は，全ての自己評価領域が自尊感情に影響を与えてい

た対照群と異なり，個人が重視する自己評価得点が自尊感情に強く影響を与えていた。すなわち，特に自分にとって重要な領域における自己評価が自尊感情を左右することを示している。

　HFPDD児の自尊感情の関連領域については，同年代の対照群よりも低いという報告(Capps, Sigman, & Yirmiya, 1995)があったものの，一概に低いとは言えない。むしろ，同年代の障害のない子どもたちと違いがない場合もあると考えられる。こうした矛盾した結果の背景には，測定で用いられている尺度の違いや対象者の要因（例；年齢，性別など）などに影響を受けている可能性もあり，今後詳細な検討が必要になろう。

　そして，対照群では自己評価の全ての領域が自尊感情に影響を与えるのに対して，HFPDD児では特定の領域で影響を与えるという違いが示されている。つまり，HFPDD児では本人が重視している領域について，積極的に肯定的な評価を行うことが，自尊感情や自己肯定感を高める上でも大切になる。

　ところで，HFPDD児においては，9歳頃に心の理論を獲得する。つまり，小学校中学年頃から他者の意図・信念などの理解が可能となり，「他者から見た自分」を意識するようになる。それだけに，この時期に他者から受け入れられ，認められる経験を実現したい。学級集団などでは，排除ではなく，「そんな考え方，やり方もあるよね」「だれにも，得意なことや苦手なことはあるよね」などという多様性を認め合いながら，「困ったら，あるいは困っていたらお互い助け合おう」という協力関係へと発展させていきたい。適切なサポートを受け，仲間関係が築け，さらには「重要な他者」から認められることは，自己肯定感の低下予防にとって大切だ。

　思春期にかけて，HFPDD児は孤立し，友だちと呼べるかかわりは少なくなるかもしれない。ただ，日々の生活のなかで，自分のことをわかってくれる人との出会いは，子どもにとって大きな支えとなる。ある自閉スペクトラム症の青年は，中学校時代を振り返って「クラスには，友だちと呼べる人はいなかった。でも，ここに来れば，自分の居場所があった。安心できる場所だった」と同じような障害のある人との出会いの場が，とても助けになったことを語った。思春期に向けて，信頼できる他者，仲間との出会いを見つけ，継続的なかかわりを維持できることが，HFPDD児の自己肯定感の低下予防にもつながると考えられる。

### (2)　ADHD児を対象とした研究

　ADHDのある小学生(4年生～6年生)男子と中学生男子を対象とした研究(佐藤・赤坂，2008)では，小学生では自尊感情が非ADHD群よりも低く，中学では違いがなかったことが示されている。また，小学生では非ADHD群と同様に，自尊

感情は自己の属性や周囲のサポートなど全ての要因と相関があり，その中でもADHD群は身体能力，非ADHD群は身体能力と容姿に影響を受けていたと報告している。一方，中学生では非ADHD群では自尊感情は全ての要因と相関があり，中でも身体面以外に友人へのサポート提供が自尊感情により強い影響を与え始めた。しかし，ADHD群では容姿と身体能力のみに相関があり，友人サポートについては受領，提供ともに得点は低い傾向にあり，友人は依然希薄な者が多いと推測されている。

同様に，ADHDの小学生(4年生～6年生)を対象とした研究(中山・田中，2008)では，自尊感情と自己評価について定型発達児との比較を行いながら検討した。その結果，自尊感情で違いがなかった。しかし，自己評価では学業，運動，容貌の3領域で差はなかったものの，振る舞いと社会性において，定型発達児よりも低い自己評価を行っていた。また，定型発達児では運動を除く全領域の自己評価が自尊感情に影響を与えていたのに対し，ADHD児では自尊感情に影響を与える領域が学業と容貌のみであり定型発達児よりも少なかったことを報告している。

ADHD児の自己評価領域の振る舞いについては，ADHD児においては低下しやすい領域であろう。多動性や衝動性といった症状は，幼児期から小学校低学年にかけて，顕著に認められやすい。この時期に，注意や叱責を受けやすく，その結果，振る舞いといった領域の自己評価を低下させることにつながる。したがって，ADHD児の自己肯定感の支援は，幼児期や小学校低学年といった比較的早期の段階から極めて重要になる。特性を考慮し，過度な注意・叱責を避けたい。

なお，ADHD児の自尊感情については，研究によって同年代の子どもよりも低いあるいは変わらないという違いが認められている。研究結果は一致しない部分もあり，今後，詳細な検討が必要になろう。

### (3) 知的障害児を対象とした研究

知的障害児を対象とした自尊感情に関する研究は，国内では報告されていない。これは，自尊感情の測定において，抽象的な表現による質問項目を含んでいるため，実際には知的発達に遅れのある知的障害児を対象として測定が難しいためである。しかし，自尊感情に近い概念として，自己概念や自己評価に関する研究は報告されている。

大谷・小川(1996)は，知的障害児を対象として，認知と運動領域における自己能力評価，および社会的受容感について検討した。その結果，精神年齢7，8歳の小・中学生が精神年齢5・6歳の対象者に比べて低い自己評価を行っていること，精神年齢を5・6歳代に統制した分析から，小学校中学年と高学年との間に自己評

価の低下が認められ，中学生においては変わらないという結果が得られた。つまり，自己能力評価や社会的受容感が精神年齢や生活年齢と関連することを明らかにしている。また，生活年齢及び精神年齢にかかわりなく，自己能力評価における運動領域は，認知や社会的受容感に比べて低かった。そして，このような対象領域での差は，教科指導における健常児との課題遂行性の差を直接比較する機会の差に起因すると考察されている。

インクルーシブ教育が推進されているなか，知的障害児が交流及び共同学習などで，通常の学級の子どもたちとの課題遂行性の差を直接比較する機会は，より一層増えていく可能性が高い。それだけに，知的障害児が友だちとの比較を通して，自己評価，さらには自己肯定感の低下につながらないように配慮すべきであろう。

このように，知的障害児の自己概念，なかでも自己評価に関する領域は，生活経験と認知発達の両方の影響を受けながら，他者とのかかわりによって形成されていく。つまり，支援の質や他者とのかかわりなどの環境要因も自己評価にかかわる要素であり，本人のニーズを踏まえた適切な支援を展開することが，自己肯定感の低下予防につながると考えられる。

## 21-3 発達障害・知的障害のある子どもの自己肯定感を育てる支援

### (1) 通常の学級での研究から

自己肯定感を育む教育実践というと，「褒める」，あるいは「達成経験を与える」などがしばしば指摘される。もちろん，こうした賞賛や達成経験の確保は子どもの自己肯定感の育成には重要な要素である。

しかし，そのような支援だけではなく，自己肯定感や自尊感情の改善を狙った科学的な教育実践も教育心理学の分野では報告されている。これら教育実践では，学級集団に対して自己肯定感やセルフ・エスティームの変容を目指した授業を行うことで，その効果を検証している。障害のある子どもたちへの自己肯定感の支援においても，心理教育的なアプローチは参考になろう。以下，これら研究について紹介するが，紙面の都合上，概略にとどめるので，詳細は論文をご覧いただきたい。

髙橋(2001)は，自己肯定感を高めることをねらった実験授業プログラムを小学5年生に4回実施した。その結果，実験授業を受けた児童は，受けなかった児童より，肯定的な記述が増え，否定的な記述が減り，肯定的な自己意識を高めたが，行動面への影響は見いだせなかったことを報告している。

川井ら(2006)は，小学校高学年の児童に対して，ネガティブな事象に対する認知パタンが自己否定的なものに固定化し，それに伴って自己効力感やセルフ・エス

ティームが低下することを防ぐための授業を考案し，その効果について多面的な検討を行った。その結果，実験群の児童の方が統制群の児童よりも，自己否定的な認知パタンを否定する方向の信念を抱くようになっているとともに，自己効力感とセルフ・エスティームが高まっていることが示されている。

　これらの研究の対象は，いずれも小学校高学年であり，集団で行う授業によって自己肯定感の変容が一定程度可能であることを示唆している。したがって，自己肯定感の変容を一斉指導において目指すためには，小学校高学年頃を対象として行っていくことが望まれる。

### (2)　発達障害のある子どもの自己肯定感を育む授業・支援

　通常の学級には，発達障害など支援を必要とする児童生徒が在籍していることが一般的である。こうした発達障害のある子どもを含んだ学級のなかで，自己肯定感を育むための授業や指導について，どのように行っていけばいいのか。宇野(2013)は「自己効力感，自尊感情を高める指導や支援の方向性は，原則的に，定型発達の子どもの場合と同じと考えてよいだろう。ただし，発達障害のある子どもについては，その障害特性への配慮，環境調整，フィードバックのわかりやすさなど，彼らのニーズに応じた工夫が必要になる」と述べている。

　また，筆者は発達障害のある子どもの自尊感情を育てる授業・支援アイデアに関する書籍(小島，2013)を刊行している。そのなかでは，①自己の再認識，②他者からの変容，③原因帰属の変容という3つの観点から支援の具体的な方法を示している。それら内容については，書籍(小島，2013)をご覧頂きたい。

　発達障害児の自己肯定感は，他者とのかかわりの中で育まれていく。周囲の人々に対するアプローチを行うことで，本人の自己肯定感も変化していく可能性がある。また，その子自身を学級(集団)の中で価値づけていくことは，欠かせない。周りから認められ，受け入れられるとともに，「自分も，その学級(集団)で役に立っている」という実感を味わうことが，集団の中でも自己肯定感を適度に保つためには，必要となる。学校生活において，発達障害のある子どもは，学習面や運動面などでつまずきを生じていることも多い。それだけに，係り活動や掃除など，誰もが褒められ，認められる機会も大切にしながら，学級経営を行っていきたい。

　こうした支援は，日々の授業実践や生活のなかで展開されるものではあるが，発達障害のある子どもに限らず，子どもの自己肯定感の低下が様々なところで指摘される今日，より積極的に子どもの心にアプローチをしていく授業実践，つまり心理教育が必要であろう。先にも紹介したセルフ・エスティーム低下を防ぐ授業研究に取り組んだ川井ら(2006)は，考察において「『教師や保護者に心理学的知見を伝え

て，それを踏まえた教育(ないし，養育)をしてもらう』といったアプローチを採るのではなく，『変容を促したいと考えている対象である児童や生徒に，(自己理解の仕方といった)心のしくみについての知を伝える』という，より直接的なアプローチを採ったことは，本研究の独創的な点である」と述べている。発達障害児の自己肯定感を育むために，心のしくみについて教授し，子ども達自らが体験を通して学んでいく支援の展開が期待される。

### (3) 知的障害のある子どもの自己肯定感を育む授業・支援

知的障害特別支援学校の実践においても，児童生徒の自己肯定感を育む授業実践や支援が報告されてきている。檜和田ら(2012)は，小学校・中学校特別支援学級において，知的障害のある児童生徒の自己肯定感を育む授業づくりについて検討した。その結果，自己肯定感をもてるような手立てのポイントとして，**表21-1**に示した5つを提案している。

知的障害児の自己肯定感を育むためには，褒めることはもちろん，授業などの振り返り場面で，肯定的な評価を行っていくことが重要になる。こうした評価機会に焦点をあてて，自尊感情や仲間関係を育む実践の在り方についても報告されている。漆畑・中村(2015)は，「ゲームを通した仲間へのあたたかいかかわりと主体的な活動参加を促す評価ツールの活用」として，筑波大学附属特別支援学校中学部で活用している「グッドポイント」「グリーンポイント」の2つの評価ツールについて報

表21-1 知的障害のある児童生徒の自己肯定感を持てるような手立てのポイント

| | |
|---|---|
| 児童生徒が意欲・興味・関心のある教材(題材)を設定する | 学習活動に対する意欲が増し，授業に積極的に参加できるようになる。 |
| うまくいかないことをやり遂げる現実度を上げる | やり遂げられるかもしれない，もしくは少しの支援を受けてやり遂げられるような課題を設定することで，達成の現実度が増し，自己肯定感が持てるようになる。 |
| 活動量・活動の主導権を児童生徒の実態を考慮して適切に配置する | 授業全体における児童生徒の活動量を考えること。教師が主導するばかりでなく，児童生徒にやり遂げられる部分を任せ，それを実際にやり遂げることができるかを，日々の行動観察から判断し，授業に取り入れ，活動量を工夫する。 |
| ほめる・認める場面を設定する | 「ほめ方」については個々に行うのか，全体で行うのか，いつ行うのか，だれが行うのか，どこで行うのかを判断し，かかわっていく必要がある。 |
| 集団の力を活用する | すべての児童生徒の持ち味を生かせるような場面を授業の中に入れ，集団ならではの力を活用すること。学級の中に安心感があり，自分の居場所があることで自発的な発言や行動が促される。学級づくりと関連させて指導を行っていく。 |

出典）檜和田(2012)を一部改変

告している。「グッドポイント」は個々の積極的な役割及び活動参加を評価するもので，「グリーンポイント」は友だちへのあたたかいかかわりを評価するものである。評価された生徒には，ポイントシールを与える。視覚的に捉えやすくし，即時的に評価される。またシールをポイントシートに貼ったり，日課帳に張って家庭に持ち帰り保護者からも褒められるような工夫を行っている。

　知的障害のある児童生徒を対象とした教育現場においても，褒めることを意識している教員は多いだろう。しかし，その多くがことばだけにとどまり，そもそも児童・生徒に褒められた実感として届いているのか，見つめ直していくことが必要であろう。児童・生徒が褒められたことを実感できるためには，わかりやすい手がかりを用いることや即時に評価することが欠かせない。さらには，褒められた経験を他者とも共有できる仲間関係や家庭との連携により，一層褒められた実感が深まろう。

　くわえて，漆畑・中村(2015)の実践では褒めの質を区別しており，これも児童・生徒にとって，何を期待されているのか，どういう行動が望ましいのかをわかりやすく伝えるメッセージになっている。また，中学部全教員がポイントシールを持っており，評価の観点を共有し，どの授業どの生徒でも日常的に評価することができる工夫も示されている。このように褒めることを，教員が組織的に，そして日常的に行っていく取り組みは，知的障害のある児童・生徒に限らず，子ども達の自己肯定感を育む支援を考える上でも参考になろう。

## (4) 自己肯定感を育むために

　主に発達障害と知的障害のある子どもの自己肯定感を育むためには，障害の特性を考慮しつつ，その子だけでなく，集団へのアプローチも大切になる。具体的なアプローチのポイントとしては，表21-2の通り提案する。発達障害・知的障害のあ

表21-2　発達障害・知的障害のある子どもの自己肯定感を育む支援の内容

1. こころの仕組みについての理解支援(例；結果に対する見方・考え方の変容を目指した授業)
2. 肯定的評価のシステム化(例；わかりやすい賞賛と組織的で継続的な取り組み)
3. スモールステップによる達成経験の確保(例；子どもができそうだと実感できる課題を準備し，成功経験を確保する)
4. 自分の肯定的側面に対して理解を深める活動(例；自分の良さを他者から指摘される活動)
5. 集団の中で活躍し，価値づけられる機会の確保(例；学級で得意なことを褒められ，役割を担う)
6. 多様性を認め合い協力しあう集団づくり(例；人には，得意・不得意があり，不得意あるいは苦手なことは，助け合い，みんなが気持ちよく過ごせることを目指す)
7. 自分自身の成長を実感できる体験(例；できなかったことが，できるようになったことに気づく振り返り活動)

る子どもの自己肯定感の育成のためには，個へのアプローチと集団へのアプローチの両方を含んだ総合的な支援が重要になる。今後，日本において発達障害や知的障害のある子どもの自己肯定感の育成に関する教育実践や支援のさらなる発展を期待したい。

**引用・参考文献**

Capps, L., Sigman, M., & Yirmiya N.(1995). Self-competence and emotional understanding in high-functioning children with autism. *Development and Psychopathology,* **7**, 137-149.

檜和田祐介・藤井朋子・小田原舞・奥野正二・梶山雅司・中山美代・髙坂英徳・山形恵美子・落合俊郎・若松昭彦・川合紀宗・竹林地毅・氏間和仁・林田真志・木船憲幸・牟田口辰己・谷本忠明・大鹿　綾（2012）．知的障害のある児童生徒の自己肯定感を育む授業づくり―小学校・中学校特別支援学級における体系的な授業モデルの開発．広島大学学部・附属学校共同研究機構研究紀要，**40**，53-58.

中山奈央・田中真理（2008）．注意欠陥／多動性障害児の自己評価と自尊感情に関する調査研究．特殊教育学研究，**46**(2)，103-113.

宮地　健・小島道生（2013）．高機能広汎性発達障害児の自尊感情，自己評価と抑うつ傾向に関する研究．岐阜大学教育学部研究報告．人文科学，**62**(1)，175-181.

川井栄治・吉田寿夫・宮元博章・山中一英（2006）．セルフ・エスティームの低下を防ぐための授業の効果に関する研究―ネガティブな事象に対する自己否定的な認知への反駁の促進．教育心理学研究，**54**，112-123.

小島道生（2013）．『発達障害のある子の「自尊感情」を育てる授業・支援アイディア』学研

小島道生・納富恵子（2013）．高機能広汎性発達障害児の自尊感情，自己評価，ソーシャルサポートに関する研究―通常学級に在籍する小学4年生から6年生の男児について．LD研究，**22**(3)，324-334.

大谷博俊・小川　巌（1996）．精神遅滞児の自己概念に関する研究―自己能力評価・社会的受容感と生活年齢・精神年齢との関連性の検討．特殊教育学研究，**34**(2)，11-19.

佐藤正恵・赤坂映美（2013）．ADHD児の自尊感情とそれに影響を及ぼす要因について．LD研究，**17**(2)，141-151.

高垣忠一郎（2004）．『生きることと自己肯定感』新日本出版社

髙橋あつ子（2001）．自己肯定感促進のための実験授業が自己意識の変化に及ぼす効果．教育心理学研究，**50**，103-112.

東京都教職員研修センター（2010）．平成21年度　自尊感情や自己肯定感に関する研究（第2年次）．東京都教職員研修センター紀要，第9号，4-26.

宇野宏幸（2013）．自尊感情，自己肯定感，自己効力感を高める指導・授業づくりを考える―発達障害のある子どもがいるクラスを中心に．発達障害研究，**35**(4)，287-295.

漆畑千帆・中村　晋（2015）．自主シンポジウム35　特別支援教育における自尊感情や仲間関係を育む多様な評価機会の検討．日本特殊教育学会第53回大会プログラム・発表論文集

# 22章 障害のある子どものための家族支援の展開

柳澤 亜希子

[キーワード]
保護者(家族)の役割
保護者支援
障害受容
きょうだい支援

　障害のある子どもの発達を促し，彼らへの教育を充実させるためには，保護者をはじめとする家族の協力・連携が不可欠である。しかし，家族は，障害のある子どもを養育したり，共に生活をしたりする中で様々な困難や悩みに直面している。家族は，障害のある子どもにとって最も身近な支援者であるが，家族もまた支援を必要としている存在であることに留意する必要がある。本章では，障害のある子どもの保護者をはじめとする家族への支援を行うに当たり，理解しておくべき事項について概説する。具体的には，①障害のある子どもの保護者(家族)の役割，②保護者の障害受容，③障害のある子どもの保護者との関わりで教師に求められること，④保護者支援の考え方とその方法ついて述べる。最後に，インクルーシブ教育システムの構築が推進される中で，今後より一層，重要性が増すと考えられる障害のある子どものきょうだいへの支援について言及する。

　特別支援学校学習指導要領解説総則編(文部科学省, 2009)には，保護者との密接な連携の下に指導を行うことの重要性が明示されている。さらに，「共生社会の形成に向けたインクルーシブ教育システムの構築のための特別支援教育の推進(報告)」(中央教育審議会初等中等教育分科会, 2012)には，早期からの教育相談・支援の充実を図ることと，学校と家庭が密接に連携することが障害のある子どもの支援を行う上で重要であることが示されている。しかし，教師と保護者が密接に連携することは，実際には容易なことではない。保護者と教師の障害のある子どもの実態の捉え方や教育方針の違い等により，思うように連携が進まないことがある。また，教師と保護者との間で誤解が生じることで，両者の信頼関係が壊れてしまうことも少なくない。保護者との関係を修復するには，多くの時間と労力を費やす。そのため，いかにして教師と保護者が連携し合える関係を築き，その関係性を保つかが重要となる。

　保護者は，教育はもちろん生活全般で障害のある子どもに幅広く関わる重要な支援者(特別支援教育の在り方に関する調査研究協力者会議, 2003)である。障害のある子どもにとって最も身近な支援者である保護者が，教育に参画し，学校での指導の成果を子育てに活かしていくことは，障害のある子どもの成長を促すことにつながる。しかし，障害のある子どもを養育する保護者(家族)は，障害受容の問題，ま

た，障害のある子どもを養育し，共に生活する中でもたらされる精神的及び身体的な疲労やストレス等を抱えている。そのため教師は，保護者(家族)もまた支援を必要としている存在であることを理解する必要がある。教師は，保護者(家族)は障害のある子どもにとっての支援者であると同時に，支援を必要とする存在であるという意識をもつことが大切である。

教師が，どのように障害のある子どもの保護者(家族)の役割を捉えているかは，保護者(家族)に対する関わり方に影響を及ぼす。そこで以降では，これまで障害のある子どもの保護者(家族)が，教育や療育の場においてどのような役割を担ってきたのか，そして，現在はどのように彼らの役割が位置づけられているのかについて述べる。

## 22-1 障害のある子どもの保護者(家族)の役割

ルードとターンブル(Rud & Turnbull, 2011)は，障害のある子どもの保護者(家族)が歴史的にどのような役割を担ってきたのかについて，以下の8つの側面からまとめている。

①子どもの障害や問題の原因としての保護者

優生学に基づいた施策が導入された1880年から1930年代，障害や疾患のある子どもを有する保護者は障害の発生源と見なされ糾弾の対象となった。障害の原因や子どもが抱える問題を親に帰属させる考え方は，1940年代から1950年代には様々な障害種に派生していった。

②専門家の決定を受容する保護者

保護者を障害のある子どもの障害や問題の原因と見なす風潮は，1970年代まで続いた。保護者は，専門家から障害のある子どもの教育や療育に専念し，専門家の助言や決定に従うように求められた。

③組織のメンバーとしての保護者

保護者が非難の対象とされた一方で，1930年代には地域規模で，また1940年代後半から1950年代にかけては，全国規模で各障害種において保護者による自助団体が組織された。

④サービスを開拓する保護者

保護者は同じ境遇にある仲間と支え合う基盤を作り，そのメンバーの一員として障害のある我が子に必要なサービスを開拓することを目的に活動を展開していった。1950年代から1960年代になると，保護者は，専門家主導の関係から保護者自身が主体性をもって障害のある我が子のために活動を進めるようになった。

⑤権利擁護を行う保護者

1970年代にかけて，保護者は障害のある我が子にとっての権利擁護者として位置づけられた。しかし，このことで保護者は，障害のある我が子のために自分自身や家族を犠牲にした。

⑥指導者としての保護者

1970年代をピークに，保護者は障害のある我が子の療育に参加したり，専門家から提示された指導方法を家庭で実践したりする等，指導者としての役割を課せられた。特に早期の療育の場において，保護者は障害のある我が子の発達を促す指導者としての役割を担うことを強く求められた。保護者が，指導者として力を注ぐあまりに，本来の親としての役割が損なわれるといった問題が生じた。

⑦教育上の意思決定を行う保護者

1975年以降になると，保護者は障害のある我が子の教育の意思決定者として位置づけられるようになった。1980年代になると，早期の教育(療育)の場においては家族を中心とした取組(family centered approach)が推奨され，専門家主導から保護者や家族を主体とする考え方へと転換した。

⑧パートナーとしての家族

保護者の役割に対する最も新しい見方は，障害のある我が子の指導や支援に携わる専門家のパートナーである。なお，パートナーとして見なされる対象は，主たる養育者の保護者だけでなく，きょうだいや祖父母等を含めた障害のある子どもを取り巻く家族である。

障害のある子どもの就学相談・就学先決定に当たっては，保護者の意見を十分に聞き，合意形成を図ることが求められている。また，保護者が，我が子の教育について積極的に意見を述べたり意思決定を行ったりして，主体的かつ積極的に我が子の教育に参画することが重視されている。教師が，保護者と密接な連携を行うためにも，保護者をパートナーとして見なすことが必要である。教師は，保護者が障害のある子どもを養育する親としての役割を第一に考えながら，お互いの役割を尊重して協力・連携することが大切である。

一方で，教師の中には保護者は従順する者と捉えていたり，あるいは保護者が教師に依存していたりする等の理由から，必ずしも保護者が対等な立場にあるとは限らないことがある。しかし，長い将来を見据えた時に，保護者がいつまでも教師に依存することは好ましいことではない。保護者が周囲から必要な支援を受けながらも，主体性をもって自立的に障害のある我が子への支援を行うことが可能となるように，保護者を後押しすることが大切である。

## 22-2 保護者の障害受容

　保護者を支援するに当たっては，まずは彼らの心情を理解することが第一である。保護者の心情は，我が子の障害の程度や家庭環境，身近で支えてくれる／理解してくれる人の存在の有無等の要因の影響を受ける。そのため，保護者の心情は，個々によって様々であり，障害のある子どもを養育する保護者の心情はこうであると一概に述べることは難しい。しかし，保護者を支援する際には，教師が彼らの心情に共感することが不可欠である。保護者の心情を理解する手がかりとして，保護者の障害受容のモデルがある。ここでは，2つの保護者の障害受容のモデルについて述べる。

### (1) 段階的モデル

　ドローターら(Drotar, Baskiewicz, Irvin, Kannell, & Klaus, 1975)は，わが子に障害があると診断された後，保護者がどのような反応を経て我が子の障害を受け入れていくのか，その過程を「Ⅰ．ショック」「Ⅱ．否認」「Ⅲ．悲しみと怒り」「Ⅳ．適応」「Ⅴ．再起」の5つの段階(表22-1)で示している。

　ドローターの段階的モデルは，時間の経過とともに保護者がどのような反応を示すのかを知ることができる。そのため，教師は，保護者が直面している心情を想定し，彼らに対してどのように関われば良いのか見通しをもつことができる。また，保護者の障害受容の過程を知っておくことは，教師が保護者の感情を無視した対応に陥らないためにも重要である。

　ただし，ドローターらが示した段階的モデルは，あくまでも1つの指標であることに留意する必要がある。なぜならば，段階的モデルは，出生後すぐに障害が明確である先天性の奇形を伴う子どもの保護者を対象にしたものであるからである。例

表22-1　障害受容の段階と各段階での保護者の反応

| 段　階 | 保護者の反応 |
|---|---|
| Ⅰ．ショック | 我が子に障害があるとの告知を受け，耐え難い絶望感にとらわれる。 |
| Ⅱ．否　認 | 我が子に障害があることを認めたくない，認めようとしない，我が子の障害が治癒することを期待している。 |
| Ⅲ．悲しみと怒り | 「なぜ，自分の子どもに障害が…」，「なぜ，自分がこんな辛い目にあわなければいけないのか」といったように我が子の障害の原因を追求し，自分自身や他者を責める。 |
| Ⅳ．適　応 | 我が子のあるがままを受け入れるしかないこと，状況は変わらないことがわかる。 |
| Ⅴ．再　起 | 専門家からの支援や同じ境遇にある保護者との出会い等を通じて，我が子のために何をしていけば良いか前向きに取り組んでいこうとする。 |

出典) Drotar et al.(1975)

えば，障害が健在化するのが早くても1歳半頃である自閉症や知的障害を伴わない発達障害では，保護者が障害の可能性に気づくのは出生から後になる。このため，障害種により保護者の障害受容の過程が異なること，また，保護者の障害受容の過程には個人差があることを理解しておく必要がある。

**(2) 螺旋系モデル**

保護者の障害受容には，障害の種類や程度，障害についての告知の状況の他に親の性格や価値観，家族関係や家庭環境等の様々な要因が関連している（中田，2006）。そのため，中田は，障害受容の問題は，親を評価して「障害受容ができている」，あるいは「できていない」と言えるほどの単純なことではないと指摘している。

障害受容というと，我が子の障害を受け入れることが最終的な段階であると捉えられがちである。しかし，中田（1995）は，慢性的な疾患や障害のような終結することがない状況では，悲哀や悲嘆が常に内面に存在すると述べている。このことから，中田は，保護者には障害のある我が子に対して肯定的な感情が大部分を占める時期と逆に否定的な感情が大部分を占める時期があるとし，障害受容の螺旋系モデルを提案している。螺旋形モデルは，保護者の内面には，障害を肯定する気持ちと障害を否定する気持ちの両方の感情が常に存在するとし，それらが表裏の関係にあるとしている。

障害のある我が子の養育や教育に前向きに取り組んでいた保護者であっても，我が子やその他の家族のライフスタイルの変化（例えば，障害のある子どもの就学や進路選択，障害のないきょうだいの就職等に伴う独立や祖父母の介護等）の出来事に直面することで，障害のある我が子に対して否定的な感情を抱くことがある。我が子の障害を完全に受け入れることを求めることは，教師が考える以上に保護者にとっては酷なことであるのかもしれない。教師は，上述した保護者の心理的な葛藤を理解して支援に当たることが必要である。

## 22-3 障害のある子どもの保護者との関わりで教師に求められること

小林（2008）は，保護者と関わる際には彼らの状況を理解するためのアセスメントが必要であるとし，その観点として「保護者の生活環境」「保護者の精神的状態」「身近な人の理解と協力」「関係機関との関わり」の4点を挙げている。これらの観点が示すように，保護者自身のことだけでなく彼らを取り巻く環境も含めて保護者の状況を把握することが求められる。保護者へのアセスメントを通して保護者の発言や振る舞いをもたらす背景がわかり，支援の糸口が見えてくる。

保護者の置かれている状況を理解した上で，保護者が障害のある我が子の養育や教育に関わってどのような困難に直面しており，どういった支援を必要としているのかを把握することになる。保護者の思いに耳を傾けることは大切であるが，全てのことに取り組むことは不可能である。したがって，教師は，保護者から得た情報を基に彼らが我が子に対して何を優先して取り組もうとしているのか（取り組むことができるのか），彼らのニーズを分析し整理する力が求められる。

保護者から情報を収集したり本音を聞き出したりするためには，信頼関係が不可欠である。保護者との信頼関係を構築するためには，個別の相談や情報伝達の場だけでなく日常的なコミュニケーションが大切である。日常的に保護者とコミュニケーションを深めることで，保護者は本音を語ってくれるようになる。ただし，教師と直接的にやり取りをすることを好む保護者もいれば，時間的な制約や保護者の性格上，それを好まない保護者も存在する。したがって，保護者とのコミュニケーションの図り方は，個々の保護者の状態に応じて対応することが望まれる（柳澤，2014）。

一方，保護者とのコミュニケーションを深め，保護者の思いを傾聴することは大切であるが，教師があまりにも保護者に感情移入し過ぎて，全ての問題を一人で抱え込んでしまわないようにすることが肝要である。また，過剰に支援することで，保護者が教師に依存してしまうことも避けなければならない。教師は，障害のある子どもに関する専門的な助言や支援を行うことで，保護者が障害のある我が子の擁護者や支援者として成長していけるように，また，保護者が親としての役割と責任をもって主体的に我が子の養育や教育を行えるようにすることが求められる。

マーリーとネルムス（Marley & Nelms, 2011）は，教師を含めた専門家が保護者と

表 22-2 教師等の専門家が障害のある子どもの保護者と連携する上で求められる要件

| ① 信頼関係 | |
|---|---|
| ② コミュニケーション | 保護者が，教師等と我が子について情報を共有したいと思えるように，保護者に親しみをもって関わる。保護者が安心して教師と関われるようにする。 |
| ③ 専門性 | 障害のある子どもに適切な教育が行われるように，専門的な知識や技能を身に付け，指導力を向上するよう学び続ける姿勢をもつ。 |
| ④ 敬意 | 保護者や家族の在り方は多様であること，個々の家族の置かれている状況を理解し，尊重する。保護者の日々の頑張りに敬意を示す。 |
| ⑤ 献身 | 保護者の悩みや心情を敏感に察知し，当事者意識をもって共感しながら保護者の相談に応じる。 |
| ⑥ 対等性 | 教師，保護者のどちらか一方が優位に立つのではなく，相互の役割を尊重する。 |
| ⑦ アドボカシー | 障害のある子どもとその保護者の権利を守る。 |

出典）Marley & Nelms（2011）

連携する上で求められる要件として以下の7つを挙げている（**表 22-2**）。これらは，保護者への支援においても通ずる内容であり，保護者との関わりの参考になると考えられる。

なお，一人の教師が，**表 22-2** に示した要件を全て満たすことは現実的には難しい。一人で問題を抱え込んでしまわないためにも，保護者への支援はチームで対応することが望まれる。

## 22-4　保護者支援の考え方とその方法

保護者の中には，保護者自身に知的障害や発達障害，精神疾患等がある，経済的な問題を抱えている，子どもの実態や障害についての理解が不十分である等の理由により，障害のある子どもへの支援を共に進めていくことが困難なケースがある。

このように保護者の実態は，障害のある子どもと同様に多様であり，画一的な方法では対応しきれない難しさがある。また，保護者は一個人として成長を遂げており，また，障害のある子どもの成長に伴い保護者の思いや抱える問題も変化していく。これらのことを踏まえると，以前，上手くいった支援方法が繰り返し通用するとは限らないことに留意する必要がある。

**表 22-3** に，障害のある子どもの保護者への支援の方法とその目的を示した。

表 22-3　障害のある子どもの保護者支援の方法とその目的

| 支援の方法 | 目　的 |
|---|---|
| 登下校時の情報交換 | ①登下校時での親子の関わりの様子，保護者の発言や様子から保護者の変化を察知する。<br>②その日の子どもの様子や支援について伝え，家庭での取組について情報交換する。 |
| 連絡帳の活用 | 学校と家庭の情報交換，保護者の思いを知る手がかりとする。 |
| 学部通信・学級通信の作成 | ①学校での子どもの様子を伝えることにより，保護者の我が子に対する理解を深める。<br>②教育活動を紹介することで，保護者の教育方針に対する理解を深める。 |
| 保護者懇談会・個人面談 | 学級担任が定期的に保護者と懇談を行い，保護者のニーズを聞き取ったり，障害のある子どもの特性や育ちについて情報を共有し，保護者が直面している問題の解決策について一緒に考えたりする。 |
| 家庭訪問 | 障害のある子どもの家庭生活や地域生活の状況を把握し，保護者の家庭での悩みを聞き取ったり，家庭で実際に取り組むことができる支援方法を提案したりする。 |
| 保護者学習会・保護者研修会 | ①障害に関する知識や我が子への関わり方について学ぶ。<br>②保護者同士の仲間づくりや学び合いの場を提供する。 |

出典）柳澤（2016）の実践例をもとに要約

上述した支援方法は一例であるため，学校の実情や保護者のニーズに応じて工夫することが求められる．保護者支援においては，どのような方法で行うかも大切であるが，どういった目的で実施するのかが重要である．実施する目的よりも方法が先行してしまうと，形骸的な活動に陥ってしまうため注意が必要である．

## 22-5 きょうだい支援

インクルーシブ教育システムの構築が推進されていく中，教育現場においては障害のある子どもと障害のない子どもが共に学ぶ交流および共同学習が，より一層，積極的に進められることとなる．通常の学級あるいは特別支援学級に在籍している障害のある兄弟姉妹をもつきょうだいは，校内で活動を共にする機会や級友から障害のある兄弟姉妹について尋ねられる機会が増えていくことになる．また，他の障害のある児童生徒との関わりを通じて，きょうだいは，障害のある兄弟姉妹のきょうだいとしての社会的立場やそこから生じる様々な思いに直面することになる．きょうだいが抱える悩みや葛藤を緩和，軽減するためのきょうだい支援の必要性は高いと考えられる．

きょうだいが抱える問題は，障害のある兄弟姉妹の障害の種類や程度，きょうだいの性別や出生順位，家庭環境等の要因によって異なる．したがって，きょうだい支援においては，保護者支援と同様に個々の実態やニーズに応じることが基本となる．以降では，きょうだい支援の方法について概説する．

(1) きょうだいの心理面への支援

きょうだいは，障害のある兄弟姉妹との生活の中で，親が彼らの養育に時間を費やし，注意を向けやすいことから寂しさや不満を感じていること，周囲が障害のある兄弟姉妹のことをどのように見ているのかが気になり，恥ずかしさを感じることで罪悪感を抱くこと，障害のある兄弟姉妹の将来の処遇について不安を感じていること等が報告されている．こうしたきょうだいの心理面の問題への支援としては，同じ境遇のきょうだいとのレクリエーション活動や話し合いの機会を設けることが行われている．こうした機会は，きょうだいが日ごろ親に言うことのできない悩みや不安等を表出したり，他のきょうだいとそうした感情を共有したりすることでストレスを発散し，不安を緩和することになる．

(2) 障害のある兄弟姉妹への理解を促す／深める教育的支援

きょうだいは，日常生活の中で障害のある兄弟姉妹の行動や彼らへの関わり方に

ついて疑問をもち，それらについての情報を必要としている．近年，障害に関する児童向けの絵本や漫画等が出版されており，きょうだいは書籍やインターネット等を通じて障害に関する情報を入手することが可能となっている．また，きょうだいの会に参加している場合には，先輩のきょうだいや専門家等から障害特性や障害の原因，具体的な関わり方等について学ぶことができる．

きょうだいが，障害のある兄弟姉妹について正しい知識を得ることは，障害のある兄弟姉妹への理解を深めることになる．また，きょうだいが障害について知らない，わからないことで生じる不安を軽減することにもつながる．

なお，きょうだいに教育的支援を行う際には，彼らの年齢や発達段階，有している知識や情報量，理解力，きょうだいのニーズ等を勘案することが重要である．

きょうだい支援の多くは，地域の親の会やきょうだいの会，大学や療育機関等の専門機関で実施されている．これまで教育相談活動の一環としてきょうだい支援を実施した事例（岡野，2004）が報告されているが，教育現場での取組は少ない．教育現場でどのようにきょうだいを支援していくべきか，その方策を具体化していくことが今後の課題である．

**引用・参考文献**

中央教育審議会初等中等教育分科会（2012）．共生社会の形成に向けたインクルーシブ教育システムの構築のための特別支援教育の推進（報告）

Droter, D., Baskiewicz, A., Irvin, N., Kannell, J., & Klaus, M. (1975). The adaptation of parents to the birth of an infant with a congenital malformation : A hypothetical model. *Pediatrics*, **56**, 710-717.

小林倫代（2008）．障害乳幼児を養育している保護者を理解するための視点．独立行政法人国立特別支援教育総合研究所研究紀要，**35**，73-88．

Marley, C., & Nelms, C. (2011). Chapter 7 Seven principals of partnerships and trust. Turnbull, A., Turnbull, R., Erwin, E.J., Soodak, L.C., & Shogren, K.A. *Families, Professionals and exceptionality ; Positive outcomes thorough partnerships and trust*. 6th. ed USA : Pearson. pp.137-158.

文部科学省（2009）．『特別支援学校学習指導要領解説総則編』教育出版株式会社

文部科学省初等中等教育局特別支援教育課（2011）．特集保護者への支援．特別支援教育，**44**，4-39．

中田洋二郎（1995）．親の障害の認識と受容に関する考察—受容の段階説と慢性的悲哀．早稲田心理学年報，**27**，83-92．

中田洋二郎（2006）『子育てと健康17 子どもの障害をどう受容するか—家族支援と援助者の役割』大月書店

岡野康子（2004）．「ことばの教室」できょうだいを見つめる—大切にしたい二つの視点．小沢未知子・山田剛一郎（編）『実践障害児教育』学習研究社，pp.10-12．

Rud, J., & Turnbull, A. (2011). Chapter 5 Historical and current roles of parents and families. Turnbull, A.,Turnbull, R., Erwin, E.J., Soodak, L.C., & Shogren, K.A. *Families, Professionals and exceptionality ; Positive outcomes thorough partnerships and trust*. 6th ed. USA : Pearson. pp.95-108.

特別支援教育の在り方に関する調査研究協力者会議（2003）．今後の特別支援教育の在り方について

(最終報告)

柳澤亜希子 (2007). 障害児・者のきょうだいが抱える諸問題と支援のあり方. 特殊教育学研究, **45** (1), 13-23.

柳澤亜希子 (2014). 特別支援教育における教師と保護者の連携―保護者の役割と教師に求められる要件. 独立行政法人国立特別支援教育総合研究所研究紀要, **41**, 77-87.

柳澤亜希子 (2016). 平成24～27年度科学研究費助成事業(学術研究助成基金助成金)(若手研究B)「自閉症幼児の家族と教員との連携をめざしたパートナーシップの形成条件に関する研究」. 自閉症のある幼児の保護者(家族)支援ガイドブック―保護者(家族)と教師との連携をめざして

# 23章 障害のある子どもの放課後保障

丸山 啓史

[キーワード]
放課後等デイサービス
学童保育

　本章では，放課後等デイサービスと学童保育に焦点を当てながら，障害のある子どもの放課後保障について考える。放課後・休日の活動は，子どもの生活・発達と家族の就労・生活の両方にとって重要なものである。1980年頃から放課後・休日の活動が広がり始め，長年の実践・運動の蓄積を背景に，2012年には児童福祉法に基づく放課後等デイサービスの制度が発足した。放課後等デイサービスの事業所は全国的に急増してきており，営利法人を含む新たな運営主体の参入が進むなか，実践の質的向上などが課題になっている。小学生を対象とする学童保育（放課後児童健全育成事業）についても，障害のある子どもの参加は急速に拡大しているが，指導員体制の充実などが課題である。放課後等デイサービスや学童保育をはじめ，多様な社会資源を地域社会において発展させていくことが，障害のある子どもの放課後保障のために必要である。

## 23-1 放課後・休日の活動の役割

### (1) 子どもにとっての役割

　障害のある子どもの発達にとって，もちろん学校教育は大切である。しかし，子どもは学校のなかだけで生活しているわけではなく，学校のなかだけで育つわけでもない。家庭生活や地域生活を含む生活全体を通して，子どもは育っていく。放課後・休日の生活のあり方は，障害のある子どもの発達に大きな意味をもつ。

　放課後・休日の活動を充実させ，障害のある子どもの生活と発達を豊かにしていくことは，「放課後保障」の課題として議論され，取り組まれてきた。放課後保障が社会的な課題になるのは，障害のある子どもが豊かな放課後・休日をもつためには社会的支援が必要になることが多いからである。1990年代に障害のある子どもの放課後・休日に関する実態調査が全国各地で取り組まれたが，そのなかで共通して示されたのは，極めて制限された生活実態であった。放課後・休日を母親と過ごす子どもや一人で過ごす子どもが多いこと，テレビ・ビデオを観るなどして放課後・休日を過ごす子どもが多いこと，子どもが家の外に出かける機会が少ないことなどが明らかにされた。そのような生活実態を変えていくことをめざして，「放課後保障」が語られてきた。

　そもそも，豊かな放課後・休日は子どもの基本的な権利である。子どもの権利条約では，第31条で「休息，余暇及び文化的生活に関する権利」について書かれて

いる。「締約国は、児童が文化的及び芸術的な生活に十分に参加する権利を尊重しかつ促進するものとし、文化的及び芸術的な活動並びにレクリエーション及び余暇の活動のための適当かつ平等な機会の提供を奨励する」とされており、当然これらの権利は障害のある子どもたちにも共通するものである。また、障害者の権利に関する条約でも、第30条で「文化的な生活、レクリエーション、余暇及びスポーツへの参加」の権利が定められており、そこでは「障害のある児童が遊び、レクリエーション、余暇及びスポーツの活動への参加について他の児童と均等な機会を有することを確保すること」が締約国に求められている。このような権利を実現するものとして、障害のある子どもの放課後保障が進められる必要がある。

### (2) 家族にとっての役割

障害のある子どもの放課後保障は、家族にとっても重要な意味をもっている。

放課後・休日の活動に関わっては、保護者のレスパイト（一時的休息）の必要性が語られてきた。ほぼ常に子どもから目が離せない場合や、夜間も子どものケアが必要になる場合などには、ケアを担う人の負担は特に大きくなる。保護者が精神的・身体的に疲弊した状態で子どもと接することは、子どもにとっても望ましいものとはいえない。放課後・休日において障害のある子どものケアを中心的に担う人（多くの場合に母親である）の負担軽減が必要なのである。

また、近年では、保護者の就労保障という役割が放課後・休日の活動に強く期待されるようになっている。放課後・休日における社会的支援がなければ、保護者（特に母親）が就労することが困難だからである。学校には夏休み等があるため、パートタイムの就労でさえ必ずしも容易ではない。そして、母親の就労が制約されることは、母親の権利保障という観点からみて問題であると同時に、障害のある子どもの家庭が経済的困難を抱える危険性を増大させる。ひとり親家庭や共働き家庭が増加するなか、保護者の就労保障はますます重要になっている。

さらに、障害のある子どものきょうだい児の生活にとっても、障害のある子どもの放課後保障は重要である。放課後や休日に障害のある子どものケアをきょうだい児が担う場合もあるなかで、障害のある子どもの放課後・休日の活動は、きょうだい児の生活の制約を軽減する役割を果たし得る。また、放課後・休日において、障害のある子どものケアから離れる時間が保護者に保障されるならば、保護者がきょうだい児と深く関わる時間をもちやすくなる。きょうだい児の習い事などに保護者が付き合うことも可能になる。放課後・休日における社会的支援は、きょうだい児のためにも必要なのである。

## 23-2 放課後等デイサービス

### (1) 放課後等デイサービスの制度の創設

　放課後・休日の活動の必要性についての認識が広がり始めたのは1970年代だといえよう。就学猶予・免除等により不就学を強いられる障害のある子どもが多く存在していた時代には、放課後保障は課題にさえなりにくかったのである。障害のある子どもの就学保障が進むなかで、放課後・休日をめぐる問題が顕在化することになる。1970年代後半には、学校の夏休みにおける「サマースクール」など、教師や保護者などによる自主的な取り組みの先駆がみられる。

　1979年に養護学校義務制が実施された後、1980年代には、放課後・休日の活動が少しずつ広がっていく。例えば、京都府では、「サマースクール」が次々に開始され、春休みや冬休みなどにも活動する「障害児学童保育」と呼ばれる取り組みも進められた。東京都などにおいても、障害のある子どもの放課後活動を行う団体が現れてきていた。

　1990年代になると、学校週5日制の導入を契機として障害のある子どもの放課後保障に対する社会的関心も高まり、放課後・休日の活動がさらに広がっていく。1990年頃からは団体・施設等による都道府県ごとの連絡会の結成も進んだ。

　2000年代には、児童デイサービスの制度を活用して放課後・休日の活動を実施する事業所が増加する。2000年代になっても障害のある子どもの放課後・休日のための国の制度は確立されていなかったため、放課後・休日の活動は、自治体による補助金制度や児童デイサービスの制度を活用するかたちで取り組まれていたのである。放課後保障の制度的基盤は脆弱であった。

　そうしたなかで、放課後保障のための国の施策・制度の確立が重要な課題として認識されるようになり、2004年には「障害のある子どもの放課後保障全国連絡会（全国放課後連）」が結成された。全国放課後連は国の制度の創設を求める請願署名などに取り組み、2008年には衆議院および参議院で請願が採択された。

　そうした運動を背景にしながら、2008年末にまとめられた「社会保障審議会障害者部会報告」では、「放課後や夏休み等における居場所の確保が求められている」と述べられ、「放課後型のデイサービス」の創設が提言された。そして、2010年の法改正により、児童福祉法に放課後等デイサービスの制度が規定されることとなり、2012年から制度が発足した。

　放課後等デイサービスは、小学校・中学校・高等学校や特別支援学校などに就学している障害のある子どもが対象となる。児童福祉法においては「授業の終了後又は休業日に（中略）生活能力の向上のために必要な訓練、社会との交流の促進その他

の便宜を供与すること」が事業の内容とされている。一日あたりの定員を10名としている事業所が多い。年齢や障害の異なる多様な子どもが通う事業所もあれば，小学生を中心とする事業所や中高生を中心とする事業所もあり，発達障害のある子どもを主な対象とする事業所や重症心身障害児のための事業所などもある。通所については，自動車による送迎がなされている場合が多い。

　放課後等デイサービスの活動の内容は多様であり，主に室内で活動している事業所もあれば，屋外での遊びを大切にしている事業所もある。また，おやつ作り等の調理活動を行っているところや，音楽活動を取り入れているところなどもある。厚生労働省が2015年に示した「放課後等デイサービスガイドライン」においては，「基本活動」として「自立支援と日常生活の充実のための活動」「創作活動」「地域交流の機会の提供」「余暇の提供」が挙げられ，「基本活動を複数組み合わせて支援を行うことが求められる」とされている。

## （2）　放課後等デイサービスをめぐる動向と課題

　放課後等デイサービスの制度が創設されて以降，事業所の数は急増してきた。2012年4月には全国で2,540事業所であったが，3年後の2015年3月には全国で5,815事業所に及んでいる。また，月あたりの「利用児童数」は2012年度の5万3,590人から2014年度の8万8,360人へと増加した。

　このように放課後・休日の活動が量的に拡大すること自体は，障害のある子どもの放課後保障にとっての肯定的な面を含んでいる。しかし，実際には，放課後等デイサービス事業所の急増は様々な問題をはらみながら進行している。

　例えば，都市部を中心として，事業所が増えるなかで，「月曜日はA事業所，火曜日はB事業所…」というように，一人の子どもが複数の放課後等デイサービス事業所に通う状況が広がっている。日常的に3か所以上の事業所に通う子どもも珍しくはない。特定の事業所で安定的に子どもを受け入れる仕組みが整備されていないことが「複数通所」の大きな理由になっていると考えられるが，子どものストレスや生活の安定性という観点からみると懸念される実態である。

　また，営利法人が運営する放課後等デイサービス事業所が増えていることも，注意を要する動向といえる。営利法人が運営する放課後等デイサービス事業所は，2012年4月の624事業所（全体の24.6％）から2015年3月の2,478事業所（全体の42.6％）へと，急速に拡大している。営利法人による放課後等デイサービスの実施が一概に否定されるべきではないとしても，収益を重視する運営主体の参入により放課後・休日の活動の質が損なわれていくことが危惧される。

　新しい運営主体による放課後等デイサービスの実施が広がるなかで，障害のある

子どもの放課後・休日の活動の内容が変容しつつある(丸山, 2014)。プログラム化された活動が増えるとともに,「課題に応じた個別指導」や「学習」を行う事業所が増えている。自由な遊びを活動の中心とすることが抑制され,「教育」「訓練」という側面が重視されるようになってきている可能性がある。学習塾や習い事に近い内容を実施している事業所もあり,放課後等デイサービスの中身のあり方が問われている。

　放課後等デイサービスについては,量的拡大が進むなかで,実践の質的向上が問題になってきているといえる。そうした状況のなか,厚生労働省は2015年4月に放課後等デイサービスガイドラインを策定した。「放課後等デイサービスを実施するに当たって必要となる基本的事項を示すもの」とされている。しかし,放課後等デイサービスガイドラインは,実践の質的向上のための条件整備を保証するものではない。放課後等デイサービスをよりよいものにしていこうとするならば,本来は,実践の質的向上を妨げている問題に目を向ける必要がある。

　実践の質的向上のためには,一つには,十分な職員体制が確保される必要がある。放課後等デイサービスの制度においては,10人の障害のある子どもを2人の職員でみることが想定されているが,この想定は多くの場合に現実的ではない。事業所の職員体制は不十分なものになりがちであり,屋外に遊びに出ることができない,おやつ作りなどの活動ができないなど,活動の制約につながっていることもある。適切な人数の職員が安定的に働き続けられるような制度の確立が求められている。

　また,実践の質的向上のほかにも,放課後等デイサービスの制度には課題がある。保護者の経済的負担を軽減することも,そうした課題の一つである。現在の制度においては,世帯の所得に応じて月あたりの負担上限額が定められているものの,その上限月額が3万7200円という高額になる世帯もある。「利用者負担」が0円になる場合でも,おやつ代などの実費負担が発生することが少なくないため,放課後等デイサービスへの子どもの参加が抑制されることがある。

　別の課題としては,保護者の就労保障の推進を挙げることができる。児童福祉法の規定において,保護者の就労保障は放課後等デイサービスの役割として明記されておらず,保護者の就労保障に消極的・否定的な事業所もみられる。しかし,障害のある子どもの家族の実態をふまえるならば,放課後等デイサービスには保護者の就労保障という役割が求められる。

**(3)　放課後等デイサービス事業所と学校との連携**

　放課後等デイサービス事業所と学校との連携も重要な課題である。
　厚生労働省は,放課後等デイサービスの制度が発足する過程において,「本人が

混乱しないよう学校と放課後等デイサービスの一貫性が必要」であるとして,「学校との連携・協働による支援」を放課後等デイサービスに求めていた(2011年6月30日の障害保健福祉関係主管課長会議資料など)。また,放課後等デイサービスの制度の発足に際しては,厚生労働省の障害福祉課と文部科学省の特別支援教育課との連名で「児童福祉法等の改正による教育と福祉の連携の一層の推進について」という「事務連絡」が出されており,そこでは「特別支援学校等における教育課程と放課後等デイサービス事業所における支援内容との一貫性を確保するとともにそれぞれの役割分担が重要です」と述べられている。さらに,放課後等デイサービスガイドラインにおいても,「学校との連携」という項目が設けられており,行事予定や下校時刻などの情報の共有,送迎における安全確保,病気・事故の際の連絡体制などについて示されている。

放課後等デイサービスガイドラインでも言及されているように,事業所と学校との連携を進めていくうえでは,「個別の教育支援計画」等の活用が一つの方法として考えられる。しかし,事業所の側は,そうした「計画」の共有だけを望んでいるのではなく,「日常的に教師と職員が情報交換できる関係をつくること」「教師・職員が互いに事業所・団体や学校を訪問して理解を深めること」「定期的に学校との話し合いの機会をもつこと」などを求めていることが多い(丸山,2011)。いわゆる「顔の見える関係」が重視されているといえよう。そうしたこともふまえながら,連携のあり方を考えていく必要がある。

学校の教師と放課後等デイサービス事業所の職員とでは,子どもと活動する時間帯が異なるため,両者が話し合う時間をもつことが容易ではない。また,放課後等デイサービス事業所の運営基盤は概して脆弱であるため,学校との連携に力を注ぐことが困難であることも少なくない。しかし,事業所と学校とが可能なところから連携を進めていくことは重要である。学校・事業所・家庭で連絡帳を共有することも考えられる。教師が事業所の活動の様子を参観したり,事業所の職員が学校の授業参観に赴いたりすることも有意義であろう。教師や職員の自覚だけに依拠する連携から脱け出し,連携の仕組みを整えていく努力も求められる。

ただし,連携の基本的な方向性については注意が必要である。上述のように厚生労働省の資料などにおいては「学校と放課後等デイサービスの一貫性」が語られているが,放課後・休日の活動を学校教育と同質のものと考えるべきではないだろう。障害のある子どもの放課後保障をめぐっては,放課後・休日の活動について,学校とも家庭とも異なる「第三の場」としての性格が重視されてきた。事業所と学校との連携においては,「支援」や「指導」のあり方を機械的に統一すればよいというものではないし,一方がもう一方に方針を押しつけるべきでもない。両者が互いの

役割を尊重しながら，対等な関係において協力を進めていくことが求められる。

## 23-3 学童保育

### (1) 学童保育への障害のある子どもの参加

　障害のある小学生の放課後・休日にとって重要なものとしては，学童保育がある。「放課後児童クラブ」「学童クラブ」など，地域・自治体によって多様な呼称が用いられているが，児童福祉法に放課後児童健全育成事業として規定されているものである。子どもに遊びや生活の場を保障して発達を支援するとともに，保護者の就労を支えることを目的としている。かつては「おおむね10歳未満の児童」が学童保育の対象とされていたが，2012年の児童福祉法改正により2015年度からは「小学校に就学している児童」が対象となっている。小学校の余裕教室や学校敷地内の専用施設で実施されているところが多いが，児童館など学校外の場で実施されているところもある。放課後等デイサービスが障害のある子どもを対象とするものであるのに対して，学童保育は障害のある子どもと障害のない子どもがともに生活する場となる。

　厚生労働省の資料によれば，学童保育における障害のある子どもの受け入れ人数は，2005年に1万979人(5,087ヵ所)であったのに対し，2015年には3万352人(1万2166ヵ所)となっている。10年間で人数が3倍近くに増加しているのであり，登録児全体に占める障害のある子どもの割合も2005年の1.7%から2015年の3.0%へと増加している。

　学童保育への障害のある子どもの参加を支える制度についてみると，2001年から障害のある子どもの受け入れを促進・推進するための国の補助金が出されるようになっている。2015年度には「障害児受入強化推進事業」が創設され，5人以上の障害のある子どもを学童保育が受け入れる場合の指導員体制の充実が図られている。そして，各市町村においては，実態は多様であるものの，障害のある子どもの受け入れに関わる指導員加配の仕組みや，専門家による巡回指導の仕組みがつくられてきている。

　また，厚生労働省が策定した指針をみると，2007年の「放課後児童クラブガイドライン」においては，「障害のある児童や虐待への対応等特に配慮を要する児童については，利用の希望がある場合は可能な限り受入れに努めること」とされていた。同様に，2015年の「放課後児童クラブ運営指針」においても，「障害のある子どもへの対応」という項目が設けられており，障害のある子どもの受け入れについての考え方や留意点が示されている。

このように，学童保育への障害のある子どもの参加については，政策的な対応もなされるようになってきており，しだいに前進してきているということができよう。2012年の児童福祉法改正によって高学年の子どもも学童保育の対象となることが明確にされたこともあり，学童保育に通う障害のある子どもは今後も増加していくことが予想される。

しかし，一方では，学童保育の民営化が進行しており，株式会社が運営する学童保育も増加傾向にある。また，文部科学省と厚生労働省の連名で2014年に発表された「放課後子ども総合プラン」においては，「放課後等に全ての児童を対象として学習や体験・交流活動などを行う事業」としての「放課後子供教室」と学童保育とを「一体的に実施する」という方向が示されている。このような動向が学童保育への障害のある子どもの参加にどのような影響を及ぼすのか，注意が必要である。

(2) 学童保育をめぐる課題

学童保育への障害のある子どもの参加については，受け入れ人数が増えてきているとはいえ，いくつもの課題がある。

第一に，より幅広い子どもが参加できる学童保育を追求することが必要である。丸山(2013)は，大阪府および京都府の市町村を対象とする調査から，特別支援学校に在籍しながら学童保育に通う子どもは少ないこと，医療的ケアを必要とする子どもの受け入れは皆無に近いことを示している。そして，学童保育における障害のある子どもの受け入れ人数の増加について，発達障害のある子どもの受け入れの状況に言及しながら，「従来であれば障害児認定されなかったような子どもが障害児認定されるようになったことによる部分が小さくない可能性」を指摘している。相対的に障害が重いとされる子どもの受け入れは，十分に進んでいるとはいいきれない。重い障害のある子どもにとって，現在あるような学童保育が放課後・休日の生活の場として常に最適なものであるとは限らないが，幅広い子どもを受けとめられる学童保育をつくる努力は欠かせない。

その努力とも関係するものとして，第二に，送迎をめぐる問題がある。学童保育が学校から離れた場所にある場合には，学校から学童保育への移動の保障が重要になる。保護者の責任のもとでボランティア等による移動の支援が行われている例もあるが，本来は公的な責任のもとで移動が保障されなければならない。ガイドヘルプ(移動支援等)を柔軟に活用できる仕組みも必要だと考えられる。

第三に，学童保育の入所要件をめぐる問題がある。学童保育は基本的には保護者の就労が入所要件となるが，障害のある子どもの生活と発達のために学童保育が必要であるならば，保護者の就労の状況に関わらず，その子どもに学童保育が保障さ

れるべきであろう。保護者が就労していないために子どもが学童保育に通えないことや，子どもを学童保育に通わせるために保護者が就労を迫られることは，望ましいこととはいえない。

第四に，指導員加配や巡回指導の充実，障害のある子どもに関する研修の機会の充実などが求められる。それらの仕組みの整備は，以前と比べれば進んできているとはいえ，未だ十分なものではない。

以上のようなことに加えて，学童保育そのものを全体として充実させていくことが，障害のある子どもの参加に関わっても重要である。学童保育の指導員の労働条件は概して劣悪であるが，学童保育の中身をよりよいものにしていくためには，指導員が専門性を高めながら仕事を継続していくことのできる条件の確立が求められる。指導員の人数に関しても，指導員が子どもたちと丁寧に関わることを保障するような指導員体制が確保されなければならない。

また，学童保育の人数規模を適切なものにすると同時に，十分な広さのある専用施設を確保していくことが必要である。人数規模の大きい学童保育では，障害のある子どもの参加が困難になりがちであり，障害のある子どもが入所を控えたり退所したりする例がみられる。学童保育の「設備及び運営に関する基準」を定めた厚生労働省令においては「支援の単位を構成する児童の数は，おおむね四十人以下とする」とされているが，その趣旨に沿った条件整備が求められる。

学童保育への障害のある子どもの参加をめぐっては，障害のある子どもとまわりの子どもとの関係づくりが大切になるが，すべての子どもが安心できて楽しく過ごせる学童保育であることが，そうした関係づくりの基盤となる。学童保育が全体として豊かなものなることが，障害のある子どもの生活を支えるのである。

## 23-4　放課後保障の体系の創造

ここでは放課後等デイサービスと学童保育を中心にみてきたが，障害のある子どもの放課後保障は2種類の社会資源だけで十分に実現するものではない。障害のある子どもの多様性にも留意しつつ，いろいろな社会資源を視野に入れながら，障害のある子どもの放課後保障の体系を構想していく必要がある。

書道・絵画や太鼓・合唱のような文化活動の機会，水泳・サッカー・野球のようなスポーツの機会は，障害のある子どもにも保障されるべきものであろう。中学校等の部活動における障害のある子どもの支援や，特別支援学校における部活動の推進なども，考えてみるべき問題である。特別支援学校の寄宿舎については，その存在意義を放課後保障という観点からも確認しておく必要がある。また，ガイドヘル

プやホームヘルプなど，障害者総合支援法に基づく制度も，放課後・休日の充実のために活用し得るものである。

多様な社会資源がそれぞれに発展し，地域社会のなかで互いに補いあうことによって，障害のある子どもの放課後保障が進んでいくと考えられる。

**引用・参考文献**

障害のある子どもの放課後保障全国連絡会(編)（2011）．『障害のある子どもの放課後活動ハンドブック』かもがわ出版

丸山啓史（2011）．障害のある子どもの放課後活動と学校との連携をめぐる実態と課題．SNEジャーナル，**17**，203-216.

丸山啓史（2012）．「障害児の放課後保障と学童保育」．日本学童保育学会編『現代日本の学童保育』旬報社，pp.245-265.

丸山啓史（2013）．学童保育における障害児の受け入れの実態．SNEジャーナル，**19**，93-108.

丸山啓史（2014）．障害児の放課後活動の現況と変容．SNEジャーナル，**20**，165-177.

村岡真治（2008）．『ゆうやけで輝く子どもたち―障害児の放課後保障と実践のよろこび』全障研出版部

村岡真治（2013）．『揺れる心が自分をつくる―放課後活動だからできること』全障研出版部

茂木俊彦・野中賢治・森川鉄雄(編)（2002）．『障害児と学童保育』大月書店

茂木俊彦(編著)（2010）．『発達障害児と学童保育』大月書店

# 第Ⅳ部

## 特別支援教育における関連領域の協働
―― 多機能連携の課題と展望 ――

24章　学校と保育所・幼稚園等との連携
25章　学校と保健・医療機関との連携
26章　福祉機関の役割とその活用
27章　学校と就労機関との連携

# 24章 学校と保育所・幼稚園等との連携

水内 豊和

[キーワード]
インクルーシブ保育
気になる子ども
園内委員会
個別の指導計画
小1プロブレム

障害のある子どもの早期発見と早期対応の必要性はいうまでもないものの、発達障害のある子どもは、幼児期に確定診断のあるケースは少なく、むしろ「気になる子ども」と認識されることが多い。学齢期以降の特別支援教育へと子どもの支援を繋げるためにも、保育所・幼稚園等において支援体制を確立すること、子どもの困りを把握し個別の指導計画を作成すること、そして個に応じた適切な支援を保育の中で行うことが重要となる。本章では、就学前の保育機関である保育所・幼稚園等が、障害のある子どもの支援に果たすべき役割と、学齢期以降の支援機関との連携・移行のあり方について述べる。

## 24-1 保育所・幼稚園・認定子ども園における障害のある子どもの保育の現状

幼児期の障害のある子どもに対する保育は、児童発達支援センター、幼稚園、保育所、認定子ども園、そして特別支援学校の幼稚部など、様々な機関で行われている。なかでも幼児期は、ノーマライゼーションの理念に基づくインクルーシブな保育の広がりを背景として、障害のある幼児期の子どもの多くが、保育所・幼稚園等で保育を受けるようになってきている。保育所では、1974年度より障害児保育事業において保育所に保育者を加配する事業を実施しており、障害のある子どもの受け入れが全国的に広く実施されるようになったため2003年度より一般財源化し、2007年度からは特別児童扶養手当支給対象児だけでなく軽度の障害児も対象としてきた。そして2015年度より施行した子ども・子育て支援新制度においては、①障害のある児童等の特別な支援が必要な子どもを受け入れ、地域関係機関との連携や相談対応等を行う場合に、地域の療育支援を補助する者を保育所、幼稚園、認定子ども園（以下、保育所・幼稚園等）に配置、②新設される地域型保育事業について、障害のある児童を受け入れた場合に特別な支援が必要な児童2人に対し保育者1人の配置を行うこととしている。また障害のある児童を受け入れるにあたりバリアフリーのための改修等を行う事業や、障害児保育を担当する保育者の資質向上を図るための研修を実施している。

2013年度の統計によれば、明確な障害のある子ども（特別児童扶養手当支給対象児）を保育している保育所は7,422園で11,529人に及んでいる（内閣府、2015）。そ

れに加えて、障害が明確ではない「気になる子ども」も増えてきており、今後も障害のある、あるいはその疑いのある子どもを受け入れる保育所・幼稚園等の数、ならびに保育を受ける子どもの数ともに増加傾向を示すことが予想されよう。

また、発達障害者支援法の制定や、特殊教育から特別支援教育への転換にみられるように、障害概念の捉え方や支援の枠組みが大きく変わってきている。そして5歳児健診を取り入れる自治体が増えているように、これまで気づかれにくかった発達障害も含め、障害のある子どもの早期発見と、それに伴う就学前からの適切な支援とがより一層求められてきているのである。

## 24-2 保育所・幼稚園等における障害児の支援──A児の事例から

具体的にA児の事例を通して、保育所における障害のある子どもの保育のあり方について述べる。

**(1) A児とクラスについて**

a. 対象児について

A児は年長児、障害名は自閉症スペクトラム障害である。家族構成は父、母、兄の4人家族であり、父親の転勤により年長から現在の保育所に転園してきた。入所当時のA児の様子は以下のとおり。

- 食事：手づかみで食べることが多いが、保育者が促すとフォークで食べる。
- 排泄：オムツを履いて過ごし、オムツの取り換えを嫌がる。
- 着脱：着替えの手順を理解し動作はできるが、促しが必要である。
- 言葉：ほとんど単語は出ないが、「あ」「う」の言葉は、はっきりと言う。
- 対人関係：表情が乏しい。一人遊びが多い。特定の子どもに対して、髪を引っ張ったり服をつかんだりする。
- 集団活動：興味を示さず、参加しようとしない。

b. 対象園とクラス、家庭について

この保育所は3〜5歳の縦割りクラスで、A児、別の発達障害児2名を含めた26名の子どもたちが過ごしている。両親は、就学を1年前にして、A児の成長についての保育所に対する期待は大きいものであった。4月当初は園に慣れるまでという理由から、母親が自主的に付き添ってきていた。そして母親は療育施設での訓練方法・内容を保育所でもとりいれてほしいと言われた。

c. 入所当初の保育者の対応

他市からの転園のため、これまでの保育の様子の詳細は不明だが、保育所とあわ

せて入園前から療育施設との並行通園で，言語訓練や作業療法訓練を受けている。先述のように，療育施設から本人の理解を補うために「絵カード」を用いることがよいとアドバイスを受けた保護者は，保育所でも「絵カード」を使うことを依頼した。そのため，4月当初は生活のあらゆる場面で，絵カードや手順表などの視覚的な支援を取り入れていた。例えば園外に散歩に出るときには，「先生と手をつなぐ」の絵の描かれたカードを片手に持って出かけており，また出かける際にはそのカードを持たせて「散歩」を知らせるようにした。しかし，これでは保育者の意図として，「散歩」という活動を知らせたいのか，「先生と手をつなぐ」という行為を示したいのか，A児にとってはわかりにくいものであることは否めなかった。

### (2) 実態把握と支援方針のみなおし

5月の段階で担任保育者がまとめた子どもの姿と保育者のかかわりを表24-1に示す。この表をもとにして，巡回相談員も交えて園内ケース会議を行い，「A児の興味・関心のあること・ものはなにかな？」「A児が参加できそうな活動ってなんだろう？」「他児の動きを見ていたり，ついていったりすることでできることもあるみたいだけど，誰でもいいのかな？」などと，A児の視点に立って行動の理解と今後の支援方針が話し合われた。そして年長の1年間で取り組むこととして，「他児と一緒に集団の中で活動する」という長期の目標を設定した。またその実現のための短期目標として，ステップ①「保育者を意識して一緒に活動する」ことからはじめ，次にステップ②「他児を意識して一緒に活動する」こととし，絵カードの使用もA児に何かをさせるためではなく，A児が自分からわかって活動に参加するためのツールとして使用すること，保育者全員で共通理解のもとかかわり，少しのことでもできたらほめることなどを確認しあった。

### (3) 日々の保育の活動の中で支援をすることの重要性

A児のような，障害のあるもしくは「気になる子ども」に対して，この保育所の保育者たちは，何か特別な指導法により対応しなければならないかのように感じていた。しかし障害のある子もない子も一緒にすごす保育場面において求められる「個に応じた適切な支援」とは特別な場所で行う特別なやり方ではなく，他の子どもたちと一緒の保育活動の中で，できる配慮を基本とするということにほかならない。

日々の保育活動は，①毎日，決まった生活リズムで規則正しく活動が繰り返される（同じ時間に，同じ場所で，同じ活動が繰り返される。場所と活動が対応し，保育の流れがある），②活動や手順の手がかりが明確である，③大勢の子どもたち

表 24-1　現在の子どもの姿と保育者のかかわり（X年5月）

| | 子どもの姿 | 保育者の関わり |
|---|---|---|
| 生活 | ・荷物の始末では，流れが身についている部分は保育者の促しがなくても自分で所定の場所に片づけている（自分の名前を，ひらがなで理解できる）。<br>・活動が切り替わる時（園庭で遊ぶ→部屋に戻る），遊びに区切りをつけるまでに時間がかかる。次の活動に魅力があると片づけることもある。<br>・園庭から戻る時には，玄関に入って靴下を脱いで横になる。保育者が勧める場所は嫌がり，自分の気に入った場所で横になっている。 | ・登所した時に，手順表を指で示しながら，荷物の始末の手順を知らせた。おもちゃに気を取られる時には，「1番，タオル出すよ」と手順表を示しながら促している。<br>・下足で歩くところに寝そべってしまうので，「ここで寝ていいよ」と他の場所を促すが動きたがらず，移動させても戻っていく。園庭から戻るときは，必ず靴下を脱ぎたがるので，無理に内履きを履かずに，「部屋でゴロンしよう」と声をかけ，部屋までは行くようにしている。 |
| 遊び | ・興味のある物を，自分で持ってきて遊んでいる。お絵かきが大好きである。すぐに遊びたくて，床に広げて遊んでしまうこともある。保育者の促しで椅子を持ってきて，自分の場所を決めている。 | ・自分の椅子を持ってくるところまで促すとその場所で落ち着いて遊んでいる。絵本を読んでいる時には，頬杖をついて姿勢が崩れていくので，〇の姿勢をカードで示したり声をかけたりして姿勢を直している。 |
| 集団活動 | ・散歩へ出かける時には，保育者と手をつないで参加している。散歩の絵カードを持っていると，時々自分でカードを見て，確認するようなしぐさをする（園外保育の時は，母親と参加している）。<br>・お集まりでは，衝動的に動きまわる。手遊びの曲や歌が流れると，保育者や他児の動きを真似て手や足を動かし，声を出して楽しんでいる。 | ・初めての散歩の時から「先生と手をつなぐ」の絵カードを片手に持って出かけている。以降，出かける時には，そのカードを持たせて「散歩」を知らせている。<br>・本児は，他児の動きを見て行動している部分もある。座って待っていたり移動の時に他児の後をついていったりできるので，他児の動きを見せて次の行動を知らせることもある。 |

【保育者からみた課題】
お集まりの時間に，自分の興味・関心のないことだと，すぐに立ち上がってふらふらしてしまう。どうしたらお集まりに参加できるだろうか。

と一緒に活動をする，④同じ手順で，一定のルールにしたがって活動することが求められる，といった基本的特質を有しており，保育者は保育活動の中で子どもの発達をうながしたり，社会的スキルを習得したりする機会をうまくとらえ，もしくは意図的に埋め込み支援していくことが重要となる。表 24-2 に，A 児に対して行った支援の実際について示す。ここでは以下に，筆者の考える2つのポイントに沿ってA児の保育とそれによる変容をふりかえる。

### a. 診断名が支援方法を導くわけではないこと

A 児は確かに「自閉症スペクトラム障害」という診断名があり，それによりクラスには加配の保育者もいる。しかし保育現場では時として「診断名」のみが先行し，「子ども」を見ない危険につながることがある（Haring ら，1992；水内ら，2007）。入園当初は，よく普及書や研修会などで紹介されている「自閉症スペクトラム＝視

表 24-2　支援の実際

| | この時期のA児の実態と支援方針 | A児の変容についての保育者の考察 |
|---|---|---|
| ステップ①　保育者を意識して一緒に活動する | 　4月のA児は，登所後の所持品の始末をせずに，すぐに部屋から出ていこうとした。耳をふさいで部屋の中で立ち尽くすことも多く，不快な気持ちを表していたのだと思う。出ていく先は決まって廊下や遊戯室だが，時には玄関まで行くこともあり，目が離せなかった。<br>　そこで，まずは保育所の中にA児が安心できる場所を作ろうと，A児が落ち着いて過ごせる時間と場所を確保した。同時に，部屋の中に興味を広げるため，まずは好きなお絵かきから部屋の中への遊びに誘うことを心がけた。<br>＜事例＞　5月15日　自由遊び場面<br>　A児は，ぐるぐると部屋の中を歩きまわり，興味のあるおもちゃを見つけては床や机に広げて遊んでいる。側でその姿を見ていた保育者が「椅子に座って遊ぼうね」と声をかけるが，動こうとしない。<br>　保育者が椅子を取りに行こうとしてA児から目を離すと保育室から走って出ていった。遊戯室につながる廊下で寝転び，ニコニコ笑っている。保育者が後を追いかけてA児に近づくと逃げるように遊戯室に入りボールプールの中で寝転ぶ。 | 　クラスの子どもたちは，A児が部屋から出ていく姿も部屋で遊んでいる姿も自然と受け入れていた。その後，お絵かきを通して子どもたちがA児の周りに集まるようになり，クラスの中にA児の居場所が作られ始めた。A児も好きな遊びを見つけたことから，衝動的に部屋を出ていくことが少なくなった。<br>　始めはA児の様子を遠くから見ていた子どもたちだったが，一緒に散歩へ出かけたり行事を経験したりする中で，A児の存在を仲間として受け入れていた。女の子たちは，A児を気にかけ積極的に声をかけてくれるようになり，A児も他児の真似をして同じ遊びをしたがるようになり，集団への興味が広がってきていると感じた。<br>　7月になり，A児と集団とのつながりが生まれ始めたことを受け，集団活動への参加の仕方について支援を考える必要がある。<br>支援①　所持品を片づける手順を番号順に示したカードを見せる。カードを見ながらできるように，荷物を片づける場所の目につくところに貼る。カードと並行して，1つずつ終わるごとに「1番，タオルできたね。2番，弁当袋出すよ」と褒めながら次の活動を知らせるようにする。<br>支援②　所持品の始末が終わったら，ごほうびとして大好きなお絵かきを一緒にすることを伝え，部屋での集まりが始まるまでの時間や給食の準備ができるまで過ごす。<br>支援③　帰りの支度後は，遊戯室にあるボールプールで過ごし，安心して迎えを待てるようにする。 |
| ステップ②　他児を意識して一緒に活動する | 　A児が保育所で過ごしている1日のうち1時間程，5歳児の年齢別活動がある。生活の基盤である縦割りクラスでの居場所が確立されたので，次に必要な支援は，A児がどのようにA児らしく年齢別活動に参加するかである。<br>◎5歳児のみの活動…サッカー教室，お茶教室，体操教室，お話の会，園外お泊り保育etc<br>　今年度転所してきたA児にとって，どの活動も初めての経験なので，活動のイメージがつきにくい。また，発達年齢が2歳程度であることを考えると，保育者ではない外部の大人の話を聞いて行動したり細かな動きを求められたりなど，A児にとっては理解が難しいと考えられる。これらを踏まえ職員全体で話し合い，保育所内での活動については，"保育者と一緒に活動に参加できた"という経験を積むため，部分的に参加することを増やしていくことにした。 | 　保護者は，お泊り保育での活動について，完全参加ではなく「彼なりに楽しんでほしい」と話していた。当日，さまざまな活動に積極的に参加した様子を写真や口頭で知らせると，A児に「楽しかったの。よかったね～」と声をかけていた。保護者にも，褒めてもらえたことで，今後の活動への意欲につながると思う。<br>　ここで達成した経験を，生活の中で振り返りながら，今後の運動会への参加や卒園に向けての支援につなげていきたい。 |

覚的構造化」という短絡的でともすれば子どもの実態を置き去りにした指導方法を療育機関から奨められた母親は，とにかく「絵カード」を保育所でも使うことを保育者に要求した。しかし，保育所巡回相談の専門家から，保育という場での実態把握の重要性と，機能的で般化可能な目標の設定，そして自由遊びやお集まりなどの保育活動を活かした支援機会があるということをアドバイスされてからは，保育者は，まずはA児の興味関心に寄り添い，A児主導の活動の中に支援の機会を見出すようにした。絵カードはA児のしたいことを自分から選択・決定したり実行を助けるためのツールとして活用することを意識した。こうしたていねいな実態把握とそれに基づく支援による成果は，母親の保育所に対する信頼感を高め，結果的に家庭との連携の中で，問題行動の後追いではなく，よいところ・できるところに着目し伸ばすという支援スタイルにかわっていった。療育機関のような非日常的で限定的な場面で行うことよりも，保育所での日々の生活の中にある多様な学習機会においてできたこと(例えば，A児の好きなお絵かきとそれを介したコミュニケーション)は，より家庭にも応用しやすいことでもあった。

### b. チームアプローチの視点の重要性

チームアプローチというときには，家族も含めることが望ましい。A児のケースではチームは以下の2つの点で有効に機能した。

#### ① 定期的なケース会議の実施

この保育所では，隔月ごとにケース会議を実施している。そこでは，障害のある子どもや気になる子どもとの関わりの中で担当保育者が悩んでいることや困っていることなどの事例を持ち寄り，園長や主任も含めた保育者全員がチームとなって検討や意見交換をしている。こうした話し合いの場をもつことは，担任保育者が一人で抱え込むのではなく，保育所全体の事として捉えていく雰囲気が広がり，担当保育者の支えとなり，また，保育者同士が育ち合える貴重な場となる。

#### ② 就学に向けての取り組み

両親は就学先について，通常学級，特別支援学級，特別支援学校という選択肢の中から，どこがA児にとっていちばん良いのかを考え，積極的に体験参加や見学を行った。その際，担任保育者はできるかぎり，両親と共に参加してきた。この見学を通して，さまざまな可能性を信じて，どこを選ぶべきか悩む両親の「思い」を，保育所でも共有することができた。この実践のように，保護者の思いに寄り添って，具体的な短期目標ならびに長期目標を設定し，常に子どもとその家族のニーズを中心に考えていくことは，保護者を孤立させない重要な支援である。

## 24-3 園内での支援体制の確立と他機関との連携

### (1) 幼児期における「個別の指導計画」の作成と活用

　幼児期の保育は，幼稚園であれば「幼稚園教育要領」，保育所であれば「保育所保育指針」に基づいてなされる。そして両者ともに，障害のある子どもの保育にあたっては，「障害の種類や程度に応じて適切な保育を行う」旨が示されている。特別支援教育は，乳幼児期から学校卒業後まで子どもに適切な支援を行うものであるため，当然学校教育法に規定されている学校である幼稚園や，同様の保育指針を持つ保育所は，障害のある，あるいはその疑いのある子どもに対し，適切な保育支援を行わなければならない。したがって学齢期以降において作成とそれに基づく支援を行うための「個別の指導計画」は幼児期においても必要である。ただし，1章の図1-2に示すように，2015年度の時点で，個別の指導計画を作成している幼稚園は全国で46.8%にすぎず，これは小学校(93.1%)に比べると低調である(文部科学省，2016)。これは「幼児期における個別の指導計画とは何か」という検討の遅れそのものが原因であるが，それに加えて幼児期の「保育」という営みが学齢期以降に示されるような教科ベースの指導とは異なることがその要因として大きい。幼児期には学齢期以降の指導すべき内容を示した「教科」やそれを規定する学習指導要領はなく，「幼稚園教育要領」「保育所保育指針」では，心身の健康に関する「健康」，人とのつながりに関する「人間関係」，身近な環境に関する「環境」，言葉の習得に関する「言葉」，感性と表現に関する「表現」として保育の内容が5つの領域として示されているが，これは，子どもの発達の側面とのかかわりで考えられており，相互に密接な関連をもち「相互性」と「総合性」を前提としたものとなっている。つまり，学齢期以降の教科学習のような一つの側面のみをとらえて指導のあり方を論じ，実践することがあってはならないものとされている。したがって幼児期の個別の指導計画は，学齢期のそれを単純に援用すればよいというものではなく，①保育という営みや幼児期の発達を考慮したものであることと同時に，②学齢期以降の教科的枠組みや学習内容への接続を考慮したものであること，という両側面が求められる。

### (2) 園内支援体制の確立

　1章の図1-2に示すように，2015年度現在，幼稚園における「園内委員会」の設置は61.0%(小学校は99.4%)，「特別支援教育コーディネーター」の指名は63.6%(小学校は99.3%)と，園内での支援体制整備は，学齢期以降に比べて立ち遅れている(文部科学省，2016)。しかしA児の事例のように，障害のある子どもの支援に

おいて，対象児の状態像や支援の方向性などをクラス担任はもちろんのこと，園内の職員全体で把握しておくことは必要不可欠である。例えば保育所は，社会的な保育ニーズの高まりに応じるべく「子育て支援センター」や「学童保育」，「病後児保育」，「延長保育」などさまざまな機能を持ち合わせている。こうした保育所の機能の拡充は，保育対象児の質的・量的拡大と，保育時間の延長を意味し，保育者一人ひとりの役務負担増をもたらしている。したがって障害のある，あるいはその疑いのある子どもに，いつも担任の保育者がつきっきりになることはできない。そのためにも園内委員会やケース検討会を定期的に開催し，子どもの実態把握と支援方法についての検討を行うことが必要である(水内，2008)。

(3) 他機関との連携

　これまでにも保育所に通う障害のある子どもは，並行通園といって障害児の通園施設にも定期的に通っているケースは多く，他機関と連携することがないわけではなかった。しかし，その連携は多くの場合，園と施設との直接的なものではなく保護者を介したものであり，例えば通園施設でせっかく子どもにあったサイン言語や絵カードによるコミュニケーションの方法が獲得されてもそれが保育所では活かされていなかったり，時に通園施設で行う個別療育的な内容を保護者が保育所でも求めるため，保育者と保護者との関係が悪くなったりするケースもみられる。他機関も，そして保育者自身もまずは，保育所・幼稚園等とは，幼児の主体的生活である「遊び」を中心とした保育活動の中で，障害のある，あるいはその疑いのある子どもを支援する機関であることを再認識する必要がある。しかし障害のある子どもの支援においては障害特性やそれに応じた支援方法などの知識やスキルが必要であり，医療機関や通園施設などと直接的な連携がとれることが望ましい。特別支援教育への転換に伴い，特別支援学校が地域のセンター的機能を持ち，保育所・幼稚園等へ支援することが位置づけられた。また児童発達支援センターにも保育所等巡回相談事業がある。これにより今まで以上に幼稚園や保育所にいる障害のある子どもに対する適切な支援が期待される。そのためには特別支援学校の教員や児童発達支援センターのスタッフには保育所・幼稚園等における「保育という営み」や「幼児期の子ども発達」について十分理解する必要がある。それなしでは，保育活動を無視した，単に障害の種類や程度に応じた個別的で療育的な支援技法を保育者に押し付けることにもなりかねない。また保育者には保育所・幼稚園等においてできる支援とは何かを考えながらアドバイスを受けたり研修会へ参加したりする姿勢が求められる。

## 24-4　学校段階へのなめらかな接続のために

　2009年の保育所保育指針改訂により，保育要録の記入・小学校への送付が義務づけられた。遊びを通した発達の促進が中心の保育所・幼稚園と，教科学習が中心の小学校とでは，生活面・学習面・活動面において大きな違いがあり，就学直後は，障害の有無に関わらず，「小1プロブレム」などと称されるように，生活文脈の違いに戸惑う幼児が少なくない。特に障害のある幼児の場合は戸惑いが大きいため，円滑に学校生活をスタートさせるためには，保育所・幼稚園と小学校との連携や移行が望まれることは言うまでもない。そのため，就学時には，幼児の実態や取り巻く環境，適切な支援など就学前の情報についての確実な引継は大きな意味をもつと考えられる。

　和田・水内(2016)は，就学前の引継時における，保育所と特別支援学校の双方が必要だと感じている情報は，基本情報，生育歴，家庭および保護者の状況，保護者の思いや考え，好きな遊び，本人の興味・関心，子どもの苦手や得意な具体的活動，日常生活における実態，実態に応じた支援内容と支援方法，集団場面や新規場面における課題と支援内容，他機関との連携，に分類された。これらの内容が適切に保育要録をもとにした引継資料に記載され，確実に共有される情報となるためには，保育所と特別支援学校が互いに「伝えたい情報」「把握したい情報」について理解するとともに，引継資料の内容や様式についての整備と検討が必要と考える。また引継の時期に関しては，就学前の引継はもちろん，就学後の連携を含めた，形式的な単発の引継ではなく複数回の連携が望まれる。引継のあり方としては，就学前には引継資料をもとに情報共有を行い，就学後に実際の児童の様子をもとに学校生活について話し合うなど，入学後の継続的あるいは定期的な連携と，新旧担当者同士の連携も必要となる。そして，一方的な情報伝達に終わるのではなく，双方が子どもの実態を知り得た上で効果的な支援内容や方法についての情報を交換し合う双方向の情報伝達が意味のある情報共有につながると考える。

## 24-5　おわりに

　本章では触れなかったが，保護者にとって幼児期は障害受容の時期という点においても重要であり，カウンセリングマインドを持った支援が求められる。医療機関や療育機関で行われているペアレントトレーニングについても，保育者は理解しておく必要がある。また，保育所・幼稚園等におけるさらなる支援体制の整備と，子

どもとその家族に対する適切な支援の提供は，より重要で危急の課題であるといえるだろう。

**引用・参考文献**

Haring, K. A., Lovett, D. L., Haney, K. F., Algozzinne, B., Smith, D. D., & Clarke, J. (1992). Labeling preschoolers as learning disabled : A cautionary position. *Topics in early childhood special education*, **12**(2), 151-173.

水内豊和・青山 仁・村上直也・高正 淳・枡田篤史・松井理納・築尾むつみ・辻 亜弓（2007）．自閉症という障害の診断名の有無が保育者の支援方法に及ぼす影響．富山大学人間発達科学部紀要，**2**(1)，145-154.

水内豊和（2008）．幼稚園における特別支援教育の体制づくりに関する実践研究．富山大学発達人間科学部紀要，**3**(1)，93-102.

文部科学省（2016）．平成25年度特別支援教育に関する調査の結果．

内閣府（2015）．障害者白書．

和田充紀・水内豊和（2016）．障害のある幼児の就学時における引継と連携のあり方―保育所と知的障害特別支援学校への質問紙調査から―．とやま発達支援学年報，**7**，29-39.

# 25章　学校と保健・医療機関との連携

高野　美由紀

[キーワード]
医療機関
早期発見
診断
DSM-5
連携

　この章では，障害児者支援という観点から保健・医療機関の機能について述べ，特別支援教育における保健・医療機関との連携について論じる。まず，保健・医療機関は障害児者支援という視点では主に，障害の早期発見，障害の診断，治療および併存障害・二次障害の対応の3つの役割があることを述べる。そして，学校での医療的ケア，発達障害の早期発見・早期支援における連携を論じ，診断基準の改訂（DSM-IV から DSM-5 へ）のポイントを述べる。

## 25-1　保健・医療機関の役割

　連携や協働をより有意義なものにするためには，連携や協働する機関の役割やその機関のもつ強みなどの特徴を押さえておくことが重要である。保健・医療機関，すなわち，地域住民の健康の保持及び増進を推進する保健所・市町村保健センターと外来診療を行う診療所や入院および外来診療を行う病院等には，障害児者支援という視点では主に，障害の早期発見，障害の診断，治療および併存障害・二次障害の対応という3つの役割があると考える。子どもにとって家庭や学校は日常生活の場であるが，医療機関は一般的には日常から離れた特別な場である。非日常の場だからこそ，日ごろのことを客観的に見ていきやすい場でもある。

### (1)　障害の早期発見

　障害による生活上の困難が明確になる前に気づいて，早期に対応していくことができるようにするのが障害の早期発見である。わが国においては，新生児マススクリーニング，新生児聴覚スクリーニング，乳幼児健診が代表的である。知的障害を伴わない自閉症スペクトラム障害，注意欠如多動性障害，学習障害等の発達障害が注目されるようになり，発達障害を早期に発見するしくみとして5歳児健診・発達相談を行うことや，幼児期の集団生活場面である幼稚園・保育所の巡回相談などで発達障害が疑われる幼児を発見して，必要に応じた配慮をしている地域もある。
　早期発見について考える際に重要なことは，発見される者にとって有益でなくてはならないということである。検査は安全に行うことができて精度が高く，効果が明らかな治療・支援があることが必須である。早期支援体制が充実していてこそ，障害の早期発見が活きてくる。

2013年4月より臨床研究として新出生前診断が有料で行われている。これは，出産予定日に35歳以上であるなどの対象になる妊婦が希望すれば一部の認可された病院で診断を受けることができ，母体血中のフリーのDNAを用いて13トリソミー，18トリソミー，21トリソミー(ダウン症)の染色体異常の可能性の有無を明らかにするものである。3年間の結果では，いずれかの染色体異常の可能性があるという陽性反応が出たのが1.7%で，陽性反応が出た中でのちに異常がないことが明らかになったのが7.5%であった。染色体異常が明らかになったもののうち妊娠継続をしたのが3.5%であり，96.5%が人工妊娠中絶を選択していた。侵襲性が低く，精度の高い検査ができるようになったこと自体は歓迎すべきことであるが，発見されるものにとっての有益性や効果的な治療や支援という観点からは時期尚早と著者は考えている。遺伝カウンセリングの充実と共にそれぞれの地域で安心して産み育てることができる支援体制の整備，家族として障害児を迎えることが不安なくできる社会に成熟することが急務である。

### a. 新生児マススクリーニング

全ての新生児に対して行われるフェニルケトン尿症等の先天性代謝異常や先天性甲状腺機能低下症(クレチン症)などの内分泌異常の早期発見であり，日本では1977年から行っている。2011年に新しい検査方法(タンデムマス法)を用いた新生児マススクリーニングの導入を積極的に推進するよう厚生労働省から都道府県に対して通知が出され，対象疾患が従来の6種類から16種類のあるいはそれ以上となってきている。対象疾患を早期に発見することで疾患はあっても，早期からの治療用ミルク等によって発症を抑えるあるいは軽症化を図ることができる。

### b. 新生児聴覚スクリーニング

新生児聴覚スクリーニングは，アメリカで始まった聴覚障害の早期発見・早期療育システムの早期発見部分を導入したものであり，日本ではそのモデル事業が2001年から始まり各地に広がった。法制化はされていないため，実施するかどうかは医療機関に任されている。日本産婦人科医会の2005年の調査では，分娩取扱機関の60%が聴覚スクリーニングを実施していた。

早期療育・支援は聾学校の教育相談が中心で，保護者への支援を重視している。人工内耳の治療の発展と共に，低年齢で人工内耳の手術を受ける事例も増えている。

### c. 乳幼児健診

乳幼児健診とは，乳幼児の健康状態・発育発達状態や疾病の有無を調べ，生活や健康の保持増進，疾病や事故の予防を行うものである。生後1歳6か月児(満1歳6か月を超え満2歳に達しない幼児)，生後3歳児(満3歳を超え満4歳に達しない幼児)の健康診査は母子保健法第12条により定められている。

一般的には，保健師，医師，歯科医師，心理士(育児支援，発達評価)，言語聴覚士(言葉に関連する評価，かかわりの助言)などがスタッフとして関与している。健康診査の手順や内容は地域でのバリエーションがあるが，対象者の保護者が回答した問診票(アンケート用紙)，診察等での情報をもとに疾病や障害の可能性の有無を判断する(図 25-1)。最近では乳幼児健診を自閉症スペクトラム障害の早期発見の場として重要視している。例えば，1歳6か月児の問診票に要求の指さし，興味の指さし，指さし追従，合視などの項目(日本版の M-CHAT の項目など)を含み，また自由遊び場面の行動特徴も参考にして自閉症スペクトラム障害の特徴を持つ幼児を発見できるようにしている地域も多い。

要経過観察となった場合には，子育て相談，子どもの発達相談，親子の遊びの教室などに誘い事後フォローを行う。発達障害の可能性があるなど積極的な療育やリハビリ訓練が望ましいと判断される場合，診断を求める場合には医療機関や児童発達支援センターなどの専門機関に療育施設に紹介する。

## (2) 障害の診断

臨床医学における最初の重要なステップは，病歴を検討し，正確な診断技術で疾病・障害のあり場所(病名・障害名)と疾病・障害の在りよう(活動性・重症度)を判定する診断と，それに基づく予後評価を行うことである。障害については，そのほとんどが治癒しない生涯ともにするものであり，その障害といかにつきあいながら生きていくかということが重要視されるものである。したがって，その障害とうまくつきあうことができるような支援を優先し，適切な時期を待って診断することも多い。本人の困ることが少ない場合でも，進学や就労という節目での方向性を見出し，生涯を通して一貫した支援を考えるために診断が必要な場合もある。

### a. 診断のステップ

まず診断に必要な情報を収集する。保護者などから成育歴，家族背景，行動特徴

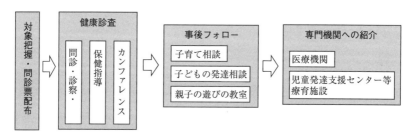

図 25-1　乳幼児健診と事後支援の流れ

等の臨床症状を聴取(問診)し,診察により神経学的所見などを取り,診察場面の対人関係の取り方や自由遊びを観察する。そこで得た情報から可能性のある疾患・障害をリストアップし,知能検査などの心理検査,血液検査や頭部MRI検査を必要に応じて行う。

次に,得られた情報から可能性のある疾患・障害について診断基準に照らして整合性を判断する。その際に,例えばADHDと類似症状を示す甲状腺機能亢進症など,区別を付けるべき疾患・障害の鑑別も併せて行う。そして,子どもに診断がつく場合には,医師から診断の報告(診断告知)を行う。

的確に診断をするには,問診(保護者などからの情報の聞き取り),自由場面や集団場面の観察,診察などによる多方面から情報を入手することが重要になる。その点で,情報収集の際に保護者からはもちろんのこと,集団場面を知る教員等その子どもにかかわる大人から子どもの具体的なエピソードが得られるかどうかが鍵になり,是非とも情報提供をして欲しいところである。

### b. 診断基準

自閉症スペクトラム障害等の発達障害,精神疾患などは検査法がなく臨床症状に依存して診断せざるを得ない。このような疾患・障害を診断する際には明確な基準を設けて診断をすることで,信頼性の高い診断ができる。その明確な基準を示すものが診断基準である。世界的に用いられているものとしてWHOの国際疾病分類(International Classification of Disease, ICD)とアメリカ精神医学会の精神疾患の診断と統計マニュアル(Diagnostic and Statistical Manual of Mental Disorders, DSM)がある。これらの診断基準に子どもの行動特徴等の臨床症状を照らし合わせながら,可能性があると考えた疾患・障害が本当に該当するのかを見極めていく。

### c. 診断の報告(診断告知)

診断がつく場合にはその報告を行うことになる。その際には,保護者が実感できるように伝えるための工夫を行うが,筆者が重要であると考えるのは玉井(1993)の示す配慮事項(表25-1)と,以下の6点である。

①評価を説明する際に,できること,芽生えていることなどとともに,難しいことを説明する。
②子どもの状態を保護者が適切に把握できるよう,保護者が捉えている子どもの様子をもとに説明する。
③診断名を伝える際に,子どもの状態が(すべてではないにしても)その疾患・障害の特性で説明できることがわかるように説明する。
④保護者からの質問を受けながら対話的に話をしていく。
⑤保護者にとって腑に落ちる言葉を選び,必要に応じて補助資料を提供し,保護

表25-1 親への告知の際の配慮

・可能ならば両親そろった席での告知
・伝える側の専門知識が十分であること
・両親の理解力，家族の社会・経済的生活背景を考慮した，多面的・継続的な情報提供
・他児の親同士が情報交換できる環境設定をする

者が納得しやすいように伝える。
⑥診断名，その特徴だけでなく，今後どこで，どのような相談や支援を受けることができるのか，相談・支援に関する情報を提示する。

**(3) 治療・(リ)ハビリテーションとおよび併存する疾患・障害への対応**

　障害への治療において，治癒が期待できるものは残念ながら少ない。医療従事者がそれぞれの専門性を活用して障害のある子どもへの対応をすることになるが，その際には対象児の評価をもとに目標を立てそれに向けて計画的に介入を行う。リハビリテーションとは「人間にふさわしい権利，資格の回復」を意味するため，現状を出発点として発達を促すことが求められる小児の場合には，リハビリテーションとは呼ばずハビリテーションと呼ばれることもある。(リ)ハビリテーションを行うスタッフには，理学療法士，作業療法士，言語聴覚士等がいる。

　併存する疾患・障害は多層的であり背景要因も多様であることから，予防可能なものばかりではなく，生来的に発症しやすいものもある。一方で，疾患・障害への不十分あるいは不適切な対応が要因となり二次的に引き起こされる合併症（二次障害）もあり，二次障害を予防する観点から早期発見・早期支援が重要である。併存しやすい疾患・障害を知り，その中で二次的に引き起こされるものを対応可能な範囲で予防をすることが大切である。

**a. 学校等と連携することの多い療法士**

**① 理学療法士**

　身体に障害のある者に対し，主としてその基本的動作能力の回復を図るため，治療体操その他の運動を行わせ，及び電気刺激，マッサージ，温熱その他の物理的手段を加える。

**② 作業療法士**

　身体または精神の障害に対し，応用的動作能力または社会的適応能力の回復を図るため，手芸，工作，その他の作業を行わせる。

**③ 言語聴覚士**

　音声機能，言語機能または聴覚に障害のある者について，その機能の維持向上を図るため，言語訓練その他の訓練，これに必要な検査及び助言，指導その他の援助

を行う。

　b. 障害のある児に併存する疾患・障害
　① 知的障害に併存する疾患・障害
　自閉症など他の障害を併存することが多い。身体疾患としては、肥満、てんかん、皮膚疾患（白癬症）、虫歯・歯肉炎などが見られる。また、自傷、こだわり、睡眠障害、うつ状態・うつ病も知的障害のない人に比べて多い。
　適切な食事、適度な運動、体の清潔や食後の歯磨きなどが生活習慣として定着していること、個に応じた支援・指導がなされており達成感が持てていること、コミュニケーションがとりやすい環境であることなどが二次障害の予防としても重要である。

　② 肢体不自由に併存する疾患・障害
　脳性まひなどの脳の器質的な異常がある場合、知的障害、聴覚障害、視覚障害、てんかんなどを併存することも多い。また口から食べたものを飲み込み胃へと送り込む嚥下機能の障害、換気して肺でのガス交換を行う呼吸の障害を伴うこともあり、障害の程度が重い場合には経管栄養や痰の吸引などの医療的ケアが必要になることも多い。
　理学療法等訓練を早期からしていくことも多いが、症状の低減と筋の委縮や関節の変形・拘縮など二次障害を防ぐことを主な目的として行われる。

　③ 発達障害に併存する疾患・障害
　発達障害には、他の発達障害と併存すること、すなわち複数の発達障害（例えば自閉症スペクトラム障害とADHDの併存、ADHDとLDの併存など）が多い。その他に、反抗挑戦性障害、気分障害などの精神疾患、消化器症状などの身体疾患、不登校などがある。
　早期発見・早期支援により適切な環境を用意することで、併存する疾患・障害を低減し、二次災害的なPTSD様の症状やフラッシュバックが起こることを予防する。

## 25-2　学校と保健・医療機関の連携の動向

(1)　学校での医療的ケア
　新生児医療の進歩に伴い、重症の子どもの救命が可能になったという背景から、在宅医療の必要な子どもが増えている。その子どもたちの多くは、脳性まひなど脳原性の疾患があり、重度の肢体不自由と重度の知的障害等を併せもつ重度重複障害の状態で、学校や社会で生活するためには、自宅や医療機関以外でも医療行為をす

る必要がある。

　学校での痰の吸引や経管栄養などの医療行為を「医療的ケア」と呼んでいるが，2005年9月には，一定の要件を満たせば教員が医療的ケアを行うことは「違法性を阻却できる」ようになり，肢体不自由を対象とする養護学校を中心に看護師配置を行って，医療支援体制が整えられていった。そして2012年からは，教員も介護職員等の喀痰吸引等の実施のための制度として法制化された枠の中で医療的ケアを行うようになった。それは，社会福祉士及び介護福祉士法の一部改正により，介護福祉士および一定の研修を受けた介護職員等は一定の条件下に痰の吸引等の行為を実施できるというもので，教員も一定の研修を修了した介護職員等として，登録事業者である特別支援学校において，一定の条件下に表25-2にある特定行為を実施できるようになったというものである。

　重度重複障害のある子どもに多い医療的ケアを特別支援学校内で安全に行うことができるよう制度を作ってきたが，インクルーシブ教育の潮流の中で通常学校での医療的ケアの体制作りも求められている。2015年5月の統計では全国公立特別支援学校で日常的に医療的ケアが必要な子どもは8,143名いるのに対して，全国の小・中学校では839名の子どもが医療的ケアを受けており，特別支援学校で医療的ケアを受けている子どもの1割程度で相当数いることがわかる。また必要な医療的ケアの中で特定行為の割合が特別支援学校では47.7％に対して小・中学校では38.9％と，特定行為以外の医療的ケアが多い傾向にある。これは，通常学校でも医療従事者である看護師等が医療的ケアを安全に，また安定的に行うことができる体制の構築が求められているということである。そして，医療的ケアの必要な子どもの支援に関して保健，医療，福祉，教育等の連携を一層推進し，一般の小学校・中学校での医療的ケア体制以外でも，通学中や学外行事の際に必要な対応，医療的ケアに携わることができる看護師の養成・トレーニング体制などの課題を解決していく必要がある。

表25-2　特定行為

| 内　容 | 部位・具体的な処置 |
|---|---|
| 痰の吸引 | 鼻腔内<br>口腔内(咽頭手前)<br>気管カニューレ内部 |
| 経管栄養 | 経鼻胃栄養<br>胃ろう<br>腸ろう |

認定特定行為業務従事者が行うことを許容されている医療的ケア

## (2) 発達障害の早期発見・早期支援

　発達障害の早期発見・早期支援の一翼を担うものとして，5歳児健診・発達相談が注目され鳥取県から全国に普及していった。筆者も京都府亀岡市や兵庫県加東市での5歳児健診・発達相談の導入に一部関わったが，発達障害者支援法を受けて制度を作っていった地域も多い。5歳児健診・発達相談は法制化されていないため地域によってシステムが異なり，行っていない地域もある。保育所・幼稚園などの就学前の集団場面での子どもの行動やコミュニケーションの様子から，初めて発達障害を疑われ支援の必要性が明らかになることもあるため，5歳児健診・発達相談では何らかの仕組みで集団場面の子どもの様子を捉えるようにしている。集団での子どもの様子を含めて支援の必要性を判断し，就学後の特別支援教育に支援のバトンを繋いでいくことが求められている。

　発達障害者支援法の施行により各地で発達障害の早期発見・早期支援は充実し，健診の中での気づきができるようになってきた。その一方，健診を充実させてもなお就学，進学後に発達障害が明らかになる事例もやはり存在している。発達障害の場合，個の特徴をみる視点と，集団場面での様子をみる視点と少なくとも両面からの把握が必要になる。このような状況を踏まえると子どもを継続的に把握することができる保健師等と集団場面をよく知る教員等学校関係者が協働で縦断的に気づき，支援し，繋げていくシステムの必要性が浮上していると考える。例えば，小学校1-2年でのLD(小枝，2014)，小学校5年生(全，2014)や中学校2年生での精神保健を意識した早期発見・早期支援などを，それぞれの地域の資源を勘案して整えていくことが重要であろう。

## 25-3　DSM-5の改訂のポイント

　1952年にDSM-1が発表されて以来およそ10年ごとに改訂されてきたが，DSM-Ⅲは精神医学に革命をもたらしたといわれている。それはDSM-Ⅲで操作的診断基準を導入し，症候を記した症状項目リストの提示で基準を明確に示したことによる。また，狭く定義された多数の診断で分類するカテゴリー的アプローチと，多軸診断という多軸(5つの軸)で評価して総合的に診断するという方法を採用したことが画期的であった。そして，その後も診断の妥当性と信頼性がさらに高まるよう改訂されてきた。

　DSM-5は2013年に19年ぶりに改訂されたもので，日本語版も2014年に出版されている。この改訂での主な変更点のひとつは，多軸診断を廃止したことである。軸を用いず疾患(かつてのⅠ軸からⅢ軸)を記載し，重要な心理社会的および状況要

因(かつてのIV軸),能力障害(かつてのV軸)は別個に記している。また,適用可能なところに重症度を定義する特定の基準を用いている。カテゴリー的アプローチについても特定不能の診断が多いことも指摘されており,併存症,遺伝的・環境的危険要因などの研究成果から,従来考えていたよりも多くの事例で生涯を通じてカテゴリー間を流動的に推移すること,一つの疾患に割り当てられた症状が他の疾患にも起こることが明らかになってきた。そこでカテゴリー的アプローチの廃止も検討されたが,結局のところ時期尚早として今回の改定では継続して用いられることになった。今後は,精神疾患を多次元的なスペクトラムととらえる次元的アプローチによる診断が発展していくことが期待されている。

DSM-5を日本語に翻訳する際に,病名に「障害」とつくことは,児童や親に大きな衝撃を与えるため「障害」を「症」に変えることが提案された。しかしながら,「症」とすると過剰診断や過剰治療をまねく可能性があることも議論され限定的な変更となり,また「症」と変えた場合には新たに提案された病名の横に旧病名をスラッシュで併記することになった。

小児期に診断される疾患群は,DSM-IVでは「通常,幼児期,小児期,または青年期に初めて診断される障害」が,DSM-5では「神経発達症群／神経発達障害群」に改められ,その中には表25-3にあげる疾患が含まれるようになった。日本では,2005年に発達障害者支援法が施行されて以来,「発達障害」を「自閉症,アスペルガー症候群その他の広汎性発達障害,学習障害,注意欠陥多動性障害その他これに類する脳機能の障害であってその症状が通常低年齢において発現するものとして政令で定めるもの」と共通理解してきた。改定されたDSM-5の神経発達症群／神経発達障害群は,知的障害(知的発達症／知的発達障害)を含んでいる点で相違はあるものの,日本でいうところの発達障害に近い概念になっていることは大変興味深い。自閉症関連の診断では,DSM-IVでは自閉性障害,アスペルガー障害,広汎性発達障害としていたものをDSM-5では自閉スペクトラム症／自閉症スペクトラム障害に統合している。それは,DSM-IVで分けていたそれぞれの障害の症状は,それぞ

表25-3 DSM-5の神経発達症群／神経発達障害群

- 知的能力障害群(Intellectual Developmental Disorders)
- コミュニケーション症群／コミュニケーション障害群(Communication Disorders)
- 自閉スペクトラム症／自閉症スペクトラム障害(Autism Spectrum Disorder)
- 注意欠如・多動症／注意欠如・多動性障害(Attention Deficit/Hyperactivity Disorder)
- 限局性学習症／限局性学習障害(Specific Learning Disorder)
- 運動症群／運動障害群(Motor Disorders)
- 他の神経発達症群／他の神経発達障害群(Other specified neurodevelopmental disorders)

れがはっきりと区別される障害であるというよりも社会的コミュニケーションの制限、および反復性の行動と興味という二つの領域における軽度～重度の能力低下という一つの連続体を示しているという最近の研究が示す考え方を採用したためである。

## 25-4　学校教育と保健・医療機関の連携についての今後の展望

　これまで述べてきたように、医療従事者が教員等と共に学校内で気づきや診断に関わること、療育や治療の知識や技能を用いて校内での子どもの教育的支援において、より子どものニーズにあった、より効果的な支援を模索していくことが必要である。

　さらには障害のある子どもたちの卒業後の生活を考えたときに、その子どもの可能な範囲で自分のことを理解し、必要時に自分で対処し、適切に援助要請ができることが求められる。そのためには疾患・障害を含めて、自分自身の健康状態をよく理解し、日々の生活の中で主体的に対処していくことができるよう、就学期のうちから自己理解や障害理解を促していく医学と教育とのコラボレーション・ワークを成熟させていかなければならないと考える。

　世界的な潮流を受けて、これから益々インクルーシブ社会、インクルーシブ教育を充実させていかなければいけない。多様な幼児児童生徒の一人ひとりの教育的ニーズに応じた質の高い教育が提供できるようになるために、学校教育は保健・医療機関等と「協働」して、時々の課題に柔軟に対応していくことが求められる。

**引用・参考文献**

五十嵐隆・岡　明(編集)(2008).『小児てんかんの最新医療』中山書店

小枝達也(2014). RTI(response to intervention). を導入した特異的読字障害の早期発見と早期治療に関するコホート研究. 脳と発達, **46**, 270-274.

全　有耳(2014). 学校保健と地域保健の連携による思春期発達障害児支援の取り組み─思春期精神保健対策の必要性─. 日本公衆衛生学会誌, **61**(5), 212-220.

高橋三郎・大野　裕(監訳)(2014).『DSM-5　精神疾患の診断・統計マニュアル』医学書院

# 26章 福祉機関の役割とその活用

石山 貴章

[キーワード]
障害児者福祉
ジェネラリスト
協働支援

本章では、福祉機関の役割とその活用について、主に教育現場と関連性が高いものを中心に、障害児者福祉という枠組みから検討していくこととする。近年、特別支援教育の流れとともに、福祉機関との連携や個々のニーズに応じた支援が求められており、各関係機関は、それに応えるべく、様々な取り組みを展開するようになっている。しかし、福祉分野の内容は複雑、多岐にわたっており、障害をもった方々や保護者は、どのような道標を見出していけばよいのか困惑している状況にあると考える。これに対し、各関係機関は専門分野を越えた福祉サービスの体系と内容を把握し、それを実際に活用できる支援力を身につけなくてはならないだろう。

## 26-1 特別支援教育と福祉

2003年3月に文部省から出された「今後の特別支援教育の在り方について(最終報告)」では、障害の範囲を広げ、学校枠をはずした形で、学校、福祉、医療の各関係機関や大学などが相互に連携を行っていくことや、幼少時期から卒業後までをも視野に入れた一貫した支援体制の在り方について言及されている。特に、特別支援学校の役割は大きく、相談から就学支援、そしてコーディネーター的な存在として、幅広い知識と専門性、行動力が求められている。障害のある方々の実態を適切に把握し、保護者の願いや地域状況等を考慮しながら、本人にとって望ましい生活の在り方を検討していかなくてはならない。

また、福祉機関との連携や有効活用に関しては、「関係機関との有機的な連携と協力」という文言にもあるように、お互いが積極的に関わっていくことこそ、有機的な状況につながっていくと考えられ、立場を超えた協働支援も必要となってこよう。一方、法制度の変化に対応していくことも重要であり、特に、近年、目まぐるしい社会状況の変化に対応した制度改革が見られ、情報収集を怠らないようにしなくてはならない。学校関係者には、ともすると、福祉分野の重要情報が入ってこない場合も多い。学校教育のスペシャリストであると同時に、関連分野を包括したジェネラリストとしての資質も求められている。

## (1) 障害者総合支援法

　2006年4月に施行された障害者自立支援法は，様々な問題点を包含するものであった。これまでは，個々の所得に応じて利用料を支払う「応能負担」であったが，サービスを利用した者について，所得にかかわらず一律に原則一割の利用料を支払う「応益負担」へと変わり，低所得者の負担が大きくなったことや障害程度区分（介護保険における要介護認定の79項目に，障害特有の27項目を追加したチェック表）により，障害程度を判定され，これまで受けていた必要なサービスを受けることができなくなるケースも見られていた。

　このような現状を鑑み，2012年6月に，「障がい者制度改革推進本部等における検討を踏まえて，地域社会における共生の実現に向けて，障害福祉サービスの充実等，障がい者の日常生活及び社会生活を総合的に支援するため，新たな障害保健福祉施策を講ずる」という趣旨のもと，これまでの「障害者自立支援法」を「障害者総合支援法」として改正が行われた。

　「障害者総合支援法」の改正ポイントとしては，1)「制度の谷間」を埋めるべく，障害者の範囲に難病等を加える，2)「障害程度区分」について，障害の多様な特性その他の心身の状態に応じて必要とされる標準的な支援の度合いを総合的に示す「障害支援区分」に改める，3)障害者に対する支援（① 重度訪問介護の対象拡大，② 共同生活介護（ケアホーム）の共同生活援助（グループホーム）への一元化，③ 地域移行支援の対象拡大，④ 地域生活支援事業の追加），4)サービス基盤の計画的整備等が挙げられる。

## (2) 発達障害者支援法

　2005年4月に施行され，その第1条で，「その心理機能の適切な発達を支援し，及び円滑な社会生活を促進するために行う発達障害の特性に対応した医療的，福祉的及び教育援助を行うとともに，発達障害の方々の自立及び社会参加に資するよう生活全般にわたる支援を図り，福祉の増進に寄与すること」を目的として提示し，第2条で，「この法律において，発達障害とは，自閉症，アスペルガー症候群，その他の広汎性発達障害，学習障害，注意欠陥多動性障害その他これに類する脳機能の障害のある人」と定義づけがなされた。これまで知的障害に準じた支援を受けていた発達障害の方々に対して，それぞれの特性に応じた支援の在り方が明確に位置づけられたものであると考える。

　法的には，福祉サービスの枠から外れていた発達障害の方々やその家族に対して，早期からの支援がなされるような体制作りがスタートした。今後，公的な一貫支援の在り方が着目されると同時に，発達障害が明確に位置づけられたことによって，

これまで曖昧になされていた障害の捉え方や個々の実態に応じた支援方法など，現場における実践と連携の蓄積とそれを基にした移行支援の充実，発展が求められよう。

## 26-2 各年齢段階における福祉機関の役割と連携

ここでは，各年齢段階別に大きく区切りながら，それぞれの段階における福祉機関の役割と連携について述べていく。

### (1) 乳幼児期における福祉機関との役割と連携
#### a. 療育・保育・教育機関

乳幼児期における福祉機関との連携については，まず，障害の早期発見と早期療育が基本となる。「乳幼児健康診査」を通して，障害や発達の遅れを適切に見出しながら，各医療機関，母子保健センター，療育福祉センターなどへ受け継がれ，個々のケースに応じたかたちで，今後，早期対応，支援をどのように行っていくのかという課題を明確にしていく。また，一人ひとりの育ちや障害の状況に応じた支援機関も存在しており，子どもや家族のニーズと地域性などを加味しながら検討していく必要性もある。

例えば，乳幼児期には，障害乳幼児通園施設で療育を受けることを通して，親子共同で学びあい，成長しあっていくことを重視したり，地域にある保育所や幼稚園でも，近年，統合保育の理念が浸透し，積極的に障害乳幼児を受け入れようとしている。また，特別支援学校幼稚部は全国的に数が少ないものの，障害のある子どもたちに対する先駆的な教育実践を展開している。保育所や幼稚園は，障害程度や受け入れ態勢によって制限もみられ，今後，物的・人的環境の制約を緩和しながら，統合保育の利点を積極的に活かしてほしい。また，早期療育を実現していくためには，環境調整や財政的基盤をしっかりと保障したシステムを確立していくことが求められる。

#### b. 福祉行政機関との連携

各県や市町村には，それぞれの年齢段階や利用目的に応じた福祉行政機関が設置されている。例えば，専門スタッフが，障害のある子どもたちの生活相談や支援を行う「地域療育等支援施設事業」を行っている機関では，療育に関することや，各種保健福祉サービスの紹介，利用援助活動などが実施されており，まずは，これらの福祉機関に相談を求めていくことが必要となってくる。

また，保護者からの相談で多いのが「障害者手帳」取得の件である。障害者手帳

には，知的障害に対応した療育手帳(1973，厚生省事務次官通達)・身体障害者手帳(1949，身体障害者福祉法第15条)・精神障害者保健福祉手帳(1995，精神保健福祉法第45条)の三種がある。これら障害者手帳取得の手続きや相談に対して，適切にアドバイスできることが学校関係者にも求められ，できる限り早い段階で取得の方向を目ざした支援を行うことが必要である。ただし，各種障害者手帳の存在を十分理解できていない保護者や，これをもつことに抵抗感を示す本人や保護者もいることが想定されるので，生活を行っていく上において必要とされる情報や各種サービス，学校卒業後の進路時などに，手帳が交付されているかどうかで，受けることのできるサービスに格差が生じてくることを伝えていかなくてはならない。

とりわけ，福祉施設の利用や就職時の「障害者雇用制度」(就職に対する各種助成制度など)の活用，「障害基礎年金」(障害の程度により定額支給される)の受給には，この手帳の有無が大きな意味をなしてくる。学校関係者は，この手帳のメリットを十分把握した上で，本人や保護者に対して説明し，主体的に手帳の取得を行うことができるよう支援していかなくてはならない。手帳交付に関しては，各市町村の福祉課の他，障害者福祉センター，健康福祉センターなどでも相談窓口が設けられている。

### (2) 児童期における福祉機関の役割と連携

ここでは，児童期における各福祉機関の中でも，学校教育と関連が深いにもかかわらず，これまであまり焦点化されてこなかった児童養護施設や障害児施設との関係性について述べる。

#### a. 児童養護施設との連携

児童養護施設との連携については，事例報告や実践研究の報告がまだ少ない状況である。この理由としては，いくつか考えられるが，児童養護施設と学校との連携が十分でないため，共同してケース検討を実施したり，定期的に互いが話し合う場が設定されていないことが要因のひとつとして考えられる。現実には，児童養護施設で生活しながら，地域の学校に通っている子どもたちが存在している。特別支援学級や学校にも，児童養護施設から通っている子どもたちがおり，互いが共通認識を培い，それぞれの利点を共有しながら，個々に応じた生活設計の組み立てと生活支援を行っていかなくてはならないだろう。特に，早い段階から将来の生活を見据えた取り組みを実施していくとともに，施設退所に向けて取り組まれるリービング・ケア(施設退所前後に実施するこれからの社会生活に向けての支援)および，退所後のアフターケアの在り方を一人ひとりに応じて実施していくことが求められる。

### b. 障害児施設との連携

　障害種別によって，いくつかの障害児施設が設けられている。ここでは，発達上の問題，家庭養育の困難性などをもつ子どもたちが生活しており，施設を拠点としながら，近接する小・中学校や特別支援学校に通学している。一方で，これらの障害児施設は，「年齢超過」の障害をもった方々を多数抱えており，本来の役割でもある児童期の療育，発達保障を十分に発揮することができない状況にある。各施設の先生方が，この条件の中で，入所している子どもたちに，療育，教育，生活の保障を行っていくべく，たゆまぬ実践と努力が行われている。

　また，強度行動障害に関する研究が継続的に行われており，これらの実践報告や研究が，他の関係機関に大きな療育・教育的示唆を与えている。今後，障害児施設の取り組みを，学校や各関係機関に提示しながら，支援体制の広がりや共有化を期待したい。

　児童期に関する主な福祉施設・機関としては，各福祉行政機関の他，児童福祉施設としての，①児童養護施設(児童福祉法41条)，②知的障害児施設(同42条)，③知的障害児通園施設(同43条)，④盲ろうあ児施設(同43条の2)，⑤肢体不自由児施設(同43条の3)，⑥重症心身障害児施設(同43条の4)，⑦情緒障害児短期治療施設(同43条の5)，⑧児童自立支援施設(同44条)，⑨児童家庭支援センター(同44条の2)などが挙げられる。

### (3) 青年期，成人期以降における障害者施設の役割と連携

　学校卒業後，その半数以上が障害者施設を利用しながら，地域での生活を行っている。ちなみに，2014年3月に知的障害特別支援学校高等部(本科)を卒業した13,541人のうち，社会福祉施設等への入所・通所者は9,029人(66.7%)と報告されている(平成25年，障害者白書)。以下，知的障害者施設を中心に，その役割と連携について述べる。

### a. 知的障害者援護施設

　1960年に制定された「知的障害者福祉法」により，18歳までの児童は「児童福祉法」，18歳以上の成人に対しては，この法をもとにして措置がなされるようになった。しかし，現状では，年齢で分けることに無理があり，児童福祉施設においても，多くの成人が生活を行っている現況は先に述べた。18歳になったから成人用の施設へといっても，希望する施設に入ることは困難であり，どこの施設においても，定員オーバーの状況を抱えている。保護者や支援者側としては，卒業後の進路先確保のため，入所型もしくは通所型であれ，入れるところがあれば申し込んでいくという状況が続いており，利用者や保護者の希望に適った選択はなかなかでき

ない。

### b. 障害者作業所

施設・NPO法人，保護者や障害者団体などが積極的に動き，作業所の設立，運営がなされている。2000年の社会福祉事業法の改正により施設の事業規模や資産要件が緩和され，小規模通所授産施設として社会福祉法人格を取ることもできるようになったが，さらなる利用者の立場に立った福祉制度構築が望まれている。

しかしながら，各作業所では，独自性をもった取り組みが行われており，利用者も，毎日の作業や生活に生きがいを見出しているケースも多く，バックアップ体制が強く求められる。

障害者作業所は，学校卒業後の生徒の受け皿として，その役割も大きいが，これらは財政的な基盤はもとより，物的，人的支援が十分保障されない中で，保護者，関係者の努力によって活動が支えられているのが現状である。各々の作業所では，いったんは就職したものの，様々な理由によりリタイアした障害をもった方々の受け皿的な役割を果たすために，保護者や学校教員等の地道な努力により維持され，地域企業の協力も得ながら実践している施設等も多い。利用者は，地域の特色を活かした地域密着型の活動により，自分自身の価値観や労働観，生きがいを見出しながら生活の質を高めている。これらの実践は，従前の福祉機関の連携枠を超えて，学校，企業や地域住民をも巻き込んだ取り組みとして今後も期待される。

### c. 知的障害者地域生活援助事業（グループホーム）

障害者の日常生活及び社会生活を総合的に支援するための法律(2005)により，障害者等が個人の尊厳にふさわしい日常生活または社会生活を営むことができるよう地域の特性や利用者の状況に応じた柔軟な事業形態による事業を計画的に実施し，障害の有無に関わらず，安心して暮らすことのできる地域社会の実現に寄与することができるよう定められた。5～6人が定員の施設で日常生活の支援を行いながら，将来の自立に向けた取り組みを行っている。5～6人の利用者に対して，世話人と呼ばれている職員が1名配置されており，昼夜にわたっての支援が行われている。

ここで生活する利用者は基本的に，ある程度の生活習慣が身についた者であり，一般企業などに就労している者もかなりいる。ただ，個々に問題を抱えているケースも多く，グループホーム内では解決することができない様々な問題に対応しているのが現状である。生活面はもとより，生活外の問題についての相談役，調整役としての力量が必要であり，グループホームをバックアップしていく体制がより強化されなくてはならないだろう。今後，設置基準を緩和し，より小規模形態，地域に入り込んだ居住施設としての役割も期待され，グループホームの役割や意義を認めながら地域全体で支援していくことが求められる。

### d. 学校におけるアフターケア機能

　学校卒業後，卒業生との関係が徐々に離れていく場合が多いが，必要に応じて，学校内における卒業生のアフターケア機能の確保も大切となってくる。多くの学校では，月1～2回，同窓会や青年学級を開催し，その都度，個々の卒業生の動向を確認したりしている。しかし，このような会に出席する者は限られており，多くの情報を収集することには限界がある。また，本人や保護者からは，「卒業したのだから，学校とはある程度の距離を置かなくてはならない」などの話を聞くことも多い。いつまでも学校に依存するのは問題であるが，何か必要性が生じた時には，気軽に門をくぐることのできる開かれた学校としての位置づけも必要であろう。

　これは，学校と家庭間に限らず，移行支援の視点からも，企業や関係施設なども同様となる。例えば，高知大学教育学部附属特別支援学校の実践では，このようなアフターケア機能が重視されており，卒業後の相互関係の維持や調整を必要に応じて行っている。特に，家庭や卒業先でトラブルを起こしたり，リストラ，解雇となって新しい職場を見つけるまでの期間，相談支援や対応を行ったり，心理面で不安定になった卒業生を学校内外の作業に参加させながら安定化を図り，元の職場や生活に戻していく試みを継続して行っている。上記のようなアフターケア機能を学校全体で制度化していくことも必要であろう。

　その他，青年期，成人期における主な福祉施設・機関としては，① 通勤寮（就労している障害のある人たちに対して，居住生活・就労支援などを行う），② 福祉工場（一般就労されていない人たちを雇用し，社会的自立をめざしていく），③ 障害者デイサービスセンター（障害のある人たちに対する日中活動の保障の場），④ 就労・生活支援センター（就労および日常生活の問題について幅広く支援を行う）などが挙げられる。

## 26-3　今後の福祉機関の役割と連携

　今後は，これまでのような学校と福祉関係機関の縦の関係枠を崩し，横の関係を強く求めていかなくてはならない。学校，福祉機関それぞれの役割については，実践方法や目的が異なる部分もあるが，お互いが共通してもっていなくてはならない情報や，協働で障害のある人たちに働きかけていく場面は多数あり，それぞれが独自に関わっていくだけでは十分な支援とはなり得ない。より多くの機関が目的を明確にし，情報や支援方法を共有しながら，それぞれの持ち場で培ってきた実践を展開していくべきである。

## (1) 地域生活支援

　地域生活を検討すると，日中活動の保障，休日など余暇支援，文化的活動への参加など，まだ主体的に支援が行われているとは言えない現実がある．特に，障害のある子どもたちの放課後の問題は深刻である．この事態を鑑み，保護者や親の会，ボランティア団体などが積極的に動き，学童保育，児童館，トワイライトスクールや長期休業中のサマースクール，キャンプ，クラブ活動や余暇支援などが展開されるようになってきた．これにより，保護者の生活にもゆとりが生まれ，家庭生活における子どもとの関わりの質も高くなってきている．

　今後は，障害のある子どもたちと共に，青年，成人，老年の障害のある人たちについても，自分の住んでいる場所を拠点としながら，スムーズに地域の活動に参加できる支援体制を整えていかなくてはならない．

## (2) 進路支援

　将来，福祉施設や作業所などを希望している児童・生徒については，できる限り早い段階から，多くの施設や作業所と関係を構築していくことが望ましい．「ある学校や地域に私はいるんだ」という存在感を示すとともに，施設の状況や雰囲気をつかみ，本人に合った施設かどうかをしっかりと吟味していく必要性がある．多くの福祉施設は，独自の理念ややり方をもっており，実際に施設に足を運んで，それを理解していかなくてはならない．障害児者福祉制度の転換に伴い，利用契約を結ぶかたちで自分たちの進路先を確保していくこととなり，お互いが十分に相手を理解した上でのやりとりが重要となってくる．

## (3) 生活の安全性確保

　学校卒業後の障害のある人たちに関わる問題として，生活の安全性という視点も必要となる．特に問題となっているのが，友人関係，交遊関係をはじめ，金銭問題(ローンや金銭貸借)，金銭管理(給与の扱い，預金)などである．これらの問題については，できる限り，学校在籍中から親子共々，問題意識を育んでいく試みを行い，意識づけを図っていかなくてはならない．

　保護者の知らないうちに，多額のローン契約を結んでいた事例も報告されており，事前に対策を講じておく必要性もあろう．これらの事態を憂慮したかたちで，2000年4月に，成年後見制度(認知症や知的障害，精神障害などの理由で判断能力の不十分な方々を保護・支援する)が施行され，法定後見制度(家庭裁判所により選出された成年後見人が，本人の利益を尊重しながら契約などを行うとともに，本人の判断能力に応じて，「後見」「保佐」「補助」の制度を選ぶことが可能)や任意後見制度

（代理権を与える契約），成年後見登記制度（戸籍への記載廃止）なども創設された。特に卒業生の生活の問題で，携帯電話の問題や悪徳商法にひっかかり，財産管理などでトラブルになっているケースを多く扱うようになっている。

しかし，公表されているものは，まだまだ氷山の一角に過ぎず，金額が数十万，数百万の被害を被っているケースも想定できる。本人や保護者に対する意識づけを行っていくとともに，各関係機関の支援者がセーフティーネットを構えていくことも必要であろう。通常，保護者が後見人につく場合が多いが，それができない時も対応策はあるので，被害にあう前から対策を講じていくことが求められる。

また，権利侵害に対応するため，「地域福祉権利擁護事業（日常生活自立支援事業）」（高齢者や障害のある人たちが，安心して地域で暮らしていくことができるように，相談や生活支援を行う）も制度化された。これらの情報もできる限り学校在籍中に提供し，制度の利用の方法などを保護者や本人に伝えていくことが必要である。

## 26-4　おわりに

障害者差別解消法制定（2015年5月制定，2016年4月1日施行〈一部を除く〉）に基づく「合理的配慮」（Reasonable Accommodation）の法的義務が設けられたことにより，これまで以上に，地域に根ざしたリハビリテーション（community based rehabilitation：CBR）の理念が重視されてくる。本人を中心に置きながら，より広く人間としての生活や生き方を長期的な展望にたって支援していくことが必要とされるようになった。そのためにも，地域を巻き込んだ形で，様々な角度からアプローチしていくことが重要となってくる。

最後に，連携という文言は，最近いたる場面や文章に見られるようになってきたが，連携といっても段階やレベルがあり，最初から即各関係機関が手を取り合って物事を進めていくことはできない。始めはやはり，個人レベルの行動から端を発し，一人の動きから複数，そして，所属学校や各関係機関へと広げていかなくてはならない。既存の支援パターンを個人に適応したり，情報交換のやりとりに終始するだけでは解決しない問題も多く，連携を図ろうとする機関に何度も足を運び，本人や保護者にとって必要とされる情報をひとつひとつ確保しながら，個々に応じた支援パターンを作り上げていく姿勢が求められよう。今後の方向性としては，より現実的，実践的に，ネットワークとフットワークをリンクさせた協働支援の輪を広げていくことが重要であると考えている。

## 引用・参考文献

浅倉恵一・峰島　厚（2004）.『新・子どもの福祉と施設養護』ミネルヴァ書房

姉崎　弘（2006）.『特別支援教育—「障害特性の理解」から「教員の専門性向上」へ』大学教育出版

石山貴章（2007）. 自立援助ホームで生活する知的障害児の行動背景—場面「語り」およびフィールドワークから得られた心的要因. 埼玉純真女子短期大学研究紀要, 23, 1-15.

宇川浩之・柳本佳寿枝・矢野川祥典・土居真一郎・前田和也・田中　誠・石山貴章（2007）. 農業福祉に関する一研究—小規模作業所の維持と継続. 高知大学教育実践研究, 第21号, 25-31.

尾上浩二・山本　創（2006）. 早急な出直し求められる「自立支援法」福祉労働, No.113, 12-21.

高知大学教育学部附属養護学校（2006）.『個々の実態に即応した教育課程の研究と実践—将来を見据えた個別の教育支援—』高知大学教育学部附属養護学校研究紀要, 18.

田中千穂子・市川奈緒子（2005）.『発達障害の心理臨床—子どもと家族を支える療育支援と心理臨床的援助』有斐閣

手塚直樹・加藤博臣（2001）.『障害者福祉論』ミネルヴァ書房

日本発達障害福祉連盟編（2007）.『発達障害白書2007年版』日本文化科学社

# 27章 学校と就労機関との連携

大谷 博俊

[キーワード]
障害者の雇用の促進等に関する法律
就労支援機関・施設
連携
特別支援教育における進路指導・キャリア教育

特別支援教育における就労支援機関との連携には，就労支援制度の動向を把握し，概要を理解すると共に，就労支援のための諸機関について知ることが大切である。そこで本章では，まず障害者権利条約に対応するために改正された障害者の雇用の促進等に関する法律に示されている，障害者に対する差別の禁止，および障害者に対する合理的配慮の提供について概説する。次に障害者雇用率制度と障害者雇用納付金制度を取り上げ，それらの概略を述べ，最後に公共職業安定所など障害者の雇用の促進等に関する法律に示されている諸施設を中心に各の役割を紹介する。また，合わせて，特別支援教育における進路指導・キャリア教育の観点から留意点についても指摘する。

## 27-1 特別支援教育と就労支援

特別支援学校における教育は，従前より，障害のある幼児児童生徒の自立と社会参加を強く意識し，個に応じた教育を推進してきたが，特別支援教育の創設により，一層の伸展が求められている。

このことは，例えば，特別支援学校学習指導要領における改訂の要点からも見て取れる。知的障害である生徒を教育の対象とする特別支援学校(以下，知的障害特別支援学校とする)高等部では，流通・サービスや福祉といった教科が学習指導要領の改訂のたびに続けて導入されており，職業教育の充実が目指されていることが分かる。一方，知的障害特別支援学校高等部では，中度及び軽度の療育手帳種別を持つ生徒の在籍者の割合が著しく高くなっており，指導のあり方が問われている(国立特別支援教育総合研究所，2010)。知的障害者の就職状況から見れば，中度・軽度の知的障害者の就職率は48.7%に止まっており，就職の困難さを有する点は，重度の知的障害者だけに限らない(伊達木，2008)。また，知的障害特別支援学校高等部においては，軽度の療育手帳種別を持つ生徒が就労にあたって困難さを示すことが報告されている(安達，2008)。

一方，中学校，高等学校で特別な教育的支援を受け，卒業後，高等教育機関に進学した障害のある学生においても，進路意識の未成熟や就労意欲の欠如など，就労にあたっての困難さが看取できる(日本学生支援機構，2015)。

これらのことは，就労の実現が，障害者にとって困難を伴うことを示すものであり，特別支援教育において，その支援のあり方は検討すべき重要な教育課題であるといえる。

## 27-2　就労のための教育的支援における連携

就労を支援するために，本人の能力，意欲などを高めるという教育的支援は重要であるが，そのためにも労働分野の関係諸機関，関係者との連携は不可欠である。本章ではこれらの点について，就労支援に関わる実践が豊かな知的障害特別支援学校の教育に視点をあて，述べることとする。

大南(2000)は，職業教育および進路指導には，特別支援学校における学科等の再編成や教育内容・方法の改善といった実践的な取り組みだけでなく，国・都道府県等が主体となって計画・実施する種々の施策が，影響を与えることを示している。つまり，進路指導を始めとする就労のための教育的支援は，その時代の行政施策，教育以外の労働等分野の社会資源，社会のニーズ等，実践の基盤となる有形(例えば，支援を提供する施設の新設など)，あるいは無形(例えば，雇用施策の改正など)の社会的な環境に影響を受けるのである。

このため就労支援においては，行政施策や労働等関連分野の社会資源といった社会的な環境の変化を捉え，その上で，関係者・関係諸機関等との望ましい連携のあり方を絶えず検討する必要があるといえる。そこで，次に障害者雇用施策の動向について触れ，合わせて教育的支援についても言及する。

## 27-3　障害者雇用施策の動向と教育的支援

就労支援機関による種々の支援は，わが国の障害者雇用施策に基づくものである。障害者雇用施策は，「障害者基本計画(2013年度～2017年度)」，「障害者の雇用の促進等に関する法律(1960年法律第123号)」，および同法に基づく「障害者雇用対策基本方針(2014年度～2017年度)」等に基づき展開されている。そしてここでは，障害者が一人ひとりの能力と適性を最大限に発揮して雇用の場に就くことができるように，きめ細かな対策によって推進されている。

「障害者の雇用の促進等に関する法律(以下，障害者雇用促進法とする)」については，2013年6月19日に「障害者の雇用の促進等に関する一部を改正する法律」が公布され，障害者の権利に関する条約の批准に向けた対応がとられている。ここでは，雇用の分野における障害者に対する差別の禁止及び障害者が職場で働くに当

たっての支障を改善するための措置(合理的配慮の提供義務)を定めるとともに，障害者の雇用に関する状況に鑑み，精神障害者を法定雇用率の算定基礎に加える等の措置が講じられることとなった(厚生労働省，2015a)。

　また，障害者の権利に関する条約に対応するために，障害者雇用促進法には「第3章の2　紛争の解決」が明示された。ここでは，事業主が苦情処理機関を設けるなどにより，基本的には企業内の紛争に関しては，自主的解決を優先することとなっている(法第74条の4)。そして都道府県労働局長については，当事者の双方または一方から援助を求められた場合，必要な助言・指導・勧告を行うことになっている(法第74条の5，6第1項)。

　障害者雇用促進法の改正内容を見ると，例えば，目的には「障害者の雇用義務等に基づく雇用の促進等のための措置，雇用の分野における障害者と障害者でない者との均等な機会及び待遇の確保並びに障害者がその有する能力を有効に発揮することができるようにするための措置，職業リハビリテーションの措置その他障害者がその能力に適合する職業に就くこと等を通じてその職業生活において自立することを促進するための措置を総合的に講じ，もつて障害者の職業の安定を図ること」と示されている。ちなみに，ここでの「障害者」とは，「身体障害，知的障害，精神障害(発達障害を含む)その他の心身の機能の障害があるため，長期にわたり，職業生活に相当の制限を受け，又は職業生活を営むことが著しく困難な者」となっており，改正に伴い定義が変更されている。

### (1) 障害者に対する差別の禁止

　障害者雇用促進法の第2章の2に，「障害者に対する差別の禁止等」が明示された。ここには，事業主が労働者の募集及び採用について「障害者に対して，障害者でない者と均等な機会を与えなければならない(法第34条)」こと，そして，採用後は「賃金の決定，教育訓練の実施，福利厚生施設の利用その他の待遇について，労働者が障害者であることを理由として，障害者でない者と不当な差別的取扱いをしてはならない(法第35条)」ことが規定されている。そして，これらの事項に関し，事業主が適切に対処することができるよう「障害者に対する差別の禁止に関する規定に定める事項に関し，事業主が適切に対処するための指針(以下，障害者差別禁止指針とする)」(厚生労働省，2015b)が告示されている。

### (2) 障害者差別禁止指針

　障害者差別禁止指針(厚生労働省，2015b)に示された事項は，「募集及び採用」「賃金」「配置」「昇進」「降格」「教育訓練」「福利厚生」「職種の変更」「雇用形態の

変更」「退職の勧奨」「定年」「解雇」「労働契約の更新」と多岐に渡り，雇用に係るすべての局面に及んでいることがわかる。募集及び採用に係る具体例を述べれば，"障害者であること，車いすの利用，人工呼吸器の使用などを理由として募集・採用を拒否すること"は差別にあたることになる。

**(3) 障害者に対する合理的配慮の提供**

障害者雇用促進法の「第2章の2 障害者に対する差別の禁止等」の中に，「雇用の分野における障害者と障害者でない者との均等な機会の確保等を図るための措置」が明示された。ここには，事業主が労働者の募集及び採用について，「障害者と障害者でない者との均等な機会の確保の支障となっている事情を改善するため，労働者の募集及び採用に当たり障害者からの申出により当該障害者の障害の特性に配慮した必要な措置を講じなければならない（法第36条の2）」こと，そして，採用後は「障害者でない労働者との均等な待遇の確保又は障害者である労働者の有する能力の有効な発揮の支障となっている事情を改善するため，その雇用する障害者である労働者の障害の特性に配慮した職務の円滑な遂行に必要な施設の整備，援助を行う者の配置その他の必要な措置を講じなければならない（法第36条の3）」ことが規定されている。

ただしこの措置は，「事業主に対して過重な負担を及ぼすこととなるときは，この限りでない」ことになっている。

また同時に事業主には，障害者の意向を十分に尊重すること，そして，障害者からの相談に応じ，適切に対応するために必要な体制の整備その他の雇用管理上必要な措置を講じることが求められている。

これらの事項に関し，事業主が適切に対処することができるよう「雇用の分野における障害者と障害者でない者との均等な機会の確保等に関する指針（以下，合理的配慮指針とする）」（厚生労働省，2015 c）が告示されている。

**(4) 合理的配慮指針における配慮の手続**

合理的配慮指針における「合理的配慮の手続」（厚生労働省，2015 c）では，募集および採用について合理的配慮が必要な障害者は，事業主に，募集及び採用に当たって支障となっている事情等を申し出ることが前提となっている。ただし，具体的に申し出ることが困難な場合についての配慮の必要性も示されている。また，採用後については，事業主が，雇入れ時までに職場において支障となっている事情の有無を確認することとされている。尚，事業主に対して過重な負担を及ぼす場合の扱いについては，実施できない旨を障害者に伝えるなど，事業主には適切な対応が

求められている。

### (5) 合理的配慮指針おける配慮の内容

合理的配慮指針には，募集及び採用時における合理的配慮，および採用後における合理的配慮について，障害特性ごとに事例が示されている。表27-1は，配慮内容に係る事例の一部抜粋である。ここからは，障害特性に応じて，コミュニケーションを保障すること，就労支援機関の職員等の人的環境を保障することなどが求められていることがわかる。

なお指針には，記載された事例以外であっても合理的配慮に該当するもののあることが付されている。

合理的配慮が，"障害者と事業主との相互理解"，そして事業主と"障害者との話合い"に基づくものであるならば，障害者あるいはその支援者には何が求められるであろうか。次にこの点について，就労支援と関わりが深いと考えられる，進路指導・キャリア教育の観点から言及したい。

### (6) 進路指導・キャリア教育に基づく支援

学校教育においては，文部科学省（2004）が「キャリア教育の推進に関する総合的

表27-1 合理的配慮指針における配慮内容の例（一部抜粋）

| 障害区分 | 募集及び・採用時 | 採用後 |
| --- | --- | --- |
| 視覚障害 | 採用試験について，点字や音声等による実施や，試験時間の延長を行う。 | 拡大文字，音声ソフト等の活用により業務が遂行できるようにする。 |
| 聴覚・言語障害 | 面接を筆談等により行う。 | 業務指示・連絡に際して，筆談やメール等を利用する。 |
| 肢体不自由 | 面接の際にできるだけ移動が少なくて済むようにする。 | 移動の支障となる物を通路に置かない等により職場内での移動の負担を軽減する。 |
| 内部障害 | 面接時間について，体調に配慮する。 | 出退勤時刻・休暇・休憩に関し，通院・体調に配慮する。 |
| 知的障害 | 面接時に，就労支援機関の職員等の同席を認める。 | 習熟度に応じて業務量を徐々に増やしていく。 |
| 精神障害 | 面接時に，就労支援機関の職員等の同席を認める。 | 業務の優先順位や目標を明確にし，指示を一つずつ出す等の対応を行う。 |
| 発達障害 | 面接時に，就労支援機関の職員等の同席を認める。 | 業務指示やスケジュールを明確にし，指示を一つずつ出す等の対応を行う。 |
| 難病に起因する障害 | 面接時に，就労支援機関の職員等の同席を認める。 | 出退勤時刻・休暇・休憩に関し，通院・体調に配慮する。 |
| 高次脳機能障害 | 面接時に，就労支援機関の職員等の同席を認める。 | 仕事内容等をメモにする，一つずつ業務指示を行う等の対応を行う。 |

出典）厚生労働省（2015 c）

調査研究協力者会議報告書」を示し，今までの職業教育と進路指導を中核に位置づけたキャリア教育を推進するように提唱している。しかし，三川(2009)が指摘するように，「進路指導が，生徒が自らの生き方を考え，将来に対する目的意識を持ち，自らの意志と責任で進路を選択決定する能力・態度を身につけることができるよう指導援助することであるという定義に立つ限り，進路指導の概念はキャリア教育の概念との間に大きな差異はなく，これまでの進路指導の取り組みはキャリア教育の中核をなす」ものであり，その重要性に変わりはない。このようなキャリア教育の推進の理由について，吉田(2008)は次のように述べている。「従来の多くの学校での進路指導では，生徒一人ひとりの適正と進路や職業・職種との適合性(マッチング)を主眼とした指導で，進学・就職の配置指導(プレイスメント・サービス)に陥り，キャリア発達課題の達成を支援する体系的な指導・援助の意識や視点が希薄で，進路指導が全体としての活動の脈略や関連性に乏しく，多様な活動の寄せ集めになりがちで，生徒の精神的内面の発達的・適応的変容や能力・態度の向上などに十分に結びつかないところがあった」。つまり，中学校や高等学校においては，進路指導の理念に反して，これまでの進路指導の実践は，そのあるべき姿で展開されてきたとは言い難く，キャリア教育はその教育の改革・改善を目ざした故の取り組みだといえる。

一方，知的障害教育においては，松矢(1989)がキャリア教育を体系的に紹介し，進路指導をキャリア教育の観点から生徒の主体的な"進路学習"に置き換えて用い，知的障害教育の進路指導における進路学習の意義を強調している。進路学習とは，「生徒の進路に関する意識および認識を育て，主体的な進路選択を促す学習」であり(内海，1989)，障害のある子どものキャリア教育において，重要な教育内容だと考えられる。これらのことから，就労支援における合理的配慮を念頭においた時，進路指導における主体性の育成が改めて問われていると考えられる。

また同時に，コミュニケーションの重要性も指摘できる。障害者が，直接，事業主等の関係者に，支援の申し入れや困難の説明をするにしても，あるいは就労支援機関の職員等の援助を受けるにしても，意思の相互伝達・理解は非常に重要である。キャリア教育において，育成すべき力である"人間関係形成・社会形成能力"には，コミュニケーション・スキルが含まれているが(文部科学省，2011)，そのあり方，そして支援には，権利擁護，およびアサーティブネスといった観点からも検討が必要ではないだろうか。

最後に，特別支援教育，例えば，特別支援学校における進路指導では，専門的支援者との協働，そして職場の上司・同僚の理解を得るなど，連携の構築に注力してきたが，職場の環境調整について，改めてその重要性を認識する必要があろう。

## 27-4 就労支援の制度

わが国には，事業主が「障害者である労働者が有為な職業人として自立しようとする努力に対して協力する責務を有する」という社会連帯の理念を根拠とした障害者雇用率制度と障害者雇用納付金制度があり，障害者雇用施策はこれら両制度によるところが大きい（松為・菊池，2006）。ここでは，障害者雇用促進法の改正を踏まえ解説する。

### (1) 障害者雇用率制度

障害者雇用促進法では民間企業，国，地方公共団体は一定以上の割合で"対象障害者"を雇用しなければならないこととされている。対象障害者とは，身体障害者，知的障害者または精神障害者（精神保健および精神障害者福祉に関する法律により精神障害者保健福祉手帳の交付を受けているものに限る）であり（法第37条第2項），改正によって障害者の定義が変更されている。また，2013年4月からの障害者法定雇用率は，一般の民間企業は2.0％，特殊法人等は2.3％，国及び地方公共団体は2.3％，都道府県等の教育委員会では2.2％となった。

さらに，2013年の障害者雇用促進法改正により，2018年度からは精神障害者が雇用義務化されることになっているため，それに応じた障害者雇用率が示されることになる。2007年から2012年次の算出式（障害者雇用企業支援協会，2014）から推測すると，身体障害者，知的障害者に加え，精神障害者保健福祉手帳の交付を受けている精神障害者も含めて，障害者雇用率を算出することになるため，現行に比して上昇することが予想される。

### (2) 障害者雇用納付金制度

障害者雇用納付金（以下，納付金とする）制度は，基準雇用率（以下，雇用率とする）未達成の事業主から納付金を徴収し，雇用率を超えて障害者を雇用する事業主に対して，障害者雇用調整金を支給することによって事業主の障害者雇用に対する共同連帯責任を円滑に実現することを目的とするものである。2015年4月1日からは，常時雇用する労働者数が100人を超え200人以下のすべての事業主にも申告が求められることになっている。ただし，100人以下の常用雇用労働者を雇用する事業主については申告の対象となっていない。

納付金は雇用率未達成の企業からのみ徴収することとなるが，罰金的な性格を有するものではなく，納付金によって障害者の雇用義務が免ぜられるものでもないのである。また納付金は先のような事業主間の障害者雇用によって生じる経済的負担

を調整すると共に，障害者雇用義務を履行しようとする事業主に対する助成・援助のためにも用いられている。「障害者雇用納付金制度に基づく助成金」がそれである。助成金は，障害者を労働者として雇い入れているか，障害者である労働者を雇用している事業主が一定の要件を満たしている場合に支給されることになっている。

## 27-5 就労支援機関・施設および活動の概要

藤井・川合・落合(2013)は，就労支援に関わって，法律や支援制度の最新情報や動向，あるいは連携の明確化等が，知的障害特別支援学校教員から求められていることを示している。特別支援教育において，就労支援のための連携を実現するには，連携先ごとに具体的な方途が必要である。そのためにも，就労支援機関等の社会資源の特徴を理解することが必要になる。そこで，ここでは，主な関係機関・施設について概要を述べ，最後に連携における留意点についても触れることとする。

### (1) 公共職業安定所

公共職業安定所(以下「ハローワーク」という)は，職業紹介，職業指導を行うため国が設置した機関である。ハローワークの職業紹介業務は，障害者による求職の申し込みをすることにより行われる。求職の登録にあたっては，求職の申込書が必要となる。求職申込書には障害の状況，技能，社会生活能力，職業適性，身体能力，希望職種等が記載され，これに基づき綿密な相談が行われる。求職申込書は職業的自立(就職・自営等)がなされた後もハローワークに保存され，就職後の指導や離職後の手続き等にも活用されていく。そして，アフターケアとして，ハローワークの担当者や職業相談員による定期的，あるいは事業所等の要請による巡回，助言，指導も行われている。また，障害者就労支援チームによる個別支援の提供，障害者支援の専門スタッフの配置がなされている。

### (2) 障害者職業センター

障害者の雇用の促進及び職業の安定のため独立行政法人高齢・障害・求職者雇用支援機構により設置・運営されている。障害者職業センターとして，障害者職業総合センター，広域障害者職業センターおよび地域障害者職業センターの3種類のセンターが設置されている。

#### a. 障害者職業総合センター

職業リハビリテーションサービスの基盤整備とサービスの資質の向上を図ることを目的として設置・運営されている。

### b. 広域障害者職業センター

国立職業リハビリテーションセンター（埼玉県所沢市），国立吉備高原職業リハビリテーションセンター（岡山県加賀郡吉備中央町）があり，障害者職業能力開発校が併設され，職業リハビリテーションサービスが提供されている。

### c. 地域障害者職業センター

地域障害者職業センターは，ハローワーク等の関係機関と密接な連携を図りながら地域に密着した職業リハビリテーションサービスを実施するため，全国47の都道府県主要都市に設置されている。また北海道，東京，愛知，大阪，福岡には支所が併設されている。ここでの業務は，「障害者に対する職業リハビリテーションの実施」「事業主に対する障害者の雇用管理に関する技術的・専門的援助」「障害者および事業主に対する支援」「障害者就業・生活支援センター等に対する技術的，専門的事項に関する援助」の4点に大別される。

### (3) 障害者職業能力開発校

障害者職業能力開発校は，一般の公共職業能力開発校で職業訓練を受けることが困難な重度障害者等に対して，その態様に配慮した職業訓練を実施する施設であり，全国で19カ所設置されている。ここでの訓練目的は，障害者に対し職業に必要な技能・知識を習得させることにより，障害者の就職を容易にし，職業の自立を図ることである。入校にあたっては，地域のハローワークへの申請が必要である。

### (4) 障害者就業・生活支援センター

障害者就業・生活支援センターは，障害者の職業的自立を実現するために，障害者にとって身近な地域にある支援機関として，就業面と生活面の支援を一体的に行うという役割を担っている。

障害者就業・生活支援センターの運営は，都道府県知事が指定する一般財団法人，社会福祉法人，NPO等が行い，地域の関係機関との連絡調整により，連携の拠点となることが期待されている。

### (5) 連携における留意点

障害者の地域生活における「職業自立」が果たす重要性は，広く社会に認識されつつあり，特別支援教育においても支援の充実が求められている。

知的障害特別支援学校における就労支援では，ハローワークや地域障害者職業センター等との活発な連携が行われているところであるが，連携の目的は，"適切かつ効果的な支援の実現"である。そのためには，大谷（2014）の指摘にあるように，

互いの知識・認識面での準備と協働の過程を重視すると共に，個別の教育支援計画等のツールについても十分な吟味が必要であろう。

**引用・参考文献**

安達忠良（2008）．特別支援学校の進路指導から見る就労支援の課題．障害者問題研究，第36巻，第2号，136-142.

伊達木せい（2008）．統計調査からみた職業的困難度の現況．障害者職業総合センター，職業的困難度からみた障害程度の評価等に関する研究，21-60.

藤井明日香・川合紀宗・落合俊郎（2013）．特別支援学校(知的障害)高等部進路指導担当教員の専門性向上に関する望ましい研修内容及び研修形態：受講者の研修課題及び改善点に関する自由記述の分析から．広島大学大学院教育学研究科附属特別支援教育実践センター研究紀要，11, 101-110.

国立特別支援教育総合研究所（2010）．知的障害者である児童生徒に対する教育を行う特別支援学校に在籍する児童生徒の増加の実態と教育的対応に関する研究

厚生労働省（2015 a）．解釈通知 障害者の雇用の促進等に関する法律の一部を改正する法律の施行について．http://www.mhlw.go.jp/file/06-Seisakujouhou-11600000-Shokugyouanteikyoku/0000092076.pdf(2015年10月11日 閲覧)

厚生労働省（2015 b）．障害者差別禁止指針．http://www.mhlw.go.jp/file/06-Seisakujouhou-11600000-Shokugyouanteikyoku/0000082149.pdf(2015年10月11日 閲覧)

厚生労働省（2015 c）．合理的配慮指針．http://www.mhlw.go.jp/file/06-Seisakujouhou-11600000-Shokugyouanteikyoku/0000082153.pdf(2016年2月9日 閲覧)

松矢勝宏（1989）．職業教育とキャリア教育．全日本特殊教育研究連盟『新・教師のための福祉・就労ハンドブック－よりよい社会参加をめざして』日本文化科学社．pp.16-18.

松為信雄・菊池恵美子（2006）．『職業リハビリテーション学(改訂第2版)』協同医書出版社

三川俊樹（2008）．キャリア教育と進路指導．日本キャリア教育学会(編)『キャリア教育概説』東洋館出版社．pp.18-36.

文部科学省（2004）．第2章キャリア教育の意義と内容．キャリア教育の推進に関する総合的調査研究協力者会議報告書～児童生徒一人一人の勤労観，職業観を育てるために～
http://www.mext.go.jp/b_menu/shingi/chousa/shotou/023/toushin/04012801/002/003.htm(2015年10月11日 閲覧)

文部科学省（2011）．高等学校キャリア教育の手引き

日本学生支援機構（2015）．障害のある学生へ支援・配慮事例 発達障害・LD及びADHD．
http://www.jasso.go.jp/tokubetsu_shien/2014 jirei_hattatsu_ld_adhd.html(2015年10月11日 閲覧)

大南英明（2000）．知的障害養護学校の高等部における職業教育と進路指導の現状と課題．帝京大学文学部紀要教育学，25, 17-46.

大谷博俊（2014）．知的障害教育における進路指導に関する実践的課題の論究—特別支援学校の教育課程・課題の関係者・課題の進展過程からの分析．鳴門教育大学機関リポジトリ

障害者雇用企業支援協会（2014）．『初めての障害者雇用の実務』中央経済社

内海 淳（1989）．進路学習とは．全日本特殊教育研究連盟『新・教師のための福祉・就労ハンドブック－よりよい社会参加をめざして』日本文化科学社，p.46.

吉田辰雄（2008）．進路指導からキャリア教育へ．日本キャリア教育学会(編)『キャリア教育概説』東洋館出版社，pp.37-43.

# 索　引

◆ 人　名

アスペルガー（Asperger, H.）　123
石井亮一　67
カナー（Kanner, L.）　123
セガン（Seguin, E. O.）　67
高木憲次　75
ド・レペ（De L'Epee, C. M.）　55
ハイニッケ（Heinicke, S.）　55
古河太四郎　55

◆ 数字・欧文

AAC　84
ADHD　217
CCTV（テレビ型拡大読書器）　45
DAISY　51
DSM　64
DSM-5　64, 122, 143, 153, 158, 263
HFPDD　216
ICD-10　65, 143
ICT　36, 205
ICT活用　207, 208, 209, 212
ICTリテラシー　207
IQ　65
P-D-C-Aサイクル　188, 191
QOL　73
triple pathway model　157

◆ あ　行

アクセス　210
遊びの指導　69

アトモキセチン　159
移行支援シート　162
医療機関　256
医療的ケア　77, 261
インクルーシブ教育　17, 23, 33
インクルーシブな保育　246
院内学級　7
エコラリア　121
園内委員会　252, 253
黄斑部変性症　43

◆ か　行

各教科等を合わせた指導　69
学習言語　58
学習障害　142
学童保育　240, 241
数概念　70
学校教育法　3
カリキュラム・アクセス　36
感音難聴　53
聞こえの程度　54
基礎的環境整備　17, 18, 35
吃音　100
キャリア教育　280
9歳レベルの壁　56, 58, 61
キュードスピーチ　56
教育基本法　2
教育共生　192
教育職員免許法　12
教育の情報化　205, 207
　　——に関する手引き　206
　　——ビジョン　206

きょうだい　95
きょうだい支援　231
協同学習　197
協働支援　274
京都盲唖院　55
言語聴覚士(ST)　80, 98, 260
言語発達の遅れ　100
構音障害　99
口蓋裂　100
高機能広汎性発達障害　216
公共職業安定所　283
高次脳機能障害　101
構成法的なアプローチ　57
校内委員会　167
合理的配慮　15, 33, 150, 168, 279
国際疾病分類(ICD)　259
国際障害分類(ICIDH)　75
国際生活機能分類(ICF)　75, 163
心の理論　124, 217
5歳児健診　162, 263
ことばの教室　97
個別教育計画　29
個別の教育支援計画　8, 60, 184
個別の指導計画　8, 60, 184, 252
混合難聴　54
今後の特別支援教育の在り方について(最終報告)　176, 266

◆　さ　行

最少制約環境　29
作業学習　69
作業療法士(OT)　80, 278
差別の禁止　278
サラマンカ声明　17
サリー・アン課題　124
ジェネラリスト　266
支援ファイル　162
刺激の過剰選択性　121
自己肯定感　215
自己評価　216
自然法的なアプローチ　57
自尊感情　215
失語症　100

児童福祉法改正　240
児童養護施設　269
自閉症スペクトラム障害(ASD)　120
弱視レンズ　45
就学基準　5
就学猶予・免除　11
重複障害　132
就労支援　276
授業づくり　194
授業のユニバーサルデザイン　195, 196
純粋口話法　56
小1プロブレム　254
障害者基本計画　175
障害者権利条約　13, 33, 61
障害者雇用施策　277
障害者雇用納付金制度　282
障害者雇用率制度　282
障害者差別解消法　18, 33, 85, 150
障害者施設　270
障害者就業・生活支援センター　284
障害者職業センター　283
障害者職業能力開発校　284
障害者自立支援法　267
障害者政策委員会　18
障害者総合支援法　267
障害者手帳　268
障害者の権利宣言　14
障害受容　227
障害理解教育　93
情緒障害　108
常同行動　67
情報教育　207
情報共有　208, 209
情報スキル　207
情報へのアクセス　36
情報モラル　210, 212
自立活動　46, 79, 135
進行性筋ジストロフィー　76
人工内耳　54
新出生前診断　257
心身症　93
新生児聴覚スクリーニング　55, 257
新生児マススクリーニング　257
診断　258

索　引

診断告知　259
進路指導　277
随伴性マネジメント　201
スクールクラスター　34
生活言語　58
生活単元学習　69
精神疾患の診断と統計マニュアル（DSM）　259
成年後見制度　273
生理学的方法　67
全障害児教育法　144
前籍校　92
選択性緘黙　108
センター的機能　5, 171, 175
早期支援　263
早期発見　256, 263
相談と支援　175
ソーシャルスキルトレーニング　158

◆ た 行

ダウン症候群　66
滝乃川学園　67
ターミナル期　94
地域支援　166
知的障害　218
知的障害者の権利宣言　14
注意欠如・多動性障害　153
聴覚口話法　56
通級による指導　8, 109, 155
通常の学級　219
ティームティーチング　136
伝音難聴　53
点字学習　44
糖尿病網膜症　43
特性にあわせた自作　209
特定行為　262
特別支援学級　7
特別支援学校　3
特別支援教育コーディネーター　8, 166
特別支援教室　10
特別な教育的ニーズ　26
トータルコミュニケーションの理念　56

◆ な 行

21世紀の特殊教育の在り方について（最終報告）　175
日常生活の指導　69
二分脊椎　76
認定特別支援学校就学者　5
認定特別支援学校就学者制度　50
脳性まひ　84

◆ は 行

廃人学校　66
バイリンガル聾教育　56
白内障　43
発達障害者支援法　133, 267
ハビリテーション　260
場面緘黙　109, 111
バリアフリー　36
判定書　28
万人のための教育　24
不安障害　111
フェニルケトン尿症　66
復学　92
物理的アクセス　36
不登校　108
ペアレントトレーニング　158
放課後等デイサービス　236, 237, 238
放課後保障　234
歩行指導　44
保護者（家族）の役割　225
保護者支援　230
ポジショニング　83

◆ ま 行

学びのユニバーサルデザイン（UDL）　197
慢性疾患　87
メチルフェニデート　159
網膜色素変性症　43
問題行動　199

◆ や 行

ユニバーサルデザイン　36, 147

◆ ら 行

理学療法士(PT)　80, 260
リハビリテーション　260

療育　134
緑内障　43
臨床動作法　83

### 編著者紹介

#### 吉利 宗久（よし とし むね ひさ）

岡山大学大学院教育学研究科准教授

**主な著書**

アメリカ合衆国におけるインクルージョンの支援システムと教育的対応（単著，渓水社）
特別支援教育を創造するための教育学（分担執筆，明石書房）
特別支援教育の基礎と動向―新しい障害児教育のかたち
　　　　　　　　　　　　　　　　　　（編著，培風館）

#### 是永 かな子（これ なが かな こ）

高知大学教育研究部人文社会科学系教育学部門准教授

**主な著書**

スウェーデンモデル（共著，彩流社）
日本型インクルーシブ教育システムへの道（共著，三学出版）
スウェーデンにおける統一学校構想と補助学級改革の研究
　　　　　　　　　　　　　　　　　　（単著，風間書房）

#### 大沼 直樹（おお ぬま なお き）

元 大阪教育大学教授，琉球大学教授

**主な著書**

重度・重複障害のある子どもの理解と支援（単著，明治図書）
ブレないための六原則―悩む若い教師へのメッセージ
　　　　　　　　　　　　　　　　　　（単著，明治図書）
インタレスト・メソッド
　―おもしろくって役立つ授業づくり（単著，明治図書）

　　　　　　　Ⓒ 吉利宗久・是永かな子・大沼直樹

| 2016年11月15日 | 初 版 発 行 |
| 2019年 3 月 1 日 | 初版第 3 刷発行 |

## 新しい特別支援教育のかたち
インクルーシブ教育の実現に向けて

編著者　吉 利 宗 久
　　　　是 永 か な 子
　　　　大 沼 直 樹

発行者　山 本　　格

発行所　株式会社　培 風 館
東京都千代田区九段南4-3-12・郵便番号102-8260
電　話(03)3262-5256(代表)・振　替00140-7-44725

東港出版印刷・牧 製本

PRINTED IN JAPAN

ISBN978-4-563-05249-2　C3037